손 교수의 길라잡이,
교과서 연구

손 교수의 길라잡이,
교과서 연구

손용택 지음

한국학술정보㈜

책머리에

필자는 다행스럽게도 오랜 기간 동안 국내외의 여러 지역, 여러 나라 교과서를 접할 수 있는 자리에서 일한 경험이 있다. 뿐만 아니라 교과서와 관련한 각국의 유력한 출판사 관계자 또는 학자 그룹의 저자들과 학술적 교류 경험을 할 수 있는 기회를 누렸다. 필자가 몸담았던 한국교육개발원과 현재 재직 중인 한국학중앙연구원(구 한국정신문화연구원)의 해당 부서에서 보직을 오랫동안 맡을 수 있는 기회를 가졌기 때문이다.

이상의 두 기관에서 행했거나 행하고 있는 일들은 주로 외국의 교과서에 한국이 올바르게 알려지고 있는가를 스크랩하여, 왜곡의 정도를 짚어내고, 이에 대한 바른 기술의 방향 등을 제시하는 정책적 연구보고서의 생산에 목적을 두고 있다.

필자는 위와 같은 일들에 동참하여 노력하는 한편, 한 갈래 새로운 호기심을 갖기 시작했다. 연구 중에 쉽게 접할 수 있는 여러 나라의 세계지리 및 세계사 교과서의 내용에서 그 나라의 국가 정책적 기조와 비중, 강조점의 방향을 살필 수 있겠다는 호기심이 그것이다. 교과서란 자라나는 후세들에게 진리의 보편적 학문성과를 가르치고 알리는 도구이지만, 동시에 국가의 정체성, 지역의 문화, 정치와 경제의 흐름과 방향, 때로는 국정의 방향까지도 간접적으로 알 수 있는 훌륭한 연구도구라는 사실이다. 필자는 본연의 연구보고서를 작성하는 일에 분주한 한편, 개인적인 순수 연구관심을 충족시켜 줄 후자의 방향에도 자투리 시간과 관심을 집중하기 시작했고, 순수 연구의 방향을 잡아 논문을 한 편 두 편 써서 발표하기 시작했다.

본서는 이러한 작업의 산물이다. 교과서에 대한 필자의 개인적 연구관심과 그 결과를 모은 것이다. 그러다 보니 아쉬운 점도 있다. 내용의 대부분은 필자 전공 내용과 관련한 각국의 지리 교과서들을 대상으로 한 것이다. 물론 이러한 연구 취지 및 방향이라면 사회과 교과서가 가장 적당하고 그 가운데에서도 각국 지리 교과서 및 세계사 교과서가 적합하다. 그러나 교과서 연구란 사회과에만 국한시키지 않고 그 지평을 훨씬 넓힐 수 있다. 외국어 교과서에 나타난 텍스트 내용을 대상으로 한 각종 주제별 접근과 분석, 과학 교과서에서 다루는 내용의 깊이와 주제의 차이에 대한 분석, 각국 국어 교과서를 통한 그 나라의 문학과 문화, 각국의 정치 및 경제

교과서 분석을 통한 그 나라의 정치 경제적 위상 및 그에 대한 정책적 방향 등을 살필 수 있을 것이다.

필자는 일단 본서를 내놓는 일에 작은 만족을 하지만, 독자 제현의 교과서 연구에 대한 관심과 따끔한 질정 및 요구사항을 감지하는 대로 연구의 지평을 확대 소개할 계획이다.

끝으로 필자가 몸담았던 한국교육개발원과 현재 재직하고 있는 한국학중앙연구원, 그리고 연구자들의 부탁으로 교과서를 수집해주고, 정책연구에 불편함이 없도록 여러 모로 도와주는 관계부처 담당 선생님들, 졸저의 출간을 흔쾌히 허락해 주신 한국학술정보(주) 사장님과 책이 나올 수 있도록 도와주신 관련 담당 선생님들, 이 모든 기관과 선생님들이 없었다면 본서는 존재할 수 없다. 이 자리를 빌려 심심한 감사를 전하는 바이다.

2010년 1월
분당구 운중동 연구실에서
손용택

목 차

01

국가 이미지 개선을 위한 교과서 연구 : 성찰과 전망

요약: 본 연구는 우리나라의 국가 이미지 제고와 국제사회에 나라를 올바르게 알리기 위해 행해져 온 교과서 연구에 대한 성찰에 초점을 두었다. 비판적 시각의 의견을 개진하고, 기존 또는 새로운 교과서 연구방법을 정리하고 제시함으로써 향후의 교과서 연구에 도움을 주고자 하였다.

종래의 교과서 연구는 1982년부터 2002년까지 한국교육개발원에서, 그 후 현재까지는 한국학중앙연구원에서 맡아 왔다. 두 기관이 대체로 국가 정책적 목표와 의도에 충실한 연구물을 생산해 냈다. 즉 관련 내용들을 추출하여 오류의 정도를 살피고 왜곡 내용을 바로잡는 데 주력했다. 현재의 교과서가 어떤 배경에서 나온 것인가를 알려면 내용 분석 외에 교과서 정책을 조사하고, 집필자 분석, 출판사 분석, 내용조직 및 체제 분석, 교육과정 분석, 교사용 지도서(지침서) 분석 등 다양한 방법을 동원할 수 있다. 이들 가운데 한두 가지 방법을 연구지역과 상황을 살펴 적용할 때, 폭넓고 심도 있는 교과서 연구에 한 걸음 다가갈 수 있을 것으로 본다. 그동안의 교과서 연구결과 중에는 이러한 방향의 연구결과를 내놓아 유용한 측면도 있다. 향후 연구는 이 연구에서 소개한 방법들 중 지역과 실정에 맞는 한두 가지를 동원할 필요가 있다.

주요어: 교과서 연구, 한국교육개발원(KEDI), 한국학중앙연구원(AKS), 내용 분석(Contents Analysis), 집필자 분석, 내용조직 및 체제 분석

Ⅰ. 서론

현시대의 과학기술 발달은 지구를 이웃사촌으로 만들었다. 국가 간, 세계의 도시들 간 소통량의 증가와 원활함은 교통과 통신의 발달에 힘입은 바 크다. 시간적 거리를 크게 단축시켜 지구상의 모든 국가가 실시간으로 서로 어깨를 마주하고 정보를 교환하며 국제적인 관심사에 함께 감동을 받으며 울고 웃는 시대가 되었다.

한편, 유네스코에서는 이미 국제이해, 국제협력 및 평화를 위한 교육에 세계 각국이 힘써 줄 것을 권고하는 결의안을 채택하였고, 대부분의 나라가 학교교육 속에 국제이해 교육을 포함하고 있다. 국제이해 교육을 실시함에 있어서 중요한 기본 요건 중에 하나는 사실을 바탕으로 한 상대국가, 상대국민에 대한 올바른 인식이라고 말할 수 있다. 그렇지만 이러한 기본 요건은 국제사회에 제대로 성

숙되어 있지 않다. 그런 마당에 우리처럼 급성장하고 선진국 반열에 올랐다고는 하지만 여전히 잊힌 나라처럼 세계화 정보에서 방치된 부분이 많고 때에 따라서는 왜곡된 경우를 종종 본다. 그렇기에 우리를 폭넓게 국제사회에 알릴 필요성이 절박하다. 1960년대 이후 급성장한 우리나라를 잘 모르는 외국인이 의외로 많으며, 있다손 치더라도 일제강점기와 남북분단 그리고 한국전쟁 등으로 말미암아 어둡고 부정적인 편견을 가지고 있는 경우가 종종 확인된다. 그러한 이유로 우리 정부와 관계부처 및 출연 연구기관을 연계하여 국제이해 및 상호협력을 촉구하는 차원에서 전 세계의 교과서를 수집하여 한국 관련 내용을 분석해 온 것이 벌써 27여 년에 이른다. 그동안 분석대상으로서 가장 중요한 매개 과목은 사회과 분야가 주종이었다. 사회과목 중에서도 세계역사, 세계지리 과목에 관련 내용들이 집중되어 있으므로 주요 타깃이다. 외국 관련 내용들을 많이 다루는 과목이기 때문이다.

본 연구의 목적은 외국의 사회과 교과서를 대상으로 하여, 종래의 한국교육개발원과 바통을 이은 한국학중앙연구원에서 행해 온 '교과서 연구'의 성격을 규명하고, 그 방법론과 연구내용 등에 대한 성찰과 전망을 해 보는 데 있다. 연구의 초점이 한국을 올바르게 알리기 위한 방법으로서 외국의 교과서 내용 가운데 한국 관련 내용들이 올바른 정보를 수록하고 있는가에 두어진다. 지금까지 행해져 온 이상과 같은 교과서 연구의 일면은 상대국에 대한 정확한 정보를 수록하여 학생들에게 가르치는 일이 국제이해와 협력에 대단히 중요한 일이라는 점에서 일단 의미를 지닌다.

본 연구의 연구내용은 다음과 같다. 첫째, 국가이미지 개선을 위해 행한 교과서 연구의 역사를 돌아보고 정리한다. 둘째, 한국교육개발원과 한국학중앙연구원에서 행한 교과서 연구 현황을, 분석량과 분석대상국을 기초로 하여 계량적으로 정리한다. 셋째, 계량적으로 정리된 내용을 지도상에 표시하여 시각적으로 일목요연하게 보여준다. 넷째, 기존에 생산된 보고서 연구내용의 분석 유형을 나누고, 검토 비판한다. 다섯째, 기존 양 기관에서 행한 교과서 연구에 대한 성찰과 장단점을 유형화하여 비판적 시각에서 검토한다. 여섯째, 향후 연구에 내실을 기하고 도움을 주기 위해 연구방법들을 정리, 제시한다. 끝으로 이상의 내용들을 종합, 정리하여 결론에 대신한다.

한편, 본 연구의 연구방법 및 절차는 다음과 같다.

첫째, 양 기관에서 생산한 보고서를 수집한다. 둘째, 수집된 보고서를 연도별로, 국가별로 정리하여 계량적 수치화한다. 셋째, 검토기간은 필요에 따라 두 시기(한국교육개발원, 1982~2002, 한국학중앙연구원, 2003~2008)로 나누어 논하고, 결론에서 종합한다. 넷째, 양 기관에서 연구된 보고서들의 분석방법들을 검토한다. 다섯째, 기존 생산된 보고서들의 연구내용을 유형화하여 검토, 비판한다. 여섯째, 교과서의 수집 방법, 교과서의 분석 방법, 분석 결과의 해석 등을 살펴 그 합리성과 객관성, 절차의 타당성 등을 검토한다. 끝으로, 이상의 절차와 방법들에서 밝혀진 내용들을 연구의 내용에 녹여 결론을 도출한다.

Ⅱ. 기존 연구의 검토

1. 한국관 시정 사업과 교과서 오류시정의 역사

어느 한 면에서 우리나라가 외국교과서의 한국 관련 내용에 주목을 하기 시작한 연유는 국제사회에서의 한국관을 바르게 심어줄 필요에서 출발하였다. 한국관이란 다른 나라 사람들이 한국에 대해 갖고 있는 인상, 지식, 태도, 가치관을 포괄적으로 일컫는 말이다. 과거에 한국교육개발원과 현재의 한국학중앙연구원의 한국문화교류센터에서 행하고 있는 한국바로알리기 사업은 외국인이 우리나라에 대해 잘못 알고 있거나 좋지 않은 편견을 가지고 있을 때 그것을 바로잡아 주는 여러 가지 활동을 일컫는다. 그 가운데 외국교과서 연구가 들어 있다. 한국바로알리기 사업은 국가적으로 여력을 갖추어 국가이미지에도 눈을 돌리게 된 1970년대에 들어와 공식적으로 논의되었다. 1960년대 이후 세계의 비상한 주목을 받으며 경제력이 크게 성장한 우리나라는 1970년대에 들어와 국제사회에서 왕성한 활동을 펼치기 시작하였다. 그러나 날로 달로 높아지는 우리의 국력신장에도 불구하고 외국의 교과서와 백과사전 등에 한국에 대한 편견이나 오류가 그대로 답습되는 실정을 목격하게 되었다.

정부는 1975년 9월 11일 2/4분기 심사분석에서 '외국교과서에 나타난 한국관 분석 보고'를 논의하였다. 그리고 당시 문교부에서는 외국교과서와 백과사전 등에 나타난 잘못된 한국관을 바로잡는 사업에 착수하게 되었다. 정부는 이 사업을 '한국관 시정사업'이라 명명하였는데 이것이 한국바로알리기 사업의 효시인 셈이다. 정부는 이틀 후인 9월 13일 관계부처 합동회의를 개최하고 각 부처별로 역할을 분담하였다. 한국관 시정업무는 문교부 편수국이 맡고, 외무부는 외국교과서 수집을, 문공부는 해외 시정 의뢰 사업을 담당키로 하였다. 그 후 1977년 1월 14일 주요 업무가 궤도에 올라 돌아가던 중 이 사업은 일시 중단되었다가 1978년 5월 레바논의 역사교과서에 한국전쟁이 '북침'으로 기술된 것이 중앙정보부에 의해 발견 보고되었다. 이를 계기로 보다 더 체계적이고 지속적인 한국관 시정 사업의 추진이 심도 있게 논의되고 1979년 1월 문교부 차관을 위원장으로 하는 한국관 시정 사업 추진협의회를 구성하고 이 업무를 관장토록 하였다(한국교육개발원, 2002: 1 – 3). 그해에 문교부는 일본교과서 40여 종을 검토, 한국에 관해 잘못 서술하고 있는 내용을 취합하여 외무부를 통해 일본의 교과서 집필자와 출판사에 알리고 시정을 요청하였다. 본격적인 외국교과서 분석을 통한 시정요구 작업은 1979년부터 비롯되었다고 말할 수 있다.

1975년부터 문교부 사회과학 편수관실이 주관해 오던 이 사업은 1980년 4월 24일자로 한국정신문화연구원(현 한국학중앙연구원)에 이관되었다. 사업의 성격상 외국교과서 내용 검토 및 시정안 작성이 한국학 연구와 관련 깊다는 정책적 판단에 따른 것이다. 그러나 한국정신문화연구원은 그 이듬해 기구 및 기능상 사업수행이 부적합하다고 판단하여 정부에 주관 기관 조정을 요청하고 1981년 9월 7일 국무총리 주재로 개최된 협의회에서 문공부가 사업을 총괄하고 교과서 관계 업무는 정부출연 연구기관인 한국교육개발원에 맡

기는 형식으로 조정하는 한편 같은 해 12월 23일자로 업무 이관을
확정했다. 한국교육개발원에서의 본 사업은 본격적인 궤도에 올라
교육과정본부에 교과서국제비교연구실이 만들어졌고 후에 한국관
시정연구실로 바뀌었다. 특히 1982년 7월 일본 문부성이 자국의
역사교과서를 검정하면서 한국과 관련된 내용을 의도적으로 왜곡
한 사실이 언론을 통해 알려지자 이 사업은 새로운 국면을 맞게 되
었고, 당시 정부와 국민은 역사왜곡의 주역인 일본을 대대적으로 성
토하는 한편, 한국관시정사업에 대한 폭넓은 공감대를 형성하였다
(한국교육개발원, 2002: 4 - 6).

이후 한국교육개발원은 유관부처의 협조를 얻어 각종 교과서, 백
과사전, 인명록, 시청각 교재 등에 나타난 한국 관련 내용의 검토
를 의뢰받아 수탁과제를 수행하여 수십 종의 보고서와 연구자료를
발간하였다.[1] 특히 2001년 일본 역사교과서 왜곡파동이 일어났을
때에는 그동안 축적해 온 노하우를 바탕으로 전문가 분석팀이 작
성한 [역사교과서 수정 요구 자료]를 2001년 5월 교육인적자원부에
제출함으로써 적절하고 효과적인 정부의 대응을 뒷받침하였다. 그
해 12월 19일 교육인적자원부로부터 그동안의 사업 추진실적과 경
험을 인정받아 한국교육개발원이 역사교과서 왜곡 대책 및 한국바
로알리기 사업 주무기관으로 선정되었다. 종래의 한국관시정연구실
은 확대되어 국제교육정보연구특임본부로 확대 개편하고 시정연구
실과 국제교육연구실을 두고 사업의 전환기를 맞았다.

확대 개편되어 궤도에 오를 즈음, 총리실과 관계부처의 위원들로

---

1) 이에 대한 자세한 내용은 다음의 문헌을 참조. 한국교육개발원(2002). 세계화시대의 한국바
로알리기: 일본 역사 교과서 왜곡과 그 대응 - 회고와 전망. pp.8 - 23.

구성된 협의회에서 다시금 본 업무를 한국학의 포괄적·전문적 연구기관인 한국정신문화연구원(현 한국학중앙연구원)으로 이관할 것을 결정하였고 2003년 4월 1일에 국제한국문화홍보센터(현 한국문화교류센터)를 발족하여 오늘에 이른다.

2. 교과서 연구 오류시정작업의 회고와 전망

교과서의 연구는 그 범위와 방법이 다양할 수 있고, 산발적으로 여러 곳에서도 행해질 수 있다. 본 글에서는 한국을 알리고 홍보하며 국제이해 교육 차원에서도 의미를 부여하여 행해졌던 외국교과서의 분석 사업을 집중 조명하였다. 즉 1982년부터 오늘에 이르기까지 한국교육개발원과 한국학중앙연구원에서 행해진 한국바로알리기 사업 차원에서의 외국교과서 분석에 대한 회고와 전망을 논하고자 한다.

1) 외국교과서 분석 현황

한국학중앙연구원의 국제한국문화홍보센터(현재는 한국문화교류센터) 조직의 발족은 2003년 4월 1일이며 현재까지 6년 반 동안 연구를 계속하고 있다. 그 이전에는 한국교육개발원에서 1982년부터 2002년까지 21년간 외국교과서 연구를 담당했다. 양 기관의 연구 기간을 합하면 약 27년간이다. 긴 기간 동안 외국의 교과서를 분석하고 한국 관련 내용에 대한 왜곡, 오류 실태를 파악해 오고 있다.

<표 1>에서 보는 것처럼 한국교육개발원에서 21년간 52개국

1,245권의 교과서를, 한국학중앙연구원에서 6년 반 동안 59개국 1,147권의 교과서를 분석하였다.[2] 표에서 살필 수 있는 것처럼 특별히 아시아 지역의 교과서 분석 권수가 많은 주된 이유는 일본교과서의 수에 기인한다.[3]

<표 2>에서 보면 27년 동안 교과서 권수로 보면 일본, 중국, 대만과 미국 등의 교과서를 다수 분석하였다.[4] 유럽의 나라들로는 영국, 독일, 프랑스, 스페인 등 선진국들을 대상으로 다수의 교과서 분석이 행해졌다. 북한, 대만, 인도 등 아시아의 국가들도 일본과 중국을 이어 다수의 교과서를 분석한 대상국들이다. 미국의 경우는 여러 개의 주로 구성된 국가인 동시에 국제사회에 영향력이 지대하며 우리의 우방인 점이 고려된다. 동시에 우리의 우방임에도 불구하고 간혹 한국에 대한 잘못된 인식 또는 왜곡 내용이 등장하기도 하여 일정 주기를 두고 주(州)별 교과서를 대상으로 분석이 행해졌다. 대체로 이들 국가들은 영향력이 큰 선진국들이거나 우리의 이웃인 아시아의 국가들이라는 공통점을 지닌다. 그 밖에 우리와 특수한 관계에 있는 북한교과서도 어려운 여건 속에 74권을 수집하여 분석하였다. 이러한 대체적인 경향은 <표 3>에서 보는 것처럼 분석 빈도를 기준으로 한 국가들의 분포를 보아도 일치한다. 일본의 경우 18회, 중국 10회, 미국 8회, 유럽의 영국, 프랑스, 독일,

---

2) 연구 기간에 비해 분석량에 차이가 큰 것은 예산액과 구성원의 수적인 차이에 기인한다. 한국교육개발원의 경우 연평균 3~4인이, 한국학중앙연구원의 경우 6~8인이 전담하였다.

3) 한국교육개발원에서 분석한 일본교과서는 420권에 달하며, 한국학중앙연구원의 한국문화교류센터에서 2008년 말까지 분석한 일본교과서는 181권이므로 합하면 601권에 이른다. 일본의 경우는 오랜 기간 역사교과서 왜곡, 동해 표기 및 독도 표기의 문제 등으로 주요 분석 대상국이다.

4) 중국은 동북공정과 관련하여 집중 분석 대상이 되었다.

호주 등은 5회, 러시아와 캐나다 등도 4회 분석되었다. 그 밖의 나라들은 아시아의 이웃한 나라들로서 인도, 태국, 말레이시아, 인도네시아, 싱가포르, 필리핀, 대만, 베트남 등이다.

비아시아권 국가들 중에 쿠웨이트는 자원 부국이며 우리와 교역 관계에서 중요한 파트너라는 점, 레바논은 1978년 교과서 문제를 일으켜 우리의 주목을 받고 있는 나라인 점, 터키는 우리와 관계가 밀접한 점 등으로 빈번히 분석 대상이 된 것으로 판단된다. <그림 1>은 분석 횟수별 분석 대상 국가들의 분포를 지도로 나타낸 것이다.

<표 1> 지역별 교과서의 분석 현황

구분 \ 지역	아시아	서남아시아/아프리카	북미/유럽	스페인/중남미(7국)	사회주의권	동구권	대양주	계
KEDI ('82~'02)	12개국 566권 (45.5%)	14개국 35권 (2.8%)	7개국 273권 (21.9%)	7개국 118권 (9.5%)	3개국 133권 (10.7%)	7개국 107권 (8.6%)	2개국 13권 (1.0%)	52개국 1,245권 (100.0%)
AKS ('03~'08)	13개국 446권 (38.9%)	19개국 59권 (5.1%)	13개국 144권 (12.6%)	7개국 75권 (6.5%)	3개국 386권 (33.7%)	2개국 13권 (1.1%)	2개국 24권 (2.1%)	59개국 1,147권 (100.0%)
계	1,012권 (42.3%)	94권 (3.9%)	417권 (17.4%)	193권 (8.1%)	519권 (21.7%)	120권 (5.0%)	37권 (1.5%)	2,392권 (100.0%)

주) KEDI(한국교육개발원), AKS(한국학중앙연구원), 사회주의권(중국, 러시아, 북한)

<표 2> 주요 국가별 교과서 분석 실태('82~'02/'03~'08)

단위: 권수

구분	일본	미국	중국	북한	영국	독일	프랑스	대만	스페인	인도
KEDI	420	80	76	53	49	48	47	44	36	34
AKS	181	39	310	21	13	25	18	96	6	7
계	601	119	386	74	62	73	65	140	42	41

단위: 분석 횟수

동부/동남 아시아	일본	중국	필리핀	인도	태국	말레 이시아	인도 네시아	싱가포르	대만	베트남
분석 횟수	18회	10회	6회	5회	4회	4회	4회	4회	4회	3회
기타 지역	미국	쿠웨이트	레바논	영국	프랑스	독일	호주	러시아	터키	캐나다
분석 횟수	8회	6회	6회	5회	5회	5회	5회	4회	4회	4회

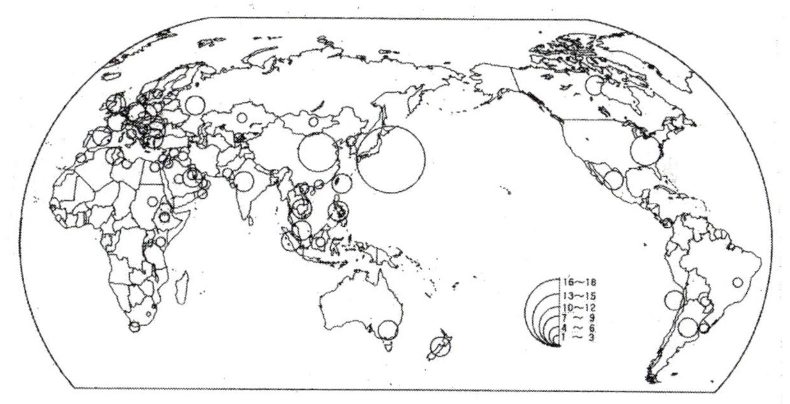

<그림 1> 교과서 분석 횟수별 국가들의 분포(단위: 분석 횟수)

2) 기존 연구 보고서의 분석 유형과 연구내용 검토

(1) 단순 분석형

단순 분석형으로 분류할 수 있는 예로서 1991년도에 한국교육개발원에서 수탁연구로 행해진 동구권 사회과 교과서의 한국 관련 내용 분석 보고서를 들 수 있다. 이 보고서는 동유럽 6개국(폴란드, 헝가리, 불가리아, 루마니아, 체코슬로바키아, 유고슬라비아)의 교과서

66권을 대상으로 한 것이다(곽상만 외, 1991: 2 – 3). 별도의 장(章)을 만들어 여섯 나라의 사회와 교육을 소개하여 배경 이해에 도움을 주려는 의도는 보였지만, 한국 관련 내용을 추출해 그 내용의 시시비비를 가려 전문가의 검토의견을 서술했다는 면에서 단순 분석형으로 분류할 수 있다. 이러한 유형의 보고서들은 연구기관이 수탁을 받아, 짧은 기간에 정책적 목적을 가지고 필요한 내용을 추출하여 조사해 내기 위한 정책적 목적 달성에 충실한 보고서들에서 흔히 나타난다. 순수 연구에 필요한 충분한 시간, 노력을 할애하기 힘든 연구 환경에서 나타나는 유형이다.

한국교육개발원에서 1982년부터 2002년까지 생산된 54종의 보고서 가운데 39종(72%)이 여기에 해당하고, 한국학중앙연구원에서 2003년부터 2008년까지 생산된 35종의 보고서 가운데 32종(91%)이 본 유형에 속한다.

단순 분석이라는 단점을 가지고 있음에도 불구하고, 가장 오랜 기간에 걸쳐 가장 빈번히 생산된 보고서의 유형이다. 한국교육개발원에서 1982년부터 1990년까지 9년간 생산된 본 유형의 보고서에 의하면 다음의 내용들이 주로 등장하는 왜곡 내지 오류이다. 즉 남북한의 명칭을 혼동하거나 남한의 수도를 평양으로 제시, 휴전선을 38도선으로 표시하거나 휴전선을 국경선으로 표기, 주요 도시의 위치를 잘못 표기하거나 주요 도시 이름을 일본식으로 병기, 대한해협을 일본식 명칭으로 표기, 독도를 일본 영토로 나타내고 제주도의 명칭을 서양식으로 제시하는 점들을 밝혀낸 것은 본 유형의 보고서들에서 보이는 중요한 성과들이다(한국교육개발원, 2002: 59).

(2) 신구 비교형

본 유형의 예가 되는 보고서로는 1995년에 행해진 일본 지리교과서의 한국 관련 내용 변화분석을 들 수 있다. 이 보고서는 1980년대 초반 6곳의 출판사에서 간행한 중학교 및 고등학교 지리교과서와 1990년대 초반 6곳 출판사에서 발행한 중학교 및 고등학교 지리교과서 등 12개 출판사의 교과서를 약 10년의 간격을 두고 그 변화상을 살핀 것이다(유재택·손용택, 1995: 13 – 26). 이 보고서는 전형적인 신구 비교형 연구라고 볼 수 있다. 동일주제를 들어 서술상의 변화를 보려 하였고, 한국 관련 내용에 대한 왜곡의 정도와 오류 유형을 파악해서 부당성과 비합리성을 논하였다. 이에 대한 기준은 당시의 국내 연구 성과를 바탕으로 하였다. 연구 성과를 기초로 한 기준에서 엄밀히 말한다면 주관성을 완벽하게 배제한 것으로는 볼 수 없을 것 같다.

본 연구에서 한국 관련 내용의 핵심 주제 조사항목별 기준은 서술량(量), 국호와 지명, 남북 균형 서술 유무, 한국의 경제발전 동인에 대한 해석, 동해 표기 문제, 한국의 의·식·주 생활문화, 재일동포 생활상, 한글의 가치 해석, 문화 전파, 일본의 침략과 수탈, 6·25전쟁, 한국 병탄의 표현 등에 관한 것들이다. 이상의 주제들은 일본 지리교과서 분석에서 자주 언급되는 항목들이다.

1994년에 중국역사와 지리교과서의 한국 관련 내용 변화분석을 시도한 보고서도 이 유형에 속한다(이찬희 외, 1994: 4 – 7). 중국의 교과서 변화배경을 이해하기 위해 교육개혁 동향과 역사과 및 지리교과의 교육 현황을 정리해 주고, 신교과서들의 한국 관련 내용과 강조점 그리고 오류와 왜곡의 변화를 구교과서의 그것과 표를 만들어 비교하였다.5) 비교변화의 척도 항목으로 긍정적/부정적 변화 정도, 추가/동일/삭제 등으로 정리하였다. 강조점과 왜곡 정도 등을 해석하는 것에서 역시 연구자의 주관이 전혀 배제된 상태라고는 말할 수 없다. 한편, 2002년도에 행해진 일본 고등학교 현대사회교과서의 한국 관련 내용의 변화를 분석한 보고서는 역사와 지리교과서가 아닌 현대사회교과서를 대상으로 변화분석을 시도한 연구로서 의미가 있다(남경희, 2002).

(3) 순수 기초연구형

한편, 2003년도에 한국학중앙연구원에서 행해진 것 가운데 외국인의 한국관을 조사한 연구가 있다. 이는 상대국 교과서 연구를 행하기 이전에 연구자들이 반드시 알아야 할 배경 지식으로서의 기초연구이다(은기수, 2003). 일본과 중국, 말레이시아, 베트남, 인도네시아, 태국 등 우리를 둘러싼 아시아의 주요국 대학생들에게 설문을 조사하여 한국을 어떻게 생각하는지 여러 각도로 조사한 후 전반적인 이미지(觀)를 조목조목 정리하여 제시한 연구이다. 배경과 원인을 진단하기 위한 순수 기초연구의 예라 할 만하다.

한편, 접근하는 내용방식은 다르지만, 독일과 폴란드교과서 협의사례 연구, 통일대비 북한교과서에서의 교육이념 변화 연구, 국제이해를 위한 교과서 개선활동에 관한 연구, 집필자 분석을 시도한 연구, 상대국의 교육정책 연구 등은 교과서연구에 앞서 배경과 원인을 이해할 수 있는 기초연구로서 손색이 없다.6)

---

5) 소학교, 초급중학교(=중학교), 고급중학교(=고등학교) 교과서를 망라한 1980년대의 10권의 구교과서와 13권의 1990년대 교과서를 분석하되, 매 교과서마다 커다란 박스형 표를 만들어 세 칸을 나눈 후 좌측에 구교과서의 한국 관련 추출 내용을, 우측에 신교과서의 그것을 비교하도록 하였다. 맨 우측 칸에는 전문가의 검토의견을 제시하였다.

3) 성찰과 전망

한국교육개발원에서는 21년간 108권의 보고서 및 연구자료(이해자료, 시정자료 등)를, 한국학중앙연구원에서도 6년 동안 54권의 보고서 및 이해자료집을 발간하였다.[7] 연평균 6권 이상의 책자를 생산한 셈이다. 많은 연구보고서의 주된 내용은 외국교과서상에 나타난 한국 관련 내용의 분석을 시도한 것들이지만 간혹 집필자 분석 보고서, 교육정책 보고서, 교과서 협의 사례 연구, 북한교과서의 교육이념 변화 연구, 교과서 개선 활동 연구, 외국교과서 연구의 종합적 검토, 한국바로알리기 사업 백서, 외국인의 한국관 조사연구 등 기초연구 보고서들도 생산되었다. 이들 소수의 기초연구 보고서의 결과는 큰 맥락과 배경을 읽을 수 있는 결과를 제시하여 외국교과서 연구의 전체 방향을 잡는 데 매우 유용하다.

탐구 중인 현상을 질서 정연한 방식으로 이해하고 설명하려는 노력은 어떠한 연구 분야를 막론하고 반드시 필요하다. 외국교과서의 한국 관련 내용을 연구하는 데 있어서도 이와 같은 이론적인 관심과 노력은 함께 경주되어야 하며 중요하다. 외국의 교과서를 둘러싸고 "왜 그 일을 하는가?"에 답하는 일은 단순하지 않다. 그러나 지금까지 대부분의 선행연구자들이 이러한 질문을 심각하게 스

---

6) 한국교육개발원에서 행해진, 독폴교과서 협의 사례 연구(CR2002 − 32), 통일대비 북한교과서에서의 교육이념 변화 연구(CR2002 − 33), 국제이해를 위한 교과서 개선활동에 관한 연구(CR2002 − 36), 한국학중앙연구원에서 행해진 동남아시아 각국의 교육과정 및 교과서 정책 연구(KU − CR − 03 − 05), 미국교과서 한국 관련 집필자 분석(KU − CR − 07 − 01) 등의 관련 연구가 있다.

7) 외국의 교육자, 학생, 일반인을 대상으로 한국 관련 읽기자료를 현지어로 만들어 발간하였으며, 이에 대한 분류명칭을 '연구자료' 또는 '이해자료', '읽기자료' 등으로 부른다. 외국의 출판사 등에 전달되는 자료는 더욱 압축된 시정권장사항으로 정리하여 때에 따라 함께 전달되기도 하였다.

스로에게 던져 보지 않았거나, 질문을 받더라도 시간상, 비용상 그리고 효율성 측면에서 그 질문이 그렇게 중요하지 않을 수도 있다는 현상론적 대응을 하기도 했다. 문제의식을 갖고 기존 연구 성과물들을 성찰해 보면 다음과 같이 정리할 수 있다.

첫째, 많은 교과서 연구자들이 간과하지 말아야 할 일 중에, 외국교과서의 연구 못지않게 우리(한국) 교과서 속의 외국 관련 내용에 대한 분석결과를 먼저 제시해 상대국의 의견을 들을 자세로 임해야 한다는 사실이다. 그런데 그렇게 하기에는 대체로 연구 과정이 길어지고 예산상의 문제도 여의치 않으므로 병행하지 않거나 외면하려 한다는 점이다. 우리의 역사교과서나 지리교과서의 외국 관련 내용들에 대해 당사국의 지적을 심심찮게 받고 있음은 연구 경험이 있는 사람들은 경험상으로 잘 알고 있다. 따라서 외국교과서 속의 한국 관련 내용에 대한 오류와 왜곡을 지적하기에 앞서 그들에게 우리 교과서의 그들 관련 내용을 솔직히 드러내 놓고 지적을 수용하며 고치려는 자세와 절차가 마땅히 병행되어야 한다. 그런 연후라야 상호 협력이 되는 것이고 발전적이며 설득력이 있다.

둘째, 외국교과서의 분석 잣대를 '사실(실증적 논거)', '진실(올바른 내용)'의 척도로 분석한다고 하지만 무엇이 사실이고 진실인지를 재는 척도에 연구자들마다 주관적 인식이 개입될 소지가 있다는 점이다. 정성적 분석에서 나타날 수 있는 이러한 소지를 최소화시켜야 한다. 실증적 논거와 올바른 내용의 판단은 가능한 한 타자의 시선(외국의 학자)에도 무리가 없는 내용일 때 완성도가 높다. 연구자의 민족적, 주관적 판단의 잣대로 상대국 교과서의 문제점을 폭로하거나 상대국 정부를 압박하는 방식이 되면 무리가 따른다.

한편 오류가 생겨나는 시스템을 찾아내고 상호 이해를 증진하는 방향에서 공동노력을 통해 바로잡아 가도록 해야 한다. 관련 내용만을 추출해서 시비를 가리려는 방식보다는 교과서의 집필자 선정과정, 교과서 개정과정, 교과서 채택과정, 교과서 발행체계 등에 대한 종합적인 분석을 하여 장기적이고도 지속적인 체계적 접근을 시도해야 한다. 이러한 의미에서 한국 관련 내용 분석에 더해 배경을 깊고 넓게 이해할 수 있는 기초연구를 함께 병행해야 할 당연성이 있다.

셋째, 외국교과서 내용에 대한 분석 척도를, 오류를 범했거나 왜곡된 내용을 바로잡는 것에 맞추는 이상으로 힘을 기울여야 하는 정책적 노력이 선행되어야 한다. 그것은 바로 충분하고 좋은 질의 정선된 '한국이해자료'를 해당국 언어 또는 주요 언어의 책자로 개발해서 꾸준히 적재적소에 공급하는 일이다.[8] 이 과정에서는 제3의 해당국 외국인 학자의 감수과정이 필수적이다. 내용상으로 훌륭하고 번역이 완전에 가깝도록 검증된 훌륭한 책자('한국이해자료')들을 꾸준하고 충분하게 필요한 곳과 사람들에게 공급한다면 우리가 바라는 최종의 목표인 한국 관련 내용은 저절로 고쳐지고 풍부해지는 것은 당연한 귀결이기 때문이다.

넷째, 수많은 나라들의 교과서를 분석하되, 우선순위와 일정 주기를 두고 반복 연구할 경우에는 반드시 신구 비교를 통해 변화상을 추적해서 달라진 점이 무엇인가를 밝혀내려는 노력이 필요하다(한도현 외, 2003: 8). 변화된 현재의 내용에 대한 기준은 과거의 내용이며, 미래의 변화내용 비교기준은 현재여야 하기 때문이다. 정

---

8) '한국이해자료'란 외국의 학생, 일반인, 교사 등이 한국을 알기 위해 쉽게 접하도록 만든 정선된 양질의 홍보 내지 소개 또는 학습에 도움을 줄 수 있는 내용으로 구성된 다양한 책자들의 일컬음이다.

확한 변화내용을 기초로 할 때 발전적 보완이 이루어질 수 있다.[9]

다섯째, 전반적 맥락을 고려하지 않은 연구는 절름발이 분석이 될 수 있다. 교과서를 수집하는 사람, 번역하는 사람, 연구를 행하는 사람이 별개의 사람인 데서 오는 문제점을 말한다. 교과서의 관련 내용을 일정한 준거를 가지고 연구자가 직접 찾아내지 않고 번역된 내용만을 바탕으로 분석하게 된다면, 중요한 맥락을 놓칠 수 있기 때문이다. 번역자를 따로 두지 않고 연구자가 직접 교과서 원문을 읽고 전체 맥락을 검토하는 것이 가장 바람직하다(한도현 외, 2003: 9). 현실적인 어려움과 장애로 인해 그러한 연구가 행해지지 못하는 것이 대부분이다. 또한 좋은 연구의 전제 조건으로 정확한 번역이 반드시 선행되어야 한다. 경우에 따라서는 전체 목차도 알아야 하고, 단원 배치의 순서, 내용조직의 흐름 등을 꿸 수 있도록 번역의 범위도 넓힐 필요가 있다. 완전한 분석 연구를 위해서는, 맥락을 놓치지 않도록 최선을 다해야 한다.

끝으로 각국 교과서에서 외국에 관한 서술내용이 최대한 진실하기 위해서는 국가 쌍방의 혹은 2개국 이상이 참여한 국제적인 규모의 '교과서 연구 협의체' 같은 기구가 필요하다.[10] 이러한 '협의체'의 협의과정을 거쳐 다듬어진 내용이라면 명실 공히 국제적 차원의 교과서 연구가 될 것이다. 그렇게 된다면 교과서의 서술내용은 자국 이해의 배타적인 추구가 아닌 국제이해의 증진과 인류공영의 가치실현에 주

---

9) 일정 주기를 파악하는 것은 나라마다 다를 수 있는데, 대체로 해당국의 새로운 교육과정 적용 시기에 주목해야 한다. 엄선된 훌륭한 '한국이해자료'들의 내용이 적기에 인용되어 활용되어야 할 시점은 교육과정이 변경될 시점과 일치한다.

10) 독일의 게오르그 에케르트 국제교과서 연구소에서 하는 일이 이와 유사하다. 이웃한 나라들과 교과서 내용의 서술에 대해 쌍방 간의 검토와 의견 조율을 거쳐 무리 없는 내용의 수준을 유지하고 서로 그 내용을 인정해 주려 하기 때문이다.

안점을 둔 공동의 교과서 내용이 될 것이다(조용환, 1990: 37).

Ⅲ. 내실을 위한 교과서 연구방법

외국교과서 연구를 수행해 본 많은 연구자들이 연구방법상의 획기적 전환이 있어야 한다는 점을 꾸준히 지적해 왔다. 이러한 지적은 지금까지의 연구가 과학적인 엄밀성과 체계성을 충분히 갖추지 못한 채, 실제적인 필요를 정책적 차원에서만 해결하려는 데 머물렀던 점을 반성하는 의미를 지닌다(조용환, 1990: 38).

학문적 연구 또는 국가 이미지를 바르게 알리기 위한 홍보 차원의 정책적 연구인가에 대한 엇갈린 입장은 이 분야의 연구가 크게 진척되지 않고 있음을 보여주기도 한다.

사람(학자, 연구자)은 현상을 보다 체계적으로 관찰, 인식, 이해, 설명하고 나아가 예측하려는 기본적인 욕구를 가지고 있고 문명은 그러한 방향으로 발전되어 왔다. 상식의 자리에 지식이, 신화의 자리에 과학이 들어서는 현상은 그래서 보편화된다. 문화를 달리하는 사회 간의 상호 이해를 위해서는 공통의 언어가 필요한데, '학문'은 그러한 언어체계의 구실을 한다(조용환, 1990: 38). 기존에 행해져 온 한국바로알리기 사업의 기초연구로서의 교과서 연구는 비록 그 출발점이 비학술적인 정책적 필요에서 시작되었다고 하더라도, 그 일이 발전되어 감에 따라 자연스럽게 학술적인 필요와 보편성을 요구하고 느끼게 되는 것은 당연하다.

여기서는 익히 알려진 연구기법을 정리, 설명하는 한편, 경험을 바탕으로 한 연구내용과 방법을 설명하여 소개함으로써, 향후의 좀 더 명쾌한 교과서 연구에 도움을 주고자 한다.

1. 내용 분석(Contents Analysis)

종래의 외국교과서 한국 관련 내용 연구는 '내용 분석'을 주된 연구방법으로 삼아 왔다. 과학적 연구기법으로서의 내용 분석은 당초 커뮤니케이션 연구자들에 의해 개발되고 널리 활용되어 왔다. 특히 두 차례에 걸친 세계대전 중 적국 지도자의 연설문이나 적국의 문서, 선전물, 방송 등에 담긴 전략적 의도를 파악하려는 군사적 동기에 의해 가속화되었다. 일반적으로, 내용 분석은 메시지를 생산한 장본인과의 직접적인 만남이 쉽지 않거나 불가능한 상태에서 그 메시지의 특성, 의도, 전달과정, 영향력 등을 분석하려는 기법으로서 상업적, 학술적 커뮤니케이션의 영역에서 각광을 받아 왔다. 우리나라에서는 이만갑(1963)에 의해 기법이 소개된 바 있고, 차배근(1979)은 커뮤니케이션 연구의 중요한 기법으로서 내용 분석을 체계적으로 소개하였다.

그러나 국내외를 통해 교과서 내용 분석을 본격화한 시도는 흔하지 않으며, 국제비교 차원에서 외국교과서를 내용 분석한 연구는 역시 많지 않은 편이다.

한국교육개발원과 한국학중앙연구원에서의 교과서 연구는 엄밀한 의미에서의 내용 분석은 충실하지 못하였다. 보다 근본적으로는 교과서 연구에 대한 체계적인 성찰이 부족하였다고 할 수 있다. '전문가'에 의한 내용검토라는 방식을 별 반성 없이 계속 답습하여 왔으며 분석한 교과서의 수량에 비해 본다면, 그에 걸맞은 유용한 연구의 틀을 개발하지 못하였다.

1) 양적 분석(Quantative Analysis)

내용 분석은 양적 분석과 질적 분석의 두 갈래로 나누어 볼 수 있다. 교과서 연구에 국한시켜 말한다면, 양적 분석 또는 정량적 분석의 경우 어떤 메시지나 주제를 다루는 데 할애된 지면의 분량이나 문장, 단어, 문단, 단원의 수와 같은 양적 지표가 그 분석의 기준 단위가 된다. 양적 분석은 계량화의 방법을 사용하여 객관성이 높은 반면 메시지의 심층적 의미체계를 다루어 내지 못하는 단점이 있다.[11]

2) 질적 분석(Qualitive Analysis)

질적 분석 혹은 정성적 분석은 메시지 속에 숨은 의도나 목적성을 간파하는 데 대단히 유용하다. 다만 해석 과정에서 연구자의 주

---

[11] 한편, Mark Peterson(Brigham Young University) 교수는 말하기를, "분석기법과는 별도로 한국을 알린다는 차원에서 볼 때는 단순한 양적인 면에서 서술량이 압도적으로 많은 것이라면, 그리하여 서술이 많다 보니 여러 군데에서 정확하지 못한 정보가 눈에 띈다고 하더라도, 어떤 의미에서는 그러한 교과서가 궁극적으로 한국에 대해 많은 관심과 애정을 가진 교과서라 할 수 있다. 많은 서술 가운데 군데군데 나타날 수 있는 오류내용은 정확한 정보의 자료를 제공해 줄 때 머지않은 미래에 고쳐질 것은 시간문제이기 때문이다. 많은 양의 서술을 할애하여 주기까지의 상대측 의사결정이 어렵고 중요한 것으로 본다."는 의견을 피력한다. 미미한 관련 서술부분을 놓고 시시비비를 가리는 것보다 훨씬 중요한 것은 서술량이 많아야 한다는 지적이다(2009년 9월 4일 한국학중앙연구원 국제학술회의 "한국바로알리기 사업의 현재와 미래" 세미나 자료집, pp.114-115).

관이 잘못 개입될 여지가 있으므로 최대한 객관화시켜 합리적인 서술과정이 요구된다. 따라서 바람직하기로는 양적 분석과 질적 분석이 상호 보완적으로 동시에 활용될 때 내용 분석의 최대 효과를 얻을 수 있다.

종래의 교과서 연구방법은 거의 전적으로 질적 분석에 의지해 왔다. 그러나 명실 공히 철저한 질적 분석에 의해 실행된 연구와는 그 깊이에서 차이가 있다. 차배근(1979)에 따르면, 내용 분석은 일반적으로 (1) 연구문제와 가설의 설정, (2) 분석할 메시지의 표집, (3) 분석 유목과 분석 단위의 결정, (4) 실제 내용 분석 작업, (5) 분석 결과의 통계처리, (6) 연구결과에 대한 해석, (7) 연구보고서의 작성 등 7단계이다(조용환, 2003: 91에서 재인용). 그런데 종래의 교과서 연구를 살펴볼 때, 이상의 7단계를 따라 철저하게 시도하였거나, 양적 및 질적 상호 보완방법의 기법에 충실히 따라 결론을 도출한 연구결과가 드물다.

2. 교과서 정책 연구

교과서의 내용을 바로잡는 일은 오류가 생겨나는 시스템을 찾아내고 상호 이해를 증진하는 방향에서 공동노력을 통해 오류를 시정해 가도록 해야 한다. 따라서 관련 내용만을 추출해서 시비를 가리려는 방식 외에 교과서의 집필자 선정, 교과서 개정과정, 교과서 채택과정, 교과서 발행체계 등에 대한 종합적인 분석을 하여 장기적이고도 지속적인 접근을 시도해야 하는데, 이러한 필요성에서 교과서 정책연구가 중요하다.

교과서의 정책이 만들어지고 그 정책이 효율적으로 현장에 뿌리 내리기까지 영향을 미치는 사람들은 학교의 교장과 교사 및 교육부의 교과서정책 및 출판담당자, 그리고 이러한 시스템을 학문적으로 연구하는 교수, 학생들에게 지속적인 관심을 가지고 있는 학부모 등일 것이다. 이들에 대한 설문지 조사와 집중면담을 통해 다음의 사실들을 조사하여 분석해야 한다(한도현 외, 2003: 2 - 7). 우선 학교 현장의 교장 및 교사에게 다음의 내용을 설문하거나 면담조사를 할 수 있다.

첫째, 교과서는 어떤 절차를 거쳐서 선정되는가.
둘째, 교과서 선정에 가장 큰 의사결정권을 가지는 사람은 누구인가(교장, 교사, 학생, 학부모, 상위 교육행정기관 중).
셋째, 현행 교과서를 선택하게 된 이유는 무엇인가.
넷째, 선택(채택)된 교과서는 몇 년간 사용되는가.
다섯째, 학생 수에 비해 교과서 구입 권수는 어느 정도인가.
여섯째, 교과서 대여의 경우, 보통 몇 년간 대여되는가.
일곱째, 현행 교과서에 만족한다면 이유는 무엇인가.
여덟째, 현행 교과서에 불만족한다면 이유는 무엇이고, 다른 것으로 대체할 계획이 있는가.
아홉째, 수업의 내용에 교과서의 순서와 내용을 그대로 따르는가.
열째, 학생들이 교과서의 내용에 흥미를 느끼는 교과는 무엇이며, 그 이유는 무엇인가.
열한째, 학생들이 교과서를 어렵다고 느끼는 교과는 무엇이며, 그 이유는 무엇인가.
열두째, 상급학교 입시에서 교과서의 내용은 어떤 방식으로 다루어지는가.
열셋째, 최근 교과서와 관련된 변화가 있다면 어떤 것이며, 그것이 바람직하다고 생각하는가.
열넷째, 교과서의 큰 자랑거리는 무엇이며 그러한 교과서가 가능한 이유는 무엇인가.

열다섯째, 교과서의 큰 문제점은 무엇이며, 문제의 발생원인은 무엇인가.

열여섯째, 다른 나라 교과서와 비교해 볼 기회가 있었는가. 있었다면 차이점은 무엇이었나.

다음은 교과서 정책 및 출판담당자에게 설문 면담 조사할 내용들이다.

첫째, 교과서의 보급방식은 어떠한가(모든 과목이 대여되는가. 과목에 차이가 있다면 무엇인가).

둘째, 국가에서 교과서를 검정 심의할 때 중요하게 고려되는 기준은 무엇인가.

셋째, 교과서 검정 절차는 어떠하며, 검정위원회는 어떤 사람들로 구성되고, 1권의 검정을 위해 어느 정도의 시간을 사용하는가.

넷째, 학교 군에서 교과서 채택 시 중요하게 고려되는 기준은 무엇인가.

다섯째, 교과서 채택 절차는 어떠하며, 채택 위원회는 어떻게 구성되고, 1권의 채택 검토를 위해 어느 정도의 시간을 사용하는가.

여섯째, 교과서 개정은 어떤 경우에 행해지고, 개정주기는 대략 어느 정도이며, 개정 정도는 어떠한가(완전히 다 바꾸는가, 아니면 어느 정도 바꾸는가).

일곱째, 교과서 출판사에서 한 과목을 개발할 때 보통 몇 사람의 저자가 관여하는가.

여덟째, 저자들의 역할(집필, 편집, 레이아웃, 자료조사) 분담은 어떠하며, 이들의 배경(교직경력, 학위, 전문분야, 교과서 개발경력)은 어떠한가.

아홉째, 교과서 개발절차는 어떠하며, 각 절차별 소요시간은 어느 정도인가.

열째, 모든 교과서는 실험적용의 절차를 거치는가.

열한째, 교과서와 관련한 변화가 있다면 어떤 내용(개발 방식, 채택 방식, 체제 및 내용구성 방식)이며 이러한 변화는 바람직한 것인가.

열두째, 교과서의 큰 자랑거리는 무엇이며 그런 교과서가 만들어지는 가능한 이유는 무엇인가.

열셋째, 교과서의 큰 문제점은 무엇이며, 그 발생원인은 무엇인가.

열넷째, 다른 나라 교과서와 비교해 볼 기회가 있었는가. 있었다면 차이점
은 무엇이었나.

  이상의 내용들을 연구내용(연구문제)으로 해서 충실히 알아내어
분석하면, 그 나라의 교과서 시스템에 대한 종합적 이해를 할 수
있을 것이다. 나아가 상대국과 관련한 왜곡된 내용이나 오류의 원
인을 밝혀 쉽게 처방과 진단이 가능해질 것이다.

3. 교과서 집필자 및 출판사 분석

  교과서의 진술내용의 방향, 정책적 고려 등은 결국 교과서를 집
필하는 저자들에게 달려 있다. 그들의 배경과 전공, 성향을 정확히
파악하고 그들에게 필요한 정보를 줄 수 있다면 교과서 내용의 바
람직한 정보량을 늘릴 수 있고 긍정적 방향으로의 진술이 가능토
록 할 수 있다. 그들을 파악하고 이해한다는 것은 상호 이해를 돈
독히 한 바탕 위에 협조할 수 있음을 의미한다. 집필자를 분석할
경우 다음과 같은 내용들을 조사하여 분석함으로써 교과서 내용구
조의 맥락과 방향을 이해할 수 있을 것이며 미래의 교과서를 바꿀
수 있다(이길상·전택수, 2007: 5 - 9).

첫째, 교과서 저자들은 어떤 인적 배경, 학문적 배경을 지니고 있는가.
둘째, 교과서 집필과 편집, 간행 및 개정과정에서 저자들은 어떤 역할을
     수행하는가.
셋째, 교과서 저자들은 현행 교과서 채택 제도에 대해 어떤 평가를 하고
     있는가.

우선, 연구 첫 단계의 실내 작업으로 인터넷을 통해 저자들에 대한 정보 파악, 저자들과의 이메일 대화, 방문 인터뷰를 통해 교과서 저자들에 대한 사전정보 확인 및 그들의 생각을 알아볼 수 있다. 이런 이해를 기초로 해서 그들로 하여금 일정지역과 관련한 정보에 관심을 갖고 늘리도록 하며 서술된 내용을 개선하는 데 유용한 방법들을 찾아낼 수 있다.

한편, 간접적인 방법이긴 하지만, 역사와 전통을 자랑하며 나름대로의 분명한 경향성을 지닌 출판사들의 성격과 역사, 출판도서의 종류, 전체적인 출판 철학과 경향 등의 분석을 통해서도 그 나라, 그 지역의 교과서 내용과 정책 방향성을 조사하는 유용한 과정으로 삼을 수 있다. 다음과 같은 조사항목을 설정할 수 있을 것이다.

이상의 내용을 사전에 인터넷조사, 설문조사, 방문조사 등을 통

해 출판사의 역사와 배경, 특징을 알아내어 정리할 수 있다면 더욱
좋다. 현지를 방문하여 사전 조사내용을 확인하고, 구체적으로 그
지역의 교과서가 왜 그와 같은 내용을 담고 있는지, 그리고 지역사
회에 어떤 영향을 미치게 되었으며, 미치게 될 것인지 등을 면담을
통해 조사한다. 이와 같은 출판사에 대한 연구를 기초로 해서 미래
예측이 가능해질 것이며, 출판사를 상대로 필요한 부서와 사람들에
게 꼭 필요한 자료가 제공되어 효율성을 높일 수 있을 뿐만 아니라,
때에 따라서는 적절한 정책적 대응까지도 가능할 수 있다.

4. 내용조직과 교과서 체제 분석

각 나라마다 정책적 관심사가 다르고 발달한 산업이 다르며 역
사가 다르다. 또한 이념체제에 따라서도 교과서의 내용조직이 달라
진다. 이를테면 자원부국인 나라에서는 자원수출에 관심을 기울일
것이며, 국토가 좁고 자원이 없으며 인구가 조밀한 나라에서는 인
재양성에 힘써 가공무역, 중개무역, 서비스업에 치중할 것이다. 우
리나라처럼 IT산업이 발달한 나라에서는 더욱 힘써 세계굴지의 IT
산업 선두주자로서의 위치를 확고히 하기 위해 부단한 노력을 기
울일 것이다. 교과서의 내용조직과 체제 분석을 위한 연구내용은
다음과 같다.

첫째, 비교하고자 하는 교과서는 기준 교과서의 동일 교과목 교과서의 목
차 및 단원구성, 내용과 어떤 차이가 있는가.
둘째, 기준 교과서와 성격상 동일 단원내용 비교에서 어떤 차이점이 있는가.

셋째, 발견된 차이점은 구체적으로 무엇이며, 그 내용의 골자는 무엇인가.

넷째, 전체 목차를 놓고 기준 교과서와 비교할 때, 단원명과 내용에서 비슷한 내용과 차이 나는 내용은 무엇인가.

다섯째, 차이 나는 내용을 기초로 그 나라의 정책적 방향의 기조를 예측할 수 있는가.

여섯째, 차이 나는 내용을 기초로 기준 교과서와 비교하여 해당국의 체제와 이념의 차이를 살필 수 있는가.

일곱째, 기준 교과서와 비교해 사진, 삽화, 도표 등의 게재에서 차이가 나는가(차이가 난다면 어떤 점에서 차이 나는가).

여덟째, 기준 교과서보다 비교 교과서의 장점 또는 자랑거리가 있다면 무엇인가. 어떤 점에서 그렇다고 생각하는가.

이상에서와 같이 각 정부가 힘을 기울이는 정책적 의도는 교과서, 특히 사회과 교과서에 잘 나타날 수 있다. 역사 과목을 통해서는 자국 역사의 정통성을 세우려 할 것이며, 지리과목을 통해서는 자원의 개발, 교역의 방향, 농어촌의 개발 등에 정부의 정책 의도가 반영될 것이기 때문이다. 이처럼 교과서의 내용조직과 체제를 분석하고 그 내용의 흐름을 파악하여 비교해 보면, 나라마다의 정책적 차이를 알아낼 수 있고, 그 나라와 사회가 무엇을 추구하려는지 이해할 수 있다. 국가별 동일 교과목 교과서의 내용구성에서 강조점과 경향을 달리하기 때문이다. 나아가 이러한 교과서의 내용조직과 체제 분석을 통해 국제이해와 상호협력의 필요성을 파악해 낼 수도 있다. 교과서의 내용조직 및 체제 분석이 교과서 연구의 의미를 더해 줄 수 있는 것은 바로 이러한 부분들이다.

5. 교육과정과 교사용 지도서(지침서) 분석

어떤 나라의 어느 교과목의 교과서를 연구하고자 할 때, 그 교과에 해당하는 교육과정과 교사용 지도서를 면밀히 조사 분석해 봄으로써, 해당 교과서의 내용 구성과 방향 결정을 이해할 수 있다. 넓게 보면 교육과정에 속하는 교과서는 정책적 지침에 해당하는 교육과정의 정신을 충실히 현장 감각으로 구현해 놓은 교육매체이기 때문에 그 서술내용의 기준지침이 되는 교육과정의 연구는 대단히 중요한 의미를 지닌다. 아울러 현장에서 지도하는 교사들을 위해 구체적으로 교과서 내용의 지도 시에 가르치는 방법, 교과서 단원이 담고 있는 철학, 차시 구분, 자료 제공 등 구체적이고 친절한 안내서 역할을 해 주는 것이 교사용 지도서(지침서)이다. 다음의 조사항목(＝연구내용)을 통해 구체적인 내용을 조사 분석할 수 있다.

첫째, 교육과정에서 추구하는 교과목의 도달목표는 무엇인가.

둘째, 단원별 학습내용의 도달목표는 무엇이며, 왜 그 단원을 공부하는가.

셋째, 해당 교과목의 교육과정이 최종적으로 목표하는바 어떤 내용으로 어떤 정신을 길러주기 위함인가.

넷째, 교사용 지도서(지침서)에서는 단원의 교수학습 절차를 어떻게 설정하고 안내하는가.

다섯째, 해당 단원의 지도방법으로 무엇을 준비시키며, 어떤 것을 권장하고 있는가.

여섯째, 학습목표에 도달하기 위해 차시 구분은 어떻게 하고, 교사 및 학생활동을 어떻게 설정하는가.

이상의 내용을 종합 분석하여 정리하면 교과목의 교육과정 철학과 정신, 정책적 목표 등을 분명히 파악할 수 있게 되며, 그 지역의 교과서 내용을 바꾸기 위해서는 어떤 전략적 접근이 가능한지를 알 수 있게 될 것이다.

Ⅳ. 맺으며

본 연구는 우리나라의 국가이미지 개선과 국제사회에 나라를 바르게 알리기 위해 지금까지 행한 '교과서 연구' 전반에 대한 회고와 전망 차원에서 비판적 시각으로 검토하고 미래의 연구 방향을 짚어 보고자 한 것이다.

지금까지 우리나라의 교과서 연구는 두 기관에서 중추적인 역할을 해 왔다. 1980년대 초부터 2000년대 초까지 약 20년간은 한국교육개발원에서, 그 후 현재까지는 한국학중앙연구원에서 그 역할을 다하고 있다. 두 기관의 연구방향은 대체로 정책적 목표와 의도를 충분히 담고 있는 연구이므로 순수 연구 측면에서 보면 다소간의 결점이 필연적으로 따르는 한계점을 안고 있다. 한계와 단점에도 불구하고 그동안 각각 수십 종의 연구보고서와 관련 책자를 생산하기까지 한국의 '외국교과서 연구' 역사성은 두 기관의 노력에 힘입은 바 크다. 정책적 목표에 맞추어 전담 연구자들이 꾸준히 소임을 다해 연구하고 정리해 오는 동안, 소수의 색다른 연구들도 있었다. 교과서의 집필자 분석, 해당국의 교육정책 분석, 교과서 내용 조직 및 체제 분석 등이 그것이다. 어떤 의미에서는 이들 소수의 연구들이 진정한 정책적 올바른 방향을 밝혀 보려는 기초연구인

동시에 순수 연구로서 효율적인 방향을 밝혀 주는 역할을 했다고
도 볼 수 있다.

지금까지의 교과서 연구에서 지적할 만한 점들은 첫째, 상대국 교
과서 분석과 동시에 우리 교과서에 나타난 상대국 관련 내용의 연
구결과를 상호 교차 교류하는 양 방향의 연구라야 한다는 점이다.
둘째, 외국교과서 분석의 잣대를 'World Standard' 수준의 설득력
있는 기준을 만들어 적용하여야 한다는 점이다. 셋째, 제3의 객관
적 타자의 시선에서 만들어지고 신뢰할 만한 외국인 학자의 감수
를 거친 현지어판 한국 이해자료를 꾸준히 만들어 교과서 집필자
및 관련 출판사 등 적재적소에 지속적으로 공급되어야 할 것이다.
넷째, 일정 주기를 두고 반복 연구되는 국가의 경우 반드시 신구
비교연구를 통해 변화상을 추적하여 그 결과가 환류되는 과정을
거쳐야 한다는 점이다. 다섯째, 전체의 배경과 맥락을 파악한 온전
한 교과서 연구를 위해서는 교과서 검토와 번역내용의 선정, 감수
등 처음부터 최종의 연구보고서 작성에 이르기까지 전 연구 과정
에 걸쳐 일관성 있는 전담 연구자의 시선이 따라야 할 필요가 있
다. 수집, 번역내용 선정, 감수과정, 연구자 등 각각의 과정이 토막
지어져서 일관된 연구자의 눈이 따르지 못한 것은 맥락을 놓쳐 버
린 절름발이 연구가 될 수 있다. 여섯째, 궁극적인 교과서 서술내
용의 진실성과 그 내용의 흔쾌한 상호 수용을 위해서는 쌍방 혹은
국제적 차원의 '연구협의체'를 조직 가동하여 나타난 결과일 때에
만 비로소 가능한 일일 것이다.

향후 연구는 지금까지 추구하여 온 본연의 목적 달성을 위한 연
구를 꾸준히 진행하되, 기존의 단선적인 내용 분석방법에 더하여서

지역 연구에 맞는 연구방법들을 동원할 필요가 있다. 이를테면 교육정책 분석, 집필자 분석, 출판사 분석, 내용조직 및 체제 분석, 교육과정 분석, 교사용 지도서(지침서) 분석 등 해당 연구지역과 연구대상의 시의성에 맞는 방법을 택해 병행할 때, 심도 있는 교과서 연구에 한 걸음 다가갈 수 있을 것으로 본다.

참고문헌

Kioh, Kim and Nagel, P. *The Textbook industry and ethnocentrism.* 한국교과서 연구학회지. 2(2). 2008. pp.173 – 182.

곽상만 외 4인. 동구권 수교국 사회과 교과서 한국 관련 내용 분석. 1991. 한국교육개발원 수탁연구 보고 CR 91 – 2.

김경일 외 2인. 일본 역사교과서의 한국 관련 내용 조사분석 및 시정자료 개발. 2003. 한국학중앙연구원 연구결과보고서 KU – CR – 03 – 01.

남경희. 일본 고등학교 현대사회교과서의 한국 관련 내용 변화분석. 2002. 한국교육개발원 수탁연구 보고 CR2002 – 31.

박소영. 일본 초 · 중 · 고등학교 사회 및 지리교과서 한국 관련 내용 분석. 2007. 한국학중앙연구원 연구결과보고서 KU – CR – 07 – 02.

박소영. 중동권 국가 교과서의 한국 관련 내용 분석: 이스라엘, 쿠웨이트, 레바논, 튀니지. 2007. 연구보고서 KU – CR – 07 – 06.

박소영. 중앙아시아교과서의 한국 관련 내용분석: 우즈베키스탄, 카자흐스탄. 2007. 연구보고서 KU – CR – 07 – 03.

박소영. 요르단 · 튀니지 · 이란 · 이스라엘 · 이집트 · 인도 교과서의 한국 관련 내용 분석. 2008. 연구보고서 KU – CR – 08 – 05.

손용택. 북한의 조선지리 교과서 내용분석. 사회과교육. 26호. 1993.

손용택. 외국 사회과 교과서에 나타난 한국: 에스파냐, 오스트리아, 네덜란드, 캐나다를 중심으로. 사회과교육. 제32호. 1999. pp.427 – 447.

손용택. 영국 지리교과서의 문화, 개발, 환경 내용 분석. 초등사회과교육. 제12집. 2000. pp.495 – 507.

손용택. 외국 지리교과서 교수 – 학습 내용의 조직: 미국, 영국, 프랑스, 한국, 일본, 태국 교과서를 중심으로. 사회과교육. 41(3). 2002. pp.91 – 108.

손용택. 남북한 지리교과서 내용구성의 체제탐색과 대(vs) 북미관. 지리학연구. 38(3). 2004. pp.199 – 204.

손용택. 일본 교과서에서 본 우경화 문제. 백산학보. 69. 2004. pp.407 – 428.

손용택. 중남미 지역 지리 교과서의 내용 구성 및 한국 관련 내용 분석: 멕시코, 아르헨티나, 파라과이를 중심으로. 한국지리환경교육학회지. 12(2). 2004. pp.303 – 312.

손용택. 일본 교과서의 '독도(다케시마)' 표기 실태와 대응. 한국지리환경교육학회지. 13(3). 2005. pp.363 – 373.

손용택·한관종. 한반도 주변 주요국 교과서의 한국 관련 지명 왜곡과 오류실태. 사회과교육. 45(4). 2006. pp.83 – 106.

손용택·형기주. 중국지리교과서의 변천과 한국 관련 내용: 1987년 이후 중고교 지리교과서를 중심으로. 2004. 한국학중앙연구원 연구결과보고서 KU – CR – 04 – 02.

안지영. 동남아시아 사회과 교과서의 한국관련 내용 분석. 2007. 연구보고서 KU – CR – 07 – 04.

안지영. 중국 사회과 교과서의 한국관련 내용 분석. 2007. 한국학중앙연구원 연구결과보고서 KU – CR – 07 – 03.

안지영. 호주·필리핀 교과서의 한국 관련 내용 분석. 2008. 연구보고서 KU – CR – 08 – 03.

양영균 외 4인. 10개국 교과서의 한국 관련 내용분석. 2005. 한국학중앙연구원 연구결과보고서.

양영균·김선희. 호주·뉴질랜드 교과서의 한국 관련 내용 분석. 2006. 한국학중앙연구원 연구결과보고서 KU – CR – 06 – 10.

양영균·김성숙. 대만 사회과 교과서의 한국 관련 내용 분석. 2006. 한국학중앙연구원 연구결과보고서 KU – CR – 06 – 07.

양영균·김성숙. 몽골 사회과 교과서의 한국 관련 내용 분석. 2006. 한국학중앙연구원 연구결과보고서 KU – CR – 06 – 08.

양영균·김지훈. 중국 사회과 교과서의 한국 관련 내용 분석. 2006. 한국학중앙연구원 연구결과보고서 KU – CR – 06 – 06.

양영균·정재윤. 독일교과서의 한국 관련 내용 분석. 2006. 한국학중앙연구원 연구결과보고서 KU – CR – 07 – 02.

양영균·정재윤. 러시아교과서의 한국 관련 내용 분석. 2006. 한국학중앙연구원 2006년도 교육인적자원부 연구결과보고서 KU - CR - 06 - 05.

오만석 외 2인. 러시아 및 중앙아시아 교과서의 한국 관련 내용 분석. 2004. 한국정신문화연구원 2004년도 연구결과보고서 KU - CR - 04 - 05.

오만석 외 5인. 국제한국이해사업의 개선을 위한 주변국가의 한국 관련 교육과정 및 교과서 정책 연구; 미국, 일본, 중국, 러시아, 북한을 중심으로. 2003. 연구보고 KU - CR - 03 - 04.

유재택·손용택. 일본 지리교과서의 한국 관련 내용 변화 분석. 1995. 한국교육개발원 연구보고 RR 95 - 21.

은기수. 외국인의 한국관 조사연구 - 일본, 중국, 말레이시아, 베트남, 인도네시아, 태국. 2003. 한국문화홍보센터 연구보고 KU - CR 03 - 06.

이길상·양영균·박소영. 아랍권 국가 교과서의 한국 관련 내용 분석. 2006. 한국학중앙연구원 연구결과보고서 KU - CR - 06 - 09.

이길상·전택수. 미국교과서 한국 관련 집필자 분석. 2007. 한국학중앙연구원 연구결과보고서 KU - CR - 07 - 01.

이길상·최정희. 미국 사회과 교과서의 한국 관련 내용 분석. 2006. 한국학중앙연구원 연구결과보고서 KU - CR - 06 - 02.

이길상·최정희. 캐나다 사회과 교과서의 한국 관련 내용 분석. 2006. 한국학중앙연구원 연구결과보고서 KU - CR - 06 - 03.

이서행 외 2인. 일본 중학교 지리·공민 교과서 한국 관련 서술내용 변화분석. 2004. 한국학중앙연구원 연구결과보고서 KU - CR - 04 - 03.

이찬희 외 2인. 2007년도용 일본 고등학교 역사 교과서의 한국 관련 내용분석 연구. 2006. 한국학중앙연구원 연구결과보고서 KU - CR - 06 - 01.

이찬희·손용택·김복영·김광재. 중국 역사·지리 교과서의 한국 관련 내용 변화분석. 1994. 한국교육개발원 연구보고 RR 94 - 2 - 1.

정영순 외 4인. 일본 외 지역(세계 각국) 교과서의 한국 관련 내용 조사·분석 및 시정자료 개발. 2003. 한국학중앙연구원 2003년도 교육인적자원부 위탁 연구과제결과보고서 KU－CR－03－02.

정영순·김지훈. 중국 역사 교과서 한국 관련 내용분석. 2004. 한국정신문화연구원 연구과제결과보고서 KU－CR－04－01.

정재윤. 유럽지역 교과서의 한국 관련 내용분석; 프랑스, 영국, 이탈리아, 덴마크, 스웨덴, 체코, 그리스. 2007. 한국학중앙연구원 연구결과보고서 KU－CR－07－10.

정재윤. 유럽·아프리카 교과서의 한국 관련 내용분석; 스페인, 스위스, 터키, 남아프리카공화국. 2008. 연구보고서 KU－CR－08－02.

조용환. 외국교과서 한국 관련 내용 연구의 종합적 검토. 1990. 한국교육개발원 연구보고 RR 90－23.

최정희. 미국 중고등학교 세계지리 교과서의 한국 관련 내용 분석. 2007. 한국정신문화연구원 연구결과보고서 KU－CR－07－08.

최정희. 중남미권 국가 사회과 교과서의 한국 관련 내용분석; 멕시코, 칠레, 우루과이, 파라과이. 2007. 연구보고서 KU－CR－07－09.

최정희·장원석. 브라질·아르헨티나 교과서의 한국 관련 내용 분석. 2008. 연구보고서 KU－CR－08－01.

한국교육개발원. 세계화 시대의 한국바로알리기: 일본 역사 교과서의 왜곡과 그 대응－회고와 전망. 2002. 한국교육개발원 연구자료 RM 2002－38.

한도현 외 2인. 동남아시아 각국의 교육과정 및 교과서 정책 연구. 2003. 한국정신문화연구원 연구보고서 KU－CR－03－05.

한도현·이인섭. 서남아시아 및 북아프리카 교과서의 한국 관련 내용분석; 이집트, 쿠웨이트, 시리아, 레바논, 요르단. 2004. 한국정신문화연구원 연구결과보고서 KU－CR－04－04.

Ⅰ. 서론

1. 연구의 필요성 및 목적

40년 이상 지속되고 있는 민족 분단의 상흔은 남북한의 교육에도 여실히 반영되어 나타나고 있으며, 그 상처를 치유하기보다 악화시키는 데 교육이 기여하고 있다는 비판마저 있다. 그러한 회고와 비판에 앞서서 우리는 북한과 북한의 교육을 정확하게 알아야 한다. 지금까지 북한교육의 실상은 특수 기관의 요청에 따른 일부 연구자들에 의해서 극히 제한된 범위 내에서 연구되어 왔다. 특히 북한의 교과서에 대한 연구는 수적으로나 질적인 면에서 지극히 미미한 실정이다.

본 연구는 북한의 교과서, 그중에서도 조선지리 구교과서[12]의 내용을 분석하였다. 조선지리와 같은 북한의 사회과 교과서를 대상으로 삼은 이유로는 첫째, 민족 통일의 걸림돌로 작용해 온 체제 이데올로기가 사회과 교과서에 비교적 적나라하게 반영되어 있으리라고 누구나 쉽게 예상할 수 있기 때문이다. 둘째, 동서 양 진영의 냉전체재 종식과 독일 통일을 비롯한 급변하는 국제정세는 한반도의 통일에 대한 전망을 어느 때보다 밝게 해 주고 있다. 이러한 시대적 조류는 남북통합 내지는 남북통일을 위한 교육적 준비를 절실히 요청하고 있다. 그럼에도 불구하고 북한교육과 교과서에 대한 연구는 거의 되어 있지 않은 상태이다. 특히 지리교육에 관한 것은 그러한 연구 분위기가 더욱 열악한 상태라고 할 수 있다. 그러한 맥락에서 볼 때 본 연구는 북한의 지리교육을 보다 자세하게 그리고 정확하게 알고자 하는 우리 사회의 요구에 부응하려는 노력의 일환으로 시도되었다.

단, 최신 교과서를 구하여 연구 분석함이 시급한 것으로 생각되기도 한다. 그러나 종래에 국토지리에 관한 북한의 구교과서 연구가 전무하였으므로 다소 늦은 감이 있긴 하지만, 향후 최신판 북한의 국토지리 내용 변화를 살피기 위한 연구의 기초연구로서의 필요성에 의미를 두고 행하였다.

그렇게 함으로써 민족의 염원인 통일을 대비하여 앞날을 내다보고 남북한의 이질화된 학문적 성격을 객관적 비교를 통해 단계적으로 거리를 좁혀 갈 수 있는 기초를 제공함으로써 교육의 동질성 회복에 기여하고자 하였다.

---

12) 『조선지리 1』(평양: 교육도서출판사, 1982), 『조선지리 2』(평양: 교육도서출판사, 1982).

2. 연구의 내용 및 방법

첫째, 서술체계 방향을 살피기 위하여 조선지리 교과서의 머리말을 분석하였다. 북한의 교과 과정안(＝교육과정)의 구득이 용이치 못하여 간접적으로나마 지리교육의 목표와 교과의 성격, 학습 의의, 학습 내용 등을 파악하기 위함이다. 북한에 대하여 우리가 알고 있는 것과 교과서상에 나타난 사실들이 얼마나 차이가 있는지를 살피되, 우리나라(＝남한)의 중학교 교육과정의 내용을 비교하여 그 차이를 알아보았다. 그렇게 함으로써 가시적으로 북한 조선지리 교과서의 상술한 내용들을 쉽게 구체적으로 알 수 있기 때문이다.

둘째, 조선지리 교과서의 서술 내용 특징을 살핌으로써 그들이 적대시하고 있는 남한, 미국, 일본 등에 대해 어떻게 표현하고 있는지를 살폈다. 그렇게 함으로써 교과서상에 나타난 그들의 적대 대상에 대한 감정적, 원색적 표현 정도를 제대로 파악하기 위함이다. 이것은 향후 통일을 전망하면서 상호간의 거리를 좁히기 위한 사전 작업으로서 골이 패인 민족 정서의 정도를 제대로 알고, 그를 극복하기 위한 치료 차원에서 불가피한 과정이라고 본다.

셋째, 조선지리 교과서에 나타나는 지리 용어를 조사하여 남·북한 간의 표현의 차이를 살폈다. 그렇게 함으로써 남북한 지리 용어 표현상의 이질화 정도를 비교할 수 있다. 용어 표현의 이질화는 민족의 동질성에 대한 신뢰에 커다란 걸림돌로 작용할 수 있는 것으로서 통일대비 교육의 차원에서 쉽고 바른 우리말의 표현과 절충의 가능성을 진단하였다. 이러한 작업은 모든 교과에 걸쳐 머지않아 필히 거쳐야 할 과정이라 여겨지기도 한다. 지리 교과에서 향후 추구해야 할 절충 방향을 간단한 분류를 통한 해석과 설명으로 시론적 입장에서 제시해 보았다.

넷째, 조선지리 교과서의 김일성 관련 내용을 김일성 찬양, 김일성 교시 내용 분석, 김일성 친족 관련 내용에 관한 것 등으로 나누어 그 성격과 특징을 살펴보았다. 이러한 작업을 통해 조선지리 교과서에 나타난 김일성 관련 내용의 정도와 실상을 제대로 파악할 수 있다. 이것 역시 통일을 대비한 동질성 회복 차원에서 걸러야 할 필수적인 과정이라 볼 수 있기 때문이다.

다섯째, 조선지리 교과서에 나타난 대남한관(＝남한에 대한 평가 내용)이 어떠한가를 살폈다. 이를 통해 간접적이긴 하지만 북한 교과서를 통한 남한관을 알 수 있다. 이러한 과정은 향후 통일을 대비한 교육적 차원에서 매우 의미 있는 작업이라 판단된다.

3. 연구의 제한점

첫째, 최신 교과서를 구해서 분석하는 것이 바람직하나, 자료 구득상 그리고 연구의 순서상 구교과서인 조선지리 교과서를 택하였다. 연구대상의 교과서는 일반지리 내용의 성격을 띤『조선지리 1』과 지역지리 내용의 서술방식을 띤『조선지리 2』교과서의 2권을 다루었다.

둘째, 지리교육의 목표를 살핌에 있어 관련 자료 구득의 한계가 있어서 조선지리 교과서의 머리말을 토대로 하여 간접적이긴 하나 지리교과의 성격, 학습 내용, 지리 학습의 의의, 지리교육(조선지리)

의 목표 등을 분석하였다.

셋째, 북한의 지리교과서의 내용 연구에 관한 선행 연구는 전무하다시피 하므로 일차 자료인 조선지리 교과서를 대상으로 하여 필자의 분석과 해석에 바탕을 둔 설명을 시도하였다. 따라서 주관적 해석이 부분적으로 노출될 수 있는 단점이 있다.

Ⅱ. 북한 지리교육의 목표

북한의 경우, 고등중학교 사회과 학습 목표의 방향에 따라 조선지리 교과도 당연히 영향을 받았을 것이고 그 학습 목표의 내용은 과정안(북한의 교육과정)의 개편에 따라 방향이 결정되었을 것으로 보고 있다. 1946년부터 본격적으로 전개된 공산주의 사상교육('건국사상 총동원') 이래 오늘날의 유일사상 교육에 이르기까지 여러 차례에 걸친 교육과정 개혁이 시도되었을 것으로 추측된다.[13] 특히 공산주의 교육이 주체사상 교육으로 변질되기 시작한 1960년대 초와 다시 주체사상에서 유일사상으로 넘어가는 1967년쯤에 대대적인 교육과정의 개편이 있었을 것으로 보고 있다.

그리고 근래에 밝혀진바, 1983년에 개편이 있었다.[14]

과거 1970년대 초의 북한 교과서 내용 분석 연구에 따르면 북한의 지리교육의 목표는 첫째, 지리현상과 관련지어 유물론을 이해하

---

13) 문용린, 「북한의 학교 교육과정 분석」, 국토 통일원 조사 연구실, 1987.
14) (북한)교육위원회 보통교육부, 「과정안 – 인민학교, 고등중학교」, 1983.

고, 둘째, 향토애와 조국애를 고취하며, 셋째, 기본적인 지리에 관한 개념을 이해하고, 넷째, 지도를 읽고 이해할 수 있는 능력 배양에 있다고 밝히고 있다.[15] 그러한 성격이 10여 년이 지난 1982년의 조선지리 교과서에서는 어떻게 그 내용이 달라졌는지 살펴볼 필요가 있다. 북한 지리교육의 목표를 살피기 위해서 다음과 같이 조선지리 교과서의 머리말에 나타나는 내용을 통해 그 성격을 살펴보았다.[16]

1. 조선지리의 교과 성격

조선지리 교과서의 머리말 서두에 다음과 같이 교과의 성격을 제시하고 있다.

"조선지리는 경애하는 수령 김일성 원수님께서 이끄시는 우리나라의 땅과 바다, 풍토와 자연부원은 어떠하며 자연을 주체의 요구대로 개조 리용하기 위하여서는 어떻게 하여야 하는가에 대하여 배우는 과목이다."

즉 조선지리는 한반도의 육지와 바다, 풍토와 자원을 그들의 주체사상에 맞게 효율적으로 개조 이용할 것에 대하여 공부하는 것이 지리교과의 성격이다. 육지, 바다, 풍토, 자원을 개조 이용하는 것을 배우는 것은 지리 학습의 기본 성격을 잘 나타내고 있으나, 재미있는 것은 '주체의 요구대로—개조 리용하기 위하여 - '라는 표

---

15) 국토통일원, 「북한교과서 내용분석연구」, p.131.

16) 『조선지리』, pp.3 - 4. 북한의 「교과 과정안」을 구하기가 어려워 조선지리 교과서의 머리말을 참조하여 분석을 시도함.

현을 사용하고 있는 점이다. 말하자면 지리교과 성격의 대전제는 주체사상의 지배를 받는 도구 학문으로서의 성격을 분명히 하고 있는 점이다.

결국, 조선지리는 주체의 요구에 맞춰 자연환경과 자원을 개조 이용하는 것을 일깨우는 교과의 성격을 지닌다.

2. 조선지리 교과의 학습 내용

그러면 조선지리에서 구체적으로 다루는 학습 내용은 무엇인가? 다음의 글을 보자.

"조선지리에서는 우리 나라에 어떤 산과 벌, 강과 바다가 있으며 이것들은 어떻게 이루어졌고 변화되어 나갔는가, 날씨와 기후는 어떠하며 이것이 자연과 우리 생활에 어떤 영향을 주는가, 사람들이 자연을 리롭게 개조 리용하기 위하여서는 어떻게 해야 하는가에 대하여 배운다.

조선지리에서는 또한 우리 나라의 강하천과 호수, 바다, 산과 들, 땅속에는 어떤 자원이 있으며 이것이 어떻게 리용되고 있는가, 이 자원을 캐내고 가공하는 광산, 탄광, 공장들이 어디에 놓여 있는가에 대하여서도 배운다. ……"

조선지리 교과서에서는 산지와 평야, 하천과 해안 지형의 형성과 분포, 그 변화, 날씨와 기후의 영향, 자연개조를 위한 인문 활동, 각종 자원의 분포, 광산과 탄광, 공장들의 입지 분포 등을 교과 학습 내용으로 한다. 단, 학습 내용에서도 역시 '자연을 리롭게 개조 리용하기 위하여 - '라고 적고 있다.

즉 각종 지형의 형성과 분포·변화, 날씨와 기후, 자연개조를 위한 인문 활동, 각종 자원의 분포, 원료 생산 및 가공을 위한 시설들의 입지 등을 공부하는 교과이다.

3. 조선지리 교과의 학습 의의

그러면 북한에서는 조선지리를 공부하게 되는 '학습 의의'는 어디에서 찾고 있는가? 다음 글에서 보다시피 "위대한 수령 김일성 원수님께서 내놓으신 자연개조방침을 철저히 관철하는 데서 지리 학습은 큰 의의를 가진다. 그것은 우리 나라의 자연조건과 자연 변화과정을 잘 알아야만 거기에 맞게 자연개조사업을 힘 있게 벌려 나갈 수 있기 때문이다.

조선지리 학습은 또한 조선의 땅과 바다, 조선의 풍토와 자연부원을 더 잘 알게 하며 자연개조를 위한 폭넓은 지식을 줌으로써 공장을 세우고 농사를 지으며 경제를 발전시키는 것과 같은 나라의 모든 일을 자기실정에 맞게 해 나갈 수 있게 하는 데 큰 의의가 있다.

조선지리 학습은 또한 경애하는 수령 김일성 원수님과 영광스러운 당중앙의 현명한 령도 밑에 자연을 개조하는 데서 이룩한 성과를 알게 함으로써 위대한 수령님을 모시고 혁명하여 살며 배우는 조선민족으로서의 크나큰 긍지와 자부심을 가지게 한다."

조선지리 학습의 첫째 의의는 자연개조 방침을 관철하여 자연개조 사업을 힘껏 수행하는 것과 둘째, 조선지리 학습을 통해 자연개조를 위한 폭넓은 지식을 얻는 것, 셋째, 자연개조의 성과를 아는 것이다.

결국, 조선지리 학습의 의의는 자연개조 방침을 관철하고, 자연개조를 위한 지식 습득과, 자연개조의 성과를 알게 하는 것이다. 이렇게 보면 조선지리 교과서의 머리말에 들어 있는 조선지리 학습의 의의 중 가장 중요한 내용은 '김일성 원수의 자연개조 방침 관철과 성공적 수행'이라 할 수 있을 것이다.

4. 조선지리 학습의 목표

마지막으로 조선지리 학습의 목표는 다음과 같이 서술되고 있다.

"우리는 조선지리 학습을 통하여 경애하는 수령 김일성 원수님의 위대한 자연개조 사상을 깊이 연구 체득하여야 한다. 이렇게 함으로써 우리들은 경애하는 수령 김일성 원수님과 영광스러운 당중앙에 끝없이 충직한 주체형의 공산주의 혁명가로 믿음직하게 준비하여야 한다.

이와 함께 우리는 조선지리 학습을 잘하여 혁명과 건설에 쓸모 있는 과학지식을 폭넓게 배워 나감으로써 인민경제의 주체화, 현대화, 과학화를 실현하는 데 적극 이바지하여야 한다."

요컨대 위의 글에서 나타나듯이 조선지리 학습의 목표는 자연개조 사상을 체득하여 주체형의 믿음직한 공산주의 혁명가가 되는 것이고, 과학지식의 폭넓은 학습을 통해 인민경제의 주체화, 현대화, 과학화를 실현하는 것이다.

　이상 살펴본 조선지리의 교과 성격, 학습 내용, 학습 의의, 학습 목표를 종합하여 요약하여 보면, 조선지리는 "주체의 요구에 맞춰 자연환경과 자원을 개조 이용하는 것을 일깨우는 교과이며 각종 지형의 형성과 분포, 변화, 날씨와 기후, 자연개조를 위한 인문 활동, 각종 자원의 분포, 원료 생산 및 가공을 위한 시설들의 입지 등을 공부하는 과목이고, 김일성 원수의 자연개조 방침 관철과 성공적 수행에 의의를 두며 주체형의 공산주의 혁명가로 만들어 인민경제의 주체화, 현대화, 과학화를 실현하는 것을 목표"로 한다.

　위의 내용을 통해 강조되는 바는 결국 "지리지식을 바탕으로 한 주체형의 인간 양성과 자연개조 사상의 관철 및 사업성취로 인민경제의 주체화, 현대화, 과학화를 이룩하는 것"이다.

　과거 70년대 초 북한의 지리교육의 목표에서 밝힌바, 지리현상과 관련한 유물론을 이해, 향토애와 조국애의 고취, 기본적인 지리에 관한 개념 이해, 지도를 읽고 이해할 수 있는 능력 배양의 네 가지 내용들과 본 장에서 살핀 지리 교과의 성격, 내용, 학습 의의, 학습 목표 등이 크게 달라졌음을 알 수 있다. 어떻게 보면 과거 지리교육의 목표에서 한 걸음 후퇴한 것이라고도 할 수 있다.

　한편, 시대적 차이는 있지만, 우리나라(남한)의 중학교 사회과 각 학년 목표의 지리부분의 내용을 살펴보면 다음과 같다.[17]

　"향토, 우리나라 각 지방 및 세계 여러 지역의 특성을 인간과 환경과의 관련 속에서 이해하게 하고 우리나라 및 세계의 발전 가능성을 발견하게 하며 당면한 문제의 해결을 위한 방안을 모색하도록 한다."(1학년 지리 부분)

---

17) 「중학교 교육과정」(제6차 교육과정·교육부 고시 제1992-11호), pp.60-80.

"우리나라와 세계의 자연 및 인문 환경의 특징을 계통적으로 이해하게 하고 우리나라의 국토개발과 환경 보전의 중요성을 인식하게 한다."(3학년 지리 부분)

이상의 중학교 사회과 교과 목표와 학년 목표 의 지리부분에서 살필 수 있듯이 지리 학습의 목표를 첫째, 인간과 환경과의 관계 속에서 단계적 지역을 이해하게 하고 둘째, 지역의 발전 가능성과 당면 문제해결을 스스로 생각해 보도록 한다. 셋째, 고학년 수준에서 여러 지역의 자연 및 인문 환경의 특징을 계통적으로 이해하도록 하는 데 두고 있다.

이상의 내용과 비교해서 살필 수 있듯이 북한의 고등중학교 지리교육 목표에서는 김일성 원수에게 충직한 주체형 혁명가 양성을 강조한다면, 우리나라 중학교 지리교육 목표에서는 인간과 환경과의 관계 속에 지역의 당면 문제해결을 자율적으로 생각하고 풀어나가는 시민 양성에 목표를 둔다는 것이 크게 대조된다.

한편 북한에서는 주체적 자연개조 사업의 성취만을 강조하는 데 비해, 남한의 지리교육에서는 여러 지역의 자연 및 인문 환경의 특징을 계통적으로 이해하여 균형 있는 지역개발을 도모한다는 점에서도 차이점을 찾을 수 있다.

그리고 북한에서 자연개조 사상과 자연개조 사업을 강조하듯이 우리나라의 지리교육에서도 국토개발의 중요성을 인식하는 것은 공통점이다. 그러나 남한에서의 지리교육은 국제화 추세에 부응한 자율적 환경 보전을 중요시하는 데 비해 북한의 지리교육에서는 환경보전 인식을 전혀 언급하고 있지 않다.

Ⅲ. 조선지리 교과서 서술 내용 분석

1. 서술상의 특징

북한의 조선지리 교과서에는 문장의 표현과 내용의 전개 방식에 있어서 원색적 표현과 감정적 표현을 사용하고 있는 경우가 많다. 감정적 표현과 내용의 서술은 학습자로 하여금 적대감을 유발케 하는 것으로서 다음의 예들이 있다.

"지난날 우리 인민은 아름다운 산천과 풍부한 자연부원을 가지고 있으면서도 강도 일제놈들의 식민지 통치 밑에서 갖은 억압과 착취, 천대와 멸시를 받아 왔다."[18]

"서울시는 철천지원쑤 미제침략자들과 그 앞잡이 남조선 괴뢰도당의 반동소굴이다."[19]

"이러한 아름다운 금강산이 해방 전에는 일제와 지주, 자본가놈들의 놀이터로 되어 있었다."[20]

"해방 전에 우리 나라에 기여들었던 승냥이 미제놈들과 강도 일제놈들은 우리 나라에서 수많은 금을 략탈해 갔는데 운산광산 한 곳에서만도 140톤이나 되는 금을 도적질해 갔다."[21]

자연환경과 자원의 설명에 대해 순수 지리 학습 내용과는 무관한 일제강도나 미제침략자강도 X(또는 승냥이 미제)들에 의한 피해

---

18) 『조선지리 1』, p.3.
19) 상게서, p.16.
20) 상게서, p.38.
21) 상게서, p.118.

와 착취감정을 유발시켜 적대감을 가지도록 유도하는 내용이라 할 수 있다. 이 밖에 다음과 같은 글들이 나타나고 있다.

"태백산줄기와 그 둘레에는 날강도 미제침략자들을 때려부신 지난 조국해방전쟁 때 우리 인민군 용사들이 영웅적 위훈을 떨친 1211고지, 3510고지와 같은 고지들이 솟아 있다. 침략자 미제는 조선남해를 제놈들의 군사훈련장으로 전변시켰으며 남조선 괴뢰도당은 조선남해어장을 강도 일본 군국주의자들에게 팔아먹기까지 하였다."22)

"그러나 날강도 미제의 전쟁책동과 식민지략탈정택에 의하여 물고기를 제대로 잡지 못하고 있다. 날강도 미제 침략자들은 좋은 어장들을 침략적인 군사훈련장으로 빼앗고 포항, 부산, 인천, 속초와 같은 어항들을 제놈들의 군항으로 만들었다."23)

"……그러나 날강도 미제와 그 앞잡이 남조선 괴뢰도당의 침략적인 전쟁책동으로 말미암아 남조선의 알곡 생산량은 매우 보잘것없다."24)

태백산과 그 주변에 관한 지형설명을 하면서 지리적 내용을 언급하기보다는 인민군 용사들이 조국해방전쟁(＝6·25)에서 크게 위용을 떨친 전적지로서 미화하여 강조하고 있는 점, 남부지방의 어장들을 모두 미제 날강도들에 의해 군사훈련장화되었다고 몰아붙이는 점, 남부지방의 알곡생산(＝곡물 생산)은 미제 및 남조선 괴뢰도당(＝남한정부)의 전쟁책동으로 말미암아 형편없다고 질타하는

---

22) 상게서, p.59.
23) 『조선지리 2』, p.60.
24) 상게서, p.81.

내용 등은 자연환경이나 순수 지리적 현실을 외면한 채, 순수한 지리 학습적 내용에서 크게 일탈한 정치학습 도구로 전락시키고 있는 좋은 예이다.<표 1>

<표 1> 남한, 미국, 일본에 대한 적대적 표현(조선지리 1, 1982, 교육도서출판)

구분	적대 서술 표현
대남한 표현	남조선 괴뢰도당
대미국 표현	승냥이 미제 ××, 철천지원쑤 미제침략자들, 날강도 미제침략자들
대일본 표현	강도 일제 ×, 강도 일본군국주의자들

이상 조선지리 교과서에 표현되어 있는 남한, 미국, 일본에 대한 적대적 표현은 일정한 패턴을 보이고 있다. 즉 남한에 대해서는 '괴뢰도당'이란 표현을, 미국에 대해서는 '승냥이 미제'라는 표현을 가장 즐겨 쓰고, '날강도 미제' 또는 '철천지원쑤 미제 침략자들'이란 표현도 아울러 쓰고 있으며, 일본에 대해서는 수식어로 '강도 ××'라는 표현을 사용하고 있다. 어쨌든 북한의 조선지리 교과서에서는 미국, 일본을 약탈자적 성격으로, 남한을 꼭두각시 앞잡이로 기술하고 있는 점을 교과서의 전반 내용을 통해 확인할 수 있다.

2. 지리 용어 표현의 특징

북한의 언어정책은 문화어 사용, 한글 전용과 한글의 가로쓰기, 말 다듬기 운동으로 나타났는데, 문화어란 북한의 표준말로 평양말에 함경도 사투리가 가미된 전투적 억양의 말이다. 북한에서는 남한의 표준말에 대해 남존여비 사상과 썩어빠진 부르주아적 언어로

고유한 우리말이 없고, 일어와 한자어가 섞인 잡탕어라고 거부하는 입장을 취하고 있다.[25]

언어는 그 사고를 지배한다는 논리학적인 이론을 들추지 않더라도 남북한 언어의 이질화는 민족의 동질성에 대한 신뢰를 갖지 못할 정도에 이르렀다. 예를 들면 두음법칙을 무시하여 '령토', '력사' 등 초성에 'ㄹ'을 쓴다든가 호상(상호), 밥공장, 원쑤(원수) 등 우리에게 생소한 일상용어가 허다하다.[26]

이처럼 생소한 이질적인 언어 구사를 여기서는 지리 용어에 초점을 두고 조선지리 교과서에서 사용하는 지리 용어 표현상의 적절성을 살피기로 한다. 그 표현 특징을 서술의 성격으로 보아 다음과 같이 분류하여 설명할 수 있다.

1) 주체적 표현형

북한의 『조선지리 1』과 『조선지리 2』 교과서에 나타나고 있는 지리 용어들을 정리해 보면 우선 두드러진 특징으로서 '순수 우리말식의 개념 정의'라는 인상을 강하게 받는다. 따라서 피상적으로 느낄 수 있는 것은 뜻이 쉽게 통한다는 점이다. 이렇게 느껴지는 부분에 대한 장점을 논한다면, 쉬운 지리 용어를 통한 쉬운 지리 학습이 가능하다는 것을 들 수 있고, 따라서 읽어 내려가는 동안에 저절로 막힘없이 전달하고자 하는 지리 지식 및 지리현상의 이해에 효과적일 것이라는 점이다. 이를테면 다음의 예들을 통해서 그

---

25) 최명, 「북한 개관」, 서울: 을유문화사, 1990, p.499.

26) 박문갑, 「남북한 비교론」, 1986, p.343.

와 같은 점을 확인할 수 있다.<표 2>

그러나 이러한 용어들의 가장 큰 단점은 외국어로 옮기거나 한자식 표현의 필요성 측면에서 폐쇄성의 한계를 벗을 수 없다는 것이다.

<표 2> 주체적 표현형 지리 용어

북한	남한	북한	남한	북한	남한
땅생김	지형	땅껍데기	지각	깎임작용	삭박(침식)작용
불산	화산	등마루산줄기	척량산맥	바다선반	대륙붕
하루차	일교차	물가름령	분수령	가지흐름	지류
무더기비	호우	한해차	연교차	공기기둥	기단

2) 서술적 표현형

한편, 굳이 그렇게까지 풀어쓰지 않아도 될 용어들이 있다. 그러한 표현 말고도 더 자연스럽고 멋스러우며, 예부터 불편 없이 써온 순수한 우리 표현들이 있음에도 북한에서만 고집스레 사용하고 있는 듯한 용어들이 있다. 이러한 용어들에 대해서는 언어의 경제성이나 효용성을 무시한 단점일 수도 있다. 이를테면 다음과 같은 예들이 있다.

<표 3> 서술적 표현형 지리 용어

북한	남한	북한	남한
한해두벌농사	그루갈이, 이모작	지구아낙모임새	지구내부구조
한해두벌농사지대	이모작(그루갈이)지대	한해평균같은온도선	연평균등온선
산악표백성토양	회백색토, 포드졸토		

북한의 조선지리 교과서에 나타나는 지리용어의 특징은 그들이 말하는바, 주체적 서술에 입각한 풀어쓰기 위주로 기술함으로써 중등학교 학생들이 일차적으로는 받아들이기가 수월한 장점이 있다. 이를테면 '한해두벌농사지대'라는 표현을 쓰고 있는데 이것은 곧 이모작(double cropping)지대를 일컫는 것으로서, 용어 개념이 함축적 의미를 지녀야 한다는 데는 크게 부적합한 점을 지적하지 않을 수 없다. 아주 드물게 괄호 속에 한자를 넣어 도움을 주고 있기는 하지만 이러한 풀어쓰기식의 용어는 '개념의 축약화' 측면에서 크게 실패하고 있다. 아울러 국제간 학문의 교류라는 차원에선 더더욱 불편이 따르리라 여겨진다. 매우 드물게 등장하는 漢字 외에는 외래어 표기가 전혀 되고 있지 않다는 점에서 더욱 그러하다.

위에서 든 서술적 표현형의 예들은 선험적으로 어느 용어(남북한 측의 사용 용어)를 얼마나 오랫동안 먼저 사용하여 왔는가에 따라 편리성의 정도를 서로 다르게 평가할 수도 있다. 그러나 '한해두벌농사지대'라고 하느니보다는 전통적인 우리말인 '그루갈이' 또는 '이모작'이라는 표현이 훨씬 아름답고 경제적일 수 있다. '한해평균같은온도선'이란 표현도 읽으면서 그대로 쉽게 뜻이 전달되는 장점이 있지만, 이것은 설명하는 서술 표현으로서의 기능은 가지고 있되, '용어'로서의 간결성, 함축성과는 동떨어진 표현이다. 그리고 '산악표백성토양'보다는 '회백색토(＝포드졸)'라는 용어가 훨씬 간결한 장점을 지니며, 동시에 '산악표백' – 이라는 한자식 뜻보다는 '회백색'이라고 표현하는 것이 자연색상의 특징을 함축하고 있는 쉽고 편한 용어로서 어느 정도 숙지되면 훨씬 자연스러울 수 있다.

3) 절충 선택형

　위에서 분류한 두 가지 형태 외에, 다음의 예들은 뜻의 전달에 있어서 북한 측의 용어가 좀 더 용이한 면이 있다. 그러나 역시, 한자로 나타내고자 할 때나 다른 외국어로 옮기고자 할 때에는 북한 측의 용어가 불편할 수밖에 없다. 이런 점에서 주체적 표현이라 자랑하는 북한 지리 용어의 단점이 크게 부각된다. 아울러 북한의 경우 교과서상에 한자를 거의 사용하고 있지 않다. 한자 외의 외래어는 더욱 눈에 띄지 않는 실정이다. 그리고 괄호 안에 원어로 표시된 용어는 전무한 상태이다. 이러한 관점은 그들이 말하는바, 주체적 관점에서는 성공적일지 모르나 국제간의 순수 학문적 교류와 상호 이해 교육의 차원에서는 대단히 폐쇄적인 용어이다.

〈표 4〉 절충 선택형 지리 용어

북한	남한	북한	남한	북한	남한
벌	평야	지구아낙	지구내부	바위층	암석층
솟음운동	융기운동	내려앉기운동	침강운동	주름운동	습곡운동
땅끓임운동	단층운동	땅속물면	지하수면	벌방지대	평야지대
삼각벌	삼각주	바다물면	해수면	무른바위	연암
언덕벌	구릉성평야	쌓임벌	퇴적평야	철바람	계절풍

　또한 순수한 주체적 서술이라 일컫는 북한의 지리 용어 사용이 모두 다 그런 것은 아니지만 한자를 드러내어 직접 사용하지 않을 뿐이지 한자 의미어와 순수 우리말을 함께 조합시킨 '합성어'적 요소를 담고 있다. 이를테면 '지구아낙(＝지구내부)'의 '지구'는 한자음이고 '아낙'은 우리말이다. '솟음운동'의 솟음은 우리식 표현이요,

'운동'은 한자음이다. '벌방지대', '삼각벌' 등도 마찬가지의 경우이다.

그러나 한자음을 부분적으로 빌려 썼다고 해서, 또는 한자음을 주체로 하여 개념의 축약화를 시도했다고 하더라도 심각한 불편함이 없고, 오히려 편리함이 크다면 후자의 장점을 인정하여 사용하는 것이 현명한 선택일 수 있다.

이러한 경우를 '선택 절충형'이라 명명한다면 위에 제시한 (예)와 같은 경우가 그러할 것이다. 바꾸어 말하면, 선택 절충형은 남·북한 사용의 동일의미의 지리 용어 중 양자택일 사용 무방형이라 할 수 있겠다.

이상, 위에서 언급한 세 가지 형태의 예들을 통한 관점에서 살폈을 때, 미래에 다가올 통일 한국과 통일된 지리교육을 내다보고 과연 이 같은 지리 용어상의 차이와 괴리를 어떻게 극복해 나갈 것인가? 북한의 지리 용어와 우리나라(남한)의 지리 용어를 어느 선에서 절충하는 것이 합당한가 하는 질문에 대해 통일에 대비하기 위해선 언어통일이 급선무일진대, 남북한 언어 이질화를 극복하기 위해서 전문 언어학자들 및 지리교육 및 지리학 전문가들의 공동연구가 있어야 할 것이며 다음과 같은 노력이 필요하다고 본다.

첫째, 순수 우리말로 표현할 수 있는 용어를 택하는 노력을 기울여야 할 것이다.

둘째, 개념을 간결화, 축약화시킬 수 있는 용어를 가리기 위한 공동노력을 기울여야 할 것이다.

셋째, 지리교육 내용은 지리학을 기초로 구성되는 것이므로 용어의 개념정립은 국제적 통용성을 바탕으로 할 수 있어야 한다. 따라서 이상의 원칙들에 충실할 수 있는 동시에 학문 발전의 국제화를 고려한 용어 표현을 무시할 수 없다. 이러한 기준에 입각해 볼 때, 현재 우리나라(남한)에서 사용하고 있는 지리 용어의 표현은 다소 개념의 인식에 어려움이 따르긴 하나 장점이 크다고 할 수 있다.

이상 세 가지 기준에 합당한 것으로 '절충 선택형'의 용어들을 찾아 가꾸어 사용하는 공동 노력이 필요하다고 본다.

Ⅳ. 김일성 관련 내용 분석

한 나라의 체제나 이데올로기가 교과서 내용의 서술에 영향을 주는 경우는 흔히 볼 수 있다. 북한의 조선지리 교과서 서술은 그 한 예가 될 것이다. 1982년 김정일의 「주체사상에 대하여」라는 논문이 발표된 이후 북한의 역사교과서에는 김일성 교시뿐만 아니라, 김정일의 말씀도 등장하는데 이에 의거하여 전개되는 서술방법은 소위 김일성 주체사상에 입각한 것임을 말해 주고 있다.[27]

조선지리뿐만 아니라, 북한에서 발간되는 모든 문헌과 교과서에는 학교급에 관계없이 학문이나 교과내용에 필연적 관계가 없음에도 김일성이라는 개인과 그의 집안을 우상화시키는 내용이 공공연히 등장하고 있다. 김일성 관련의 교시내용들은 명조체의 굵은 활자로 표기하고 있으며 반드시 고딕체(북한에서는 천리마체라 함) 활자로 쌍꺽쇠(≪ ≫) 안에 서술하고 있다. 이 같은 서술 방법은 일

---

27) 이찬희, "북한의 역사교육 연구 : 「조선력사」 신·구교과서를 중심으로", 성신여자대학교 박사 학위논문, 1993, p.180.

반 내용과는 달리 차별성을 두어 시각적인 효과를 노려 김일성 주체사상을 강조하고 있다.

『조선지리 1』의 경우 김일성 관련 내용들이 111회, 『조선지리 2』의 경우 43회가 등장하며 이들 내용의 성격을 크게 몇 가지로 다음과 같이 분류할 수 있다.

1. 김일성 찬양 내용

『조선지리 1』 교과서에 김일성 찬양 내용은 37회, 『조선지리 2』 교과서에 7회가 나온다. 매 문장 머리마다 '경애하는 수령 김일성 원수님께서……'로 시작함으로써 교과내용을 1인 우상화의 산물로서 취급하고 있다. 때에 따라서는 지리 내용과 직접 관련이 없는 내용을 들어 김일성을 우상화시키고 있다.

심지어는 인물의 우상화 단계를 뛰어넘어 관련 장소까지도 성역화하는 내용들을 곳곳에서 볼 수 있다. 이들과 관련된 예문을 들어 보면 다음과 같다.

"경애하는 수령 김일성 원수님께서는 강도 일제를 때려부시고 잃었던 조국을 찾아주심으로써 우리 인민은 비로소 나라의 주인으로 되었으며 버림받던 자연부원이 나라와 인민의 리익에 맞게 값있게 쓰이게 되었다."[28]

"세계의 혁명적 인민들은 경애하는 수령 김일성 원수님과 영광스러운 당중앙을 끝없이 존경하고 흠모하면서 위대한 수령님께서

---

28) 『조선지리 1』, p.3.

계시며 영광스러운 당중앙이 있는 평양을 희망의 등대로 우러러보고 있다."[29]

"경애하는 수령 김일성 원수님의 따듯한 배려에 의하여 온천들마다에는 근로자들을 위한 휴양소 및 료양소들이 꾸려져 있다."[30]

이 밖에 지도상에 혁명사적지 등을 오각별로 표시하여 그려 넣고 외우게 함으로써 김일성과 관련한 장소들을 성역화하고 있다.

2. 김일성 교시의 성격

조선지리 교과서에 등장하는 김일성 교시는 김일성의 이름을 빌려 학습에 관련된 제반 사항으로서 학습의의, 학습요점 등을 강조하고 있다. 한편 김일성 교시의 형식을 빌려 지리학습의 자연현상을 설명하기도 한다. 김일성 교시는 1982년판 『조선지리 1』에 71회, 『조선지리 2』 교과서에는 30회 등장하고 있다.

이들 각각에 대한 예를 들면

"위대한 수령 김일성 원수님께서 비물에 땅이 패어 나가는 것을 막을 데 대하여 주신 교시를 관철하기 위해서는 흐르는 물에 의하여 땅 겉면이 어떻게 깎이우고 씻기우는가를 잘 알아야 한다."[31]

"다락밭을 많이 건설할 데 대한 경애하는 수령 김일성 원수님의 교시를 높이 받들고 이 지역에서는 비탈밭을 다락밭으로 만들고 거기에 물까지 대 주면서 기계로 농사를 지어 많은 소출을 내고 있다."[32]

---

29) 상게서, p.14.
30) 상게서, p.34.
31) 상게서, p.24.

"고지대농업을 발전시킬 데 대하여 주신 경애하는 수령 김일성 원수님의 교시를 높이 받들고 이 지대에서는 기후가 찬 이곳 풍토에 알맞는 씨앗을 길러 내고 지대적 특성에 맞게 감자, 호프를 비롯한 여러 가지 농작물을 심어 높고 안전한 소출을 내고 있다."[33] 고 기술하고 있다. 김일성이라고 하는 특정 인물의 교시 형식을 빌려 중요한 학습의의, 학습정리, 원리 학습을 유도하고자 한 것으로서 김일성 찬양에서 들었던 우상화, 맹목적 찬양화를 위한 내용과는 성격상 차별을 둘 수 있다.

3. 김일성 친족 관련 내용

북한의 조선지리 교과서에는 김일성만을 우상화하는 데 그치지 않고 그의 친족과 관련한 내용들을 지리 내용의 곳곳에 고딕으로 게재함으로써 김일성의 친족들까지도 우상의 계열에 서도록 하고 있다. 친족 관련 내용들이 『조선지리 1』에 3회, 『조선지리 2』에 6회에 걸쳐 소개되고 있으며, 이러한 내용의 예는 다음과 같다.

"부전령 산줄기에는 불요불굴의 공산주의 혁명투사이신 김형권 선생님께서 조선혁명 무산소조를 이끄시고 간악한 일제 교형리들을 처단하신 넓은 후지령(1,325m)을 비롯하여 부전령(1,355m), 황초령(l,206m)과 같은 큰 령들이 있다."[34]

라고 소개하고 있다. 한 걸음 나아가 김일성의 아버지와 어머니

---

32) 『조선지리 2』, p.10.
33) 상게서 p.32.
34) 『조선지리 1』, p.34.

를 포함한 관련 친족들을 찬양하는 내용으로서 다음과 같은 내용들이 게재되어 있다.

"압록강 기슭에는 불요불굴의 반일혁명 투사이시며 우리 나라 반일 민족해방운동의 탁월한 지도자이신 김형직 선생님께서 빼앗긴 조국을 찾기 위하여 일찍이 혁명활동을 벌리신 중강혁명사적지, 불요불굴의 공산주의 혁명투사이신 김정숙 어머님께서 혁명활동을 벌리신 신파혁명사적지가 있다.

대동강 기슭에 있는 강동에는 경애하는 수령 김일성 원수님의 아버님이신 김형직 선생님께서 조국광복의 위대한 횃불을 높이 드시고 혁명활동을 전개하신 력사적인 봉화혁명사적지가 자리 잡고 있다."[35]

"또한 포평혁명사적지는 위대한 수령 김일성 원수님의 아버님이시며 우리 나라 반일 민족해방운동의 탁월한 지도자이신 김형직 선생님께서 혁명활동을 벌리셨으며 경애하는 수령 김일성 원수님의 어머님이신 강반석 녀사께서와 삼촌이신 김형권 선생님, 할머님이신 리보익 선생님의 혁명투쟁업적이 깃들어 있는 영광의 땅이다."[36]라고 기술하여 구체적 활동장소를 들어 혁명사적지화하여 항일혁명 투쟁경력을 부각시킴으로써 김일성 친가를 찬양하고 동시에 김일성 우상화의 명분을 만들고 있다.

---

35) 상게서, p.86.

36) 『조선지리 2』, p.20.

Ⅴ. 조선지리 교과서에 나타난 남한 관련 내용 분석

조선지리 교과서의 남한을 다루는 내용에서는 남한뿐만 아니라, 일본, 미국에 대한 혹독한 평가가 빈번하게 나타난다. 전체적으로 남북한을 대비시켜 북한은 살기 좋은 곳으로 미화하고 남한은 사람이 살지 못하는 몹쓸 곳으로 왜곡 비방하고 있다. 교과서의 전반을 통해 기만적이고 틀에 박힌 비방하는 표현으로 점철되어 있다.

1. 주제 내용별 남한관

1) 남한의 행정구역

『조선지리 1』의 교과서에서 남한의 행정구역 분류에 대한 평가를 내린 것을 보면,

　"……이와 같이 공화국 남반부의 행정구역에는 인민들을 억압하고 착취하기에 편리한 중간다리가 많다."[37]

라고 서술함으로써 국민을 억압하고 착취하기에 편리하도록 행정구역을 설정하고 있는 것으로 소개하고 있다.

2) 서울특별시와 부산직할시

그리고 대한민국의 수도인 서울특별시와 제1의 항도인 부산직할시에 대한 평가로는,

---

37) 『조선지리 1』, p.14.

"서울시는 철천지원쑤 미제침략자들과 그 앞잡이 남조선 괴뢰도 당의 반동소굴이다."[38]

"……부산은 남조선에서 제일 큰 항구이다. 날강도 미제 침략자들은 부산항을 통하여 남조선의 귀중한 자원들을 마구 략탈해 가고 있으며 이 항구를 전 조선을 침략하기 위한 군항으로 만들었다."[39]

라고 기술함으로써 서울특별시를 그들이 말하는 미제 자본주의가 판치고 있고, 그에 대한 앞잡이로서 남한의 행정당국이 꼭두각시 노릇을 하고 있는 반동소굴로 표현하고 있다. 이것 은『조선지리 1』의 내용에서 "평양은 경애하는 수령 김일성 원수님께서 계시고…… 세계의 혁명적 인민들은 경애하는 수령 김일성 원수님과 영광스러운 당중앙을 끝없이 존경하고 흠모하면서 영광스러운 당중앙이 있는 평양을 희망의 등대로 우러러보고 있다."[40]라고 최대의 찬사로써 미화하고 있는 것과 매우 뚜렷한 대조를 이룬다.

그리고 부산항을 남한 제일의 항구로 소개하는 것은 좋으나 미제 침략자들이 귀한 자원을 마구 빼내어 약탈해 가는 적출항으로 서술하고 있는 것은, 역시 남한에 대한 평가를 정치적으로 호도하기 위한 의도가 짙게 깔려 있다.

3) 남한의 농업

한편 남한의 농업에 대해 다음과 같은 평가를 내리고 있다.

"……그러나 지난날 쌀고장으로 널리 알려졌던 남조선의 벌들은

---

38) 상게서, p.16.
39) 상게서, p.93.
40) 『조선지리 1』, p.14.

날강도 미제 침략자들의 군사훈련장, 군사도로로 짓밟히고 있으며 남아 있는 논밭들은 수리화가 되지 않아 해마다 큰물에 잠기고 가물에 말라 터지고 있다.”[41]

“…… 남조선은 넓은 벌도 있고 날씨도 따뜻하여 알곡작물을 심는 데 알맞다. 그러나 날강도 미제와 그 앞잡이 남조선 괴뢰도당의 침략적인 전쟁책동으로 말미암아 남조선의 알곡생산량은 매우 보잘것없다.”[42]

같은 시대의 남북한 비교로서 상대적인 남한 농업생산 기반의 취약함을 지나치게 강조하여 기술하고 있다. 남북한의 동시대 상황을 기술함에 있어서 지나치게 불균형하게 다루고 있음 을 알 수 있다. 기후조건이 알맞음에도 불구하고 곡식 생산량이 보잘것없는 이유를 미국과 남한정부의 침략적 전쟁책동 때문이라고 서술하고 있다. 이러한 서술은 지리교과서를 통하여 북한 학생들에게 북한 지역의 농업기반이 상대적으로 우월하다는 것을 심어 주기 위한 강한 의도가 깔린 것으로 해석할 수 있다.

4) 남한의 수산업

이 밖에도 남한의 수산업 현황에 대한 다음과 같은 글에서,

“……그러나 날강도 미제의 전쟁책동과 식민지략탈정택에 의하여 물고기를 제대로 잡지 못하고 있다. 날강도 미제 침략자들은 좋은 어장들을 침략적인 군사훈련장으로 빼앗고 포항, 부산, 인천, 속

---

41) 상게서, p.44.
42) 상게서, p.81.

초와 같은 어항들을 제놈들의 군항으로 만들었다."[43]

라고 기술함으로써 수산업의 부진 이유를 역시 미국의 전쟁책동과 약탈정책에 의한 것으로 돌리는 한편, 주요 어항을 군사훈련장화한 것으로 서술하고 있다.

5) 산림 자원과 환경 관리

한편 남한의 산림 자원 및 환경관리에 대해서도 신랄한 평을 가하고 있다. 10여 년 전의 과거의 교과서 내용이므로 현재의 상황을 설명하는 것과는 다를 것이 확실하나, 다음 글들의 표현에서와 같이 지나친 바가 있고 순수한 지리현상으로 설명하는 데 그치고자 한 것이 아님을 분명히 알 수 있다.

"…… · 한강의 웃녘일대에는 원래 산림자원이 적지 않았으나 해방 전 우리 나라를 강점했던 강도 일제와 해방 후 남조선에 기여든 날강도 미제 침략자들과 그 앞잡이들이 마구 찍어낸 결과 거의 다 없어지고 말았다. 그러므로 조금만 비가 내려도 큰물이 나며 논과 밭, 집들이 물에 잠겨 심한 피해를 입고 있다.

배가 다닐 수 있는 거리는 강어구에서 강원도(남) 녕월까지였으나 나무를 마구 찍어내고 강을 정리하지 않은 탓으로 강바닥이 높아져 지금은 강 중류까지도 배가 다니지 못하고 있다. 한강의 웃녘은 골짜기가 많고 물량이 많기 때문에 수력발전소를 세울 수 있는 곳이 많다. 그러나 날강도 미제 침략자들과 그 앞잡이들의 반동통치로 말미암아 이 좋은 조건도 리용되지 못하고 있다."[44]

---

43) 상게서, p.60.

해방 이후 1960년대에 이르기까지만 하더라도 남한의 삼림 보전 상태는 오늘날과 비교가 안 될 만큼 빈약하였던 것은 사실이고, 하천 상류지역의 유역면적이 좁은데다 조림이 불량하여 유황이 불안정하였다. 그러나 그 잘못을 과거 일제의 탓으로 돌리는 것은 그렇다고 치더라도 미군 및 남한정부에서 마구 찍어 낸 결과라고 호도해 버리는 것은 무리가 있다. 한국전쟁(6·25: 북한에서는 조국 해방전쟁이라 함)을 겪으면서 국토의 황폐화가 초래된 것을 언급하지 않고 있는 것은 의도적 언급회피로도 여겨지며, 한강 수계에 수력발전의 입지가 양호함에도 불구하고 제대로 발전소가 건설되지 않고 있는 것을 미국과 남한정부의 잘못으로 돌리고 있는 것은 시대적 상황을 무시한 기만적 서술이라 여겨진다.

"승냥이 미제와 그 졸개들은 있는 관개시설마저 다 못쓰게 만들고 나무를 찍어내어 락동강 웃녘과 산들을 벌거숭이로 만들었다. 그리하여 락동강은 해마다 물이 넘쳐나 둘레의 논밭을 못쓰게 만들고 있으며 수많은 사람들의 생명을 빼앗아 가고 있다."[45]

한편 낙동강 상류 유역의 삼림 황폐화는 과거 일제 및 한국전쟁(6·25)을 치르면서 피폐하게 되었다. 이러한 역사적 사실의 언급은 하지 않은 채 미군과 남한정부 측에서 의도적으로 삼림을 벌채한 것으로 서술하고 있는 것은 사실을 크게 왜곡시키고 있는 것이다.

이와 유사한 내용들의 예를 열거하면 다음과 같다.

"한줄기로 잇닿아 있는 공화국 남반부에서는 날강도 미제와 남조선 괴뢰도당의 침략과 전쟁정책으로 말미암아 산들은 모두 벌거

____

44) 상게서, p.92.

45) 상게서, p.93.

숭이산으로 되고 기름진 논밭이 군사훈련장으로 짓밟히고 있다. 그리고 강하천정리와 관개공사를 전혀 하지 않아 해마다 가물과 큰물 피해를 받아 농사를 망치고 있다."[46]

"그러나 날강도 미제침략자들이 둥지를 틀고 있는 공화국 남반부지역에서는 하천정리는 고사하고 산에 있던 나무마저 모조리 찍어 버렸으므로 비가 조금만 내려도 땅이 패여 내리고 강물이 넘어나 큰물 피해를 입고 있다."[47]

6) 독도 및 제주도

다음의 내용은 남한의 독도와 제주도에 관한 『조선지리 2』 교과서에 소개된 내용이다.

"강도 일본군국주의자들은 독도를 제놈들의 섬이라고 하면서 강제로 빼앗아 내려고 하고 있으며 날강도 미제와 남조선 괴뢰도당은 독도를 일본군국주의자들에게 내맡기는 천추에 용서 못 할 행위를 감행하고 있다."[48]

오늘날 독도는 한·일 간에 서로 소유권을 주장함으로써 국제적으로도 문제성을 지닌 심각한 사안 중의 하나이다. 독도에 대한 한·일 간의 영유권 문제로 민간 연구 및 정부 차원에서도 대단히 중요시되고 있는 독도 문제를 북한의 『조선지리 2』 교과서에서 미국과 남한정부 측에서 일본에 양도라도 한 것처럼 서술하고 있는 것은 현실을 도외시한 서술이라 할 수 있다.

---

46) 『조선지리 2』, p.40.
47) 상게서, p.44.
48) 상게서, p.51.

"제주도에서는 날강도 미제와 남조선 괴뢰도당의 반인민적 통치로 말미암아 해마다 태풍을 비롯한 센 바람의 피해를 받고 있다. 날강도 미제국주의자들이 이 어장을 군사훈련장으로 만들었고 강도 일본군국주의자들의 도적고기배까지 물밀듯이 밀려들어 어장이 황폐화되고 말았다. 미제 승냥이놈들은 제주도에 기여들어 수많은 애국자들과 무고한 인민들을 닥치는 대로 학살하고 있으며 새 침략전쟁을 일으키기 위하여 수많은 군사침략기지를 만들고 매일같이 전쟁연습 소동을 벌리고 있다. 그리하여 오늘 제주도는 날강도 미제침략군놈들이 욱실거리는 군사기지로 되었다."[49]

위의 제주도에 관한 내용은 자연 지리적 위치로 인한 여름철 태풍권의 피해 상황을 서술하면서 그것이 마치 미국과 남한정부의 잘못으로 기인된 것처럼 기술하는 것은 이치에 닿지 않는 내용이다. 그리고 정부의 통치 영향이 미치지 않아 미국과 일본 세력이 마구 범람하여 군사적 행동과 불법적 어로활동을 벌이는 무풍지대로 묘사하는 것은 북한의 학생들에게 남한의 실상을 호도하기 위한 기만적 내용이라 할 수 있다.

2. 남한 관련 내용에 대한 종합 평가

이상의 예로 든 문장들에서 남한에 대한 내용은 사실적 서술과 거리가 멀다. 정치적 의도를 가지고 북한 학생들을 기만하기 위한 내용이며 남한에 대한 북한의 우위를 선전하기 위한 내용들이다.

---

49) 상게서, p.60.

즉 남한지역을 설명할 때에는 예외 없이 국토를 훼손하거나 적절히 이용하고 있지 못하다는 비난을 퍼붓는 점이 그 특징이다.

동시에 은연중에 남북한을 대비시켜 북한은 살기 좋은 곳으로 미화하고, 남한은 사람이 살지 못하는 몹쓸 곳으로 왜곡 비방하고 있다.

그리고 남한 관련 내용을 서술하면서 공통적으로 등장하는 표현으로서 '승냥이 미제-', '날강도 일제-', '날강도 미제-', '미제 침략주의자들-', '미제 자본가놈들' 등으로 표현함으로써 반미 또는 반일 적개심을 불러일으키는 원색적인 표현을 서슴지 않고 자본주의를 비난하는 표현들이 수없이 나오고 있다. 이것은 북한이 한국, 미국, 일본 등 그들의 적대국가에 대해서는 극단적인 용어를 사용함으로써 적개심을 고취하고 역사적 사실을 왜곡하면서까지 호전성을 부추기기 위한 것이라고 여겨진다. 동시에 반미 또는 반일 적개심을 부추기면서 남한정부를 이들의 앞잡이로 서술하고 있는 것이 일반 유형이다.

Ⅵ. 요약 및 결론

북한의 조선지리 교과서의 내용 분석은 미래의 통일을 내다보며 남북한의 이질화를 극복하고 동질성 회복에 기여한다는 차원에서 필요한 연구라 생각된다.

본 연구는 향후 조선지리 교과서의 내용변화 분석을 위한 기초연구로서 조선지리 구교과서를 대상으로 하여 북한 지리교육의 목표, 서술 내용의 분석, 김일성 관련 내용의 분석, 조선지리 교과서상에 나타난 남한 관련 내용 분석을 시도한 후 다음과 같은 결론을 얻었다.

첫째, 조선지리 교과서의 머리말을 통한 북한 지리교육의 학습목표를 살핀 결과 조선지리 교과서는 결국, "지리지식을 바탕으로 주체형의 인간 양성과 자연개조 사상의 관철 및 자연개조 사업성취로 인민경제의 주체화, 현대화, 과학화를 이룩하는 것"에 지리교육의 목표를 두고 있는 것으로 요약할 수 있다. 북한의 지리교육은 자연개조 사업이 유난히 강조되고, 환경보전의 인식은 전혀 언급하지 않고 있다. 북한의 강요적 자연개조 사업을 남한의 지역개발(=국토개발)과 같은 맥락으로 해석할 경우에 한해서, 이 부분을 남북한 지리교육의 공통 요소로 간주할 수 있을 것이다.

둘째, 조선지리의 교과서에 표현되어 있는 남한, 미국, 일본에 대한 적대적 표현은 일정한 패턴을 보이고 있다. 북한의 조선지리 교과서에서는 미국, 일본을 약탈자적 성격으로, 남한을 꼭두각시 앞잡이로 기술하고 있는 점을 교과서의 전반 내용을 통해 확인할 수 있다.

셋째, 조선지리 교과서에 나타나는 지리 용어상의 표현은 북한에서 말하는바, 주체 용어(=주체적 표현형으로서 소위 북한 측의 순수 국어적 표현), 또는 풀어써서 서술하는 형태(=서술적 표현형)로 나타나는 것이 특징이다. 이 같은 표현들은 그들이 말하는 주체적 서술이라 간주할 수도 있으나 지나친 국수주의적 비평을 면하기 어려우며 표현에 있어서 의미 축약이 되어 있지 않으므로 학술 용어로서의 개연성이 그만큼 적다고 볼 수 있다. 따라서 다국 간의 학문적 교류 및 상호 이해 교육, 비교 교육 차원에서는 커다란 장애로 작용할 수 있다. 아울러 더욱 중요한 것은 통일 대비 교육의 맥락에서 남북 간 학문적 교류를 통한 학술 용어상의 절충과 합의가 전제되어야 한다고 볼 때, 표현의 적절성, 경제성을 취할 수 있는 '선택 절충형'(=양자택일 사용 무방형)의 지리 용어를 함께 발굴하여 정착시키고 지나친 나열식의 표현이라든가 주체의식의 주관이 개입된 용어는 과감히 정리하는 양자 간의 합의 노력이 뒤따라야 할 것이다.

넷째, 북한의 조선지리 교과서에 김일성 관련 내용으로 김일성 찬양 내용, 김일성 교시 내용, 김일성 친족 관련 내용 등에 관해 서술하고 있다. 특히 김일성 교시의 형식을 빌려 지리 학습 내용의 중점사항을 암기하도록 유도하고 있다. 그리고 김일성 및 친족을 곳곳의 명소와 자원개발에 연관시켜 서술함으로써 북한의 주체사상, 주체사업을 강조하고 홍보하는 도구로 지리교과서를 활용하고 있다.

다섯째, 조선지리 교과서의 남한을 다루는 내용에서는 남한뿐만 아니라, 일본, 미국에 대한 혹독한 평가가 빈번하게 나타난다. 전체적으로 남북한을 대비시켜 북한은 살기 좋은 곳으로 미화하고 남한은 사람이 살지 못하는 몹쓸 곳으로 왜곡 비방하고 있다. 교과서의 전반을 통해 남한에 관한 내용은 기만적이고 틀에 박힌 비방하는 표현으로 점철되어 있다.

남한 관련 내용을 서술하면서 공통적으로 등장하는 '승냥이 미제-', '날강도 일제-', '날강도 미제-', '미제 침략주의자들-', '미

제 자본가놈들' 등의 표현을 통해 반미 또는 반일 적개심을 불러일
으키는 원색적인 표현을 서슴지 않고 자본주의를 비난하는 표현들
이 수없이 나오고 있다. 이것은 북한이 한국, 미국, 일본 등 그들의
적대국가에 대해서는 극단적인 용어를 사용함으로써 적개심을 고
취하고 역사적 사실을 왜곡하면서까지 호전성을 부추기기 위한 것
이라고 여겨진다. 동시에 반미 또는 반일 적개심을 부추기면서 남
한정부를 이들의 앞잡이로 서술하고 있는 것이 일반 유형이다.

이상의 내용을 통해 볼 때 북한의 조선지리를 배우게 되는 학생
들에게 크게 우려되는바, 독단적이고도 폐쇄적인 교육으로 지리교
육의 본질과는 달리 맹목적으로 하나의 집단 또는 개인에게 추종
케 하는 수단적 도구가 될 수밖에 없다는 점을 확인할 수 있다.

끝으로 본 소고의 아쉬운 점은 조선지리 구교과서를 대상으로
한 작은 분석에 그친 점이다. 향후 최신판 조선지리(＝국토지리) 교
과서를 구하여 같은 맥락의 연구 시각으로 분석하여 변화과정을
추적하는 것이 하나의 과제라 하겠다.

참고문헌

교육부, 1992, [중학교 제6차 교육과정](교육부 고시 제1992-11호)

교육도서출판사(평양), 1982, [조선지리 1]

교육도서출판사(평양), 1982, [조선지리 2)

교육위원회 보통교육부(북한), 1983, [과정안-인민학교, 고등중학교]

문용린, 1987, [북한의 학교 교육과정 분석], 국토통일원 조사연구실

박문갑, 1986, [남북한 비교론]

이찬희, 1993, "북한의 역사교육 연구; [조선력사] 신구 교과서를 중심
　　　　으로", 성신여자대학교 박사학위 논문(미간행)

최명, 1990, [북한 개관], 서울;을유문화사

03

남·북한 지리교과서 내용 구성의 체제 탐색과 대(對)북미관(觀)

요약: 본 연구에서 북한과 남한의 지리교과서를 대상으로 북아메리카의 미국을 각각 어떻게 바라보고 있는가를 살폈다. 남한과 북한은 사상적 체제가 다르고, 따라서 대미(對美) 시각차가 큰 사실이 국가정책 내지 지역정책을 잘 반영한 지리교과서에서 확인된다. 국가의 통제하에 1종으로 발행되는 북한 지리교과서의 질과 양, 인쇄 상태는 대단히 열악하다. 북한의 고등중학교(secondary school) 지리교과서는 5권으로 구성되어 있고, 각 권별 내용 영역이 판이하다. 북한의 주체적 이데올로기를 옹호하고, 반외세적인 메시지가 교과서 곳곳에서 강조된다(예: 김일성 교시, 김정일 훈시). 체제 옹호적이고 반외세적인 이데올로기 관련 내용을 걸러 내면 제한된 면수에 그 내용이 정선되었다고 볼 수 있다. 북한 지리교과서에서 미국(또는 미국의 주요 도시)에 대한 서술 시각과, 쿠바에 대한 서술 태도는 상반된 강한 이데올로기적 편향의 태도가 드러난다. 워싱턴이나 뉴욕은 빈부 간의 계급투쟁이 노골화된 곳이며, 그리하여 갈등

이 증폭되는 반동지역으로 부각시키는 내용 등이 그러한 예이다. 남한의 지리교과서는 자유발행 검정제를 채택하여 여러 종 가운데 학교장의 재량에 따라 골라 사용할 수 있도록 된 시스템이다. 제7 차 교육과정 시행(2000년) 이후 남한의 교과서는 체제, 내용, 컬러 상태, 지질 등의 면에 있어서 혁신적 변화가 있었다. 중학교 1학년 사회교과서에 세계지리 영역과 고등학교 심화 선택과목인 세계지리 교과서에서 북아메리카 내용을 찾을 수 있다. 남한 지리교과서에서의 미국 관련 내용은 일본, 중국 다음으로 비중이 높은 편이다. 미국의 개척과정, 풍부한 자원과 발달된 농목업, 세계를 선도하는 첨단산업과 지역적 전문화(예: 선벨트, 실리콘밸리 등), 발달된 도시와 인구 등 고른 주제에 걸쳐 공부한다. 남한의 교과서는 미국이나 캐나다에 대한 이데올로기적 편향 서술은 찾아볼 수 없다. '짧은 역사에 비해 매우 빨리 발전하여 세계적인 정치, 경제, 군사, 교육 면에 영향력을 가진 큰 나라'라는 객관적 인식이 골자이다.

주요어: 북한 지리교과서, 김일성 교시, 대미(對美) 이데올로기적 서술, 남한 지리교과서, 혁신적 교과서 체제변화, 대미(對美) 객관적·균형적 서술

Ⅰ. 서론

지난 반세기 동안의 분단 상황은 남북한의 이념과 체제의 변질을 야기하였을 뿐만 아니라 교육에 있어서도 상호간에 매우 다른 모습을 잉태하였다. 교육이념과 목적은 제외하고서라도 교육의 기본 구조, 교육내용, 방법 등에 있어서 유사점은 적어지고 상이점이 많아진 상황이다. 교육의 개념에 있어서도 북한은 계급투쟁의 관점에서 해석하고 있으므로 남한과는 달리 보고 있으며, 교육의 철학적 배경에 있어서도 그 시각을 달리하는 점이 많다.[50]

본 연구는 북한의 지리교과서와 남한의 지리(영역)교과서의 내용을 분석하였다. 북한의 지리교과서에 대한 연구의 내용으로, 첫째, 한반도 민족통일의 걸림돌로 작용해 온 체제 이데올로기가 사회과 교과서, 특히 지리교과서에 적나라하게 반영되어 있는가? 둘째, 어떤 내용에 어떤 방식으로 체제 이데올로기가 반영되어 나타나는가? 셋째, 북한의 지리교과서 내용을 통해 북한의 지리교육을 어떻게 진단할 수 있을 것인가? 넷째, 북한의 지리교과서에서 미국을 바라보는 시각은 어떠한가 등에 두었다. 북한의 지리교과서에서 바라보는 미국관은 그들의 정치적 이데올로기의 철학적 방향을 가장 명확히 짚어 볼 수 있는 부분이므로 의미가 있다. 남한의 지리교과서에 대한 연구의 내용으로, 첫째, '북아메리카'에 대한 학습내용 구조에 대한 설계는 어떻게 짜여 있는가? 둘째, '북아메리카'에 대한 학습내용에서 미국에 대해서는 어떤 주제를, 캐나다에 대해서는 어

---

50) 최영표, 1993, "북한교육의 기저와 수행체제: 사회과교육과 관련하여", 사회과교육 제26호, 27.

떤 주제를 주로 다루는가? 넷째, '보충학습코너'에서는 어떤 주제를 다루어 학생들의 학습흥미를 유발하고 있으며, 무엇을 인식도록 하고 있는가? 다섯째, 이들을 통해 학생들에게 형성될 총체적 '북아메리카'관, 좁혀서 '미국'관은 어떻게 될 것으로 예측 가능한가 등이다. 종합적 해석에서는 남북한 지리교과서에서의 '북아메리카'관 또는 '미국'관에는 어떤 시각차가 있는가를 규명하고자 한다.

연구방법으로는 첫째, 북한의 고등중학교에서 사용하는 지리교과서를 구하여, 지리교과서 전체에 대한 특징과 내용구성의 체제를 살핀다. 독자들의 흥미유발을 위해 북한의 교과서 분석 내용을 먼저 서술하였다. 둘째, 내용구성의 체제를 바탕으로 그들의 국가정책 내지 지역정책을 살핀다. 지리교과는 국가정책과 지역정책 등을 가장 잘 반영하는 교과목이라는 특징을 확인할 수 있기 때문이다. 셋째, 세계지리 내용 가운데 북아메리카 단원을 집중적으로 살펴, 교과서 내용 진술의 전개 방식을 이해하고자 하였다. 이 부분에서 지리 학습에 필요한 지도, 표, 그림 등의 활용 측면도 알 수 있다. 넷째, 특히 미국에 관한 내용을 집중 조명함으로써 북한에서 미국을 어떻게 바라보는지, 그리고 그 주변국들과 어떻게 차별화하여 바라보는가를 살핀다. 이를 통해 이데올로기적 측면의 대외정책 단면을 분명히 볼 수 있을 것이기 때문이다.

〈표 1〉 북한의 지리교과서(고등중학교)

지리교과서	출판사	주요 내용
① 『지리 1』 (2001)	교육도서출판사 (평양)	우리가 사는 지구와 지도, 지형, 날씨와 그 변화, 강과 호수, 바다
② 『지리 2』 (2001)	교육도서출판사 (평양)	우리 나라의 지리적 위치와 령토의 크기, 행정구역, 우리 나라 지하자원, 우리 나라의 지형, 우리 나라의 바다, 우리 나라의 기후, 우리 나라의 강과 호수, 지하수, 우리 나라 동식물의 분포와 자연보호구
③ 『지리 3』 (2001)	교육도서출판사 (평양)	서북지방, 동북지방, 중부지방, 서남지방, 동남지방
④ 『지리 4』 (2001)	교육도서출판사 (평양)	아시아 주, 유럽 주, 아프리카 주, 북아메리카 주, 남아메리카 주, 오세안 주와 량극지방
⑤ 『지리 5』 (2001)	교육도서출판사 (평양)	지구의 성층구조와 운동, 대기와 바다, 지구 겉면의 변화, 지구 상의 생물과 토양, 환경보호, 지도, 우리 나라 경제배치

자료: ① 임경숭·차용걸, 2001, 『지리 1』, 평양: 교육도서출판사.
    ② 진창훈, 2001, 『지리 2』, 평양: 교육도서출판사.
    ③ 안성룡·진영군·박광철, 2001, 『지리 3』, 평양: 교육도서출판사.
    ④ 명응범·리달복, 2001, 『지리 4』, 평양: 교육도서출판사.
    ⑤ 진창훈, 2001, 『지리 5』, 평양: 교육도서출판사.

연구의 제한점으로는 자료 구득의 어려움이 있어 연구에 부수적으로 필요한 북한의 교육과정, 교과서 정책, 교과서 발행 제도 등 관련 자료 없이 지리교과서에만 의존하여 살핀 한계가 있다.

남한의 지리교과서 연구방법은 첫째, 비교적 지명도가 있고 시장 점유율 면에서도 비중이 있는 중학교 사회 1학년 교과서 3종과, 고등학교 세계지리 교과서 4종을 분석 대상으로 하였다. 둘째, 이들 교과서의 내용 가운데 '북아메리카' 관련 단원의 체제구성을 살핀다. 셋째, 중학교 사회 및 고등학교 세계지리 교과서에서 학생들의 학습흥미 유발을 위한 '보충학습코너' 내용들의 주제를 조사하고 분석한다. 넷째, 북아메리카 관련 단원의 체제구성과 보충학습코너 주제들을 바탕으로 미국과 캐나다에 대해 무엇이 강조되어 가르쳐질 수 있는지 주제의 빈도수를 조사하고 해석한다. 다섯째, 이러한 절차를 통해 분석된 내용의 성격을 종합적으로 해석한다.

연구의 제한점으로는 첫째, 남한과 북한 지리교과서의 분석에 균형을 맞추기 위해, 주로 교과서에 명시적으로 드러난 내용들을 대상으로 했다. 둘째, 분석 내용에서 남북한 간 지향하는 체제 이데올로기가 다르므로 분석의 기준이 부분적으로 다르게 적용된 부분도 있다. 셋째, 해석과 설명에 연구자의 주관이 개입될 수도 있음을 밝혀 둔다.[51] 넷째, 단원명에 '북아메리카'라는 타이틀이 들어가지만 '북아메리카' 지역 범주에 대한 남북한 해석이 다르고, 국가별 강조내용과 서술량이 다르다. 따라서 남북한 간의 차이가 있지만 교과서에 있는 그대로의 내용을 다룰 수밖에 없었다. 끝으로 '북한'에 대한 상대적 표현으로 '한국' 대신 '남한'이라는 표현을 사용하였다.

Ⅱ. 북한 지리교과서 개관

북한의 지리교과서는 미국의 사회과 교과서들에 비해 대단히 볼륨이 얇고 흑백이다.[52] 질과 양적인 면에서 비교가 될 수 없다. 북한의 교과서 지질은 옥수수 잎이나 볏짚 등을 원료로 한 조악한 종이를 바탕으로 한다. 이러한 북한의 교과서조차 체제의 특성상 구하기도 힘들 뿐만 아니라, 원본 지질이 부서지므로 원본의 보존 역

---

51) 북한의 지리교과서는 미국에 대해 사상적으로 '타도의 대상'으로 보지만, 남한 지리교과서에 나타난 '미국'은 그렇지 않기 때문이다.

52) 예를 들어 Prentice-Hall Ltd.의 「World Cultures: A Global Mosaic」 교과서는 총천연색에 지질도 매우 좋고 828쪽에 달한다. 미국의 교과서는 지질, 볼륨, 컬러인쇄, 가격 등에서 세계적 수준이라 할 수 있겠고, 북한의 교과서는 그런 면에서 매우 대조적인 열악한 수준이라 할 수 있다.

시 대단히 어렵다. 어렵게 구한 교과서는 보존과 관리에 세심한 주의를 필요로 할 정도이다. 이러한 교과서 시장의 현실은 곧 북한의 오늘날 경제 사정을 반영하고 있다.

〈표 2〉 학년별 교과서 내용 영역과 김정일 훈시

교과서	출판사	주요 내용
① 『지리 1』 (2001)	자연지리 일반내용	"지리를 모르고서는 풍부하고 아름다운 우리 나라에 대하여 잘 알 수 없습니다."(머리말의 김정일 훈시)
② 『지리 2』 (2001)	북한 지리의 계통적 기술	"독도는 그 누구도 침해할 수 없는 우리 나라의 신성한 령토입니다."(제1장의 제2절 제1항. 령토의 크기, 5쪽)
③ 『지리 3』 (2001)	북한의 지역·지리 기술	"한 도 안에서도 군마다 기후와 토양조건이 다르며 심지어 한 군 안에서도 산지대와 해변가의 조건이 서로 다릅니다."(머리말의 김일성 교시, 2쪽)
④ 『지리 4』 (2001)	세계 지리의 지역·지리 서술	"다른 나라의 경제에 대하여서도 잘 알아야 합니다. 다른 나라 경제를 잘 알아야 우리 나라 사회주의 제도의 우월성과 우리 당 경제정책의 정당성을 더 잘 알 수 있으며, 다른 나라들과의 경제관계도 발전시켜 나갈 수 있습니다."(머리말의 김정일 훈시, 2쪽)
⑤ 『지리 5』 (2001)	자연지리의 심화 내용 및 환경보호, 지도 경제 배치	"우리가 지금은 지구 우에서 살면서 지구 우의 자연을 개조하기 위하여 투쟁하기 때문에 지구에 대하여 잘 알아야 합니다."(제1장 지구의 성층구조와 운동, 3쪽)

자료: ① 임경승·차용걸, 2001, 『지리 1』, 평양: 교육도서출판사, 2.
　　　② 진창훈, 2001, 『지리 2』, 평양: 교육도서출판사, 5.
　　　③ 안성룡·진영군·박광철, 2001, 『지리 3』, 평양: 교육도서출판사, 2.
　　　④ 명웅범·리달복, 2001, 『지리 4』, 평양: 교육도서출판사, 2.
　　　⑤ 진창훈, 2001, 『지리 5』, 평양: 교육도서출판사, 3.

　　북한의 중등 지리교과서는 모두 5권으로 되어 있다. 『지리 1』부터 『지리 5』에 이르는 이들 지리교과서는 중학교와 고등학교 과정을 합친 '고등중학교'에서 사용하는 교과서이다. 또한 북한의 지리교과서는 국가에서 발행하고 통제하는 국정교과서로 한 가지 종류뿐이다.[53]

─────────────

53) 남한의 경우는 이를 1종 교과서라 부른다. 북한의 교과서는 현재 모두 국가가 통제하는 1종 교과서를 발행하고, 출판사 역시 지정된 한 곳에서 전체 교과서를 발행, 배포한다. 남한에서는 초등학교 교과서와 중학교 '국사' 및 중학교와 고등학교의 '국어' 교과서를 제외한 모든 교과서는 자유 경쟁적으로 개발하여 교육부의 승인을 통과한 교과서를 학교장 재량으로 골라

북한에서 발행하여 국가 통제하에 사용하고 있는 지리교과서 5권은 각 권당 그 내용 영역 성격이 분명하다. 즉 고등중학교에서 처음 배우게 되는 『지리 1』과 최종적으로 배우는 『지리 5』는 자연지리 내용이다. 전자는 주로 기본적인 자연지리 내용을, 후자는 지구과학의 내용까지 포함한다.[54] 나머지 세 권은 대체로 인문지리 내용의 서술이다. 『지리 2』는 북한의 국토지리로서 인문지리 내용을 계통적으로 설명한다. 『지리 3』은 북한을 5개 지방으로 나누어 국토에 대한 지역 지리 서술방식을, 『지리 4』는 전 세계를 6개 권역으로 나누어 '세계지리' 내용을 서술한다. 『지리 4』는 지역지리(=地誌) 서술방식을 취하고, 북아메리카와 관련하여 미국, 캐나다 관련 내용이 본 교과서에서 다루어진다.

북한의 지리교과서는 대체적인 서술의 기준으로서 자연지리적 내용을 기본 바탕으로 상세히 한 후에, 인문적 활동으로서의 지역개발과 자연환경을 활용하는 정책적 내용이 많다.[55]

<표 2>는 각 지리교과서의 내용에 대한 서술 영역과, 일종의 학습 목표 역할을 하는 '김정일 원수의 말씀' 예를 정리한 것이다. 교과서 내용의 전개 과정에서 중요한 대목이나 강조할 부분에서는 '김정일 원수의 말씀' 또는 '김일성 원수의 교시'라는 타이틀하에 진한 고딕체의 문맥을 담고 있다. 이를테면 세계지리 교과서 머리말에 제시된 김정일 말씀의 요지는 다른 나라 경제를 알기 위해 세계

사용할 수 있도록 하는 정부 검인정제, 즉 2종 교과서 채택 제도를 택하고 있다.

54) 북한의 교과 과목에는 지구과학(earth science) 과목이 별도로 없고, 지리과에서 그 영역을 포괄한다.

55) 5권의 내용 영역을 크게 분류해 보면, 두 권이 자연지리 내용(『지리 1』, 『지리 5』)을, 세 권이 인문지리 내용(『지리 2』, 『지리 3』, 『지리 4』)을 주로 담고 있다.

지리를 공부해야 하는데, 그 이유는 다른 나라들과의 경제관계를 발전시켜 나가는 데도 필요할 뿐만 아니라, 북한의 사회주의 제도 우월성과 당 경제정책의 정당성을 더 잘 알기 위해서도 세계지리 공부가 필요하다고 설명한다. 미국과 캐나다를 공부하게 되는 절에서 미국에 대한 '김일성 대원수님의 교시'나 동일한 사회주의 노선을 걷고 있는 쿠바에 대한 '김정일 원수님의 말씀'을 통해 그들의 이데올로기적 서술의 대조적 표현을 잘 읽을 수 있다.[56) '학습 목표'로 강조하고 싶은 내용에 '김일성' 또는 '김정일'의 지시를 받들어 강조하고 있지만, 거기에 차등이 있다. 즉 '김일성'에 대해서는 '대원수님의 교시'로, '김정일'에 대해서는 '원수님의 말씀'으로 적고 있다.

<표 3> 『지리 4』의 내용(세계지리 영역)

장(章)의 제목	서술량	주요 내용
제1장 아시아 주	28쪽	자연지리적 특징, 주민과 경제, 동부아시아, 동남아시아, 중부아시아, 남부아시아, 서남아시아
제2장 유럽 주	21쪽	자연지리적 특징, 주민과 경제, 동유럽, 북유럽, 서유럽, 남유럽
제3장 아프리카 주	28쪽	자연지리적 특징, 주민과 경제, 북부아프리카, 동부아프리카, 서부아프리카, 중부아프리카, 남부아프리카
제4장 북아메리카 주	17쪽	자연지리적 특징, 주민과 경제, 중앙아메리카 및 서인디아제도, 북부지방
제5장 남아메리카 주	12쪽	자연지리적 특징, 주민과 경제, 안데스지방, 안데스 동부지방
제6장 오세안 주와 량극지방	4쪽	자연지리적 특징, 주민과 경제, 오세안 주와 량극지방
총 6개의 장(章)	총 115쪽	특징: 각 대륙별 설명의 서두에 자연지리적 특징과 주민과 경제 관련 내용을 다룸.

자료: 명웅범·리달복. 2001. 『지리 4』. 평양: 교육도서출판사.

---

56) 아메리카의 북부지방을 다루는 내용의 서두에 "경애하는 수령 김일성 대원수님께서는 다음과 같이 교시하시었다."라고 전제한 후, "미 제국주의는 현대의 가장 흉악하고 파렴치한 침략자, 약탈자이며 세계의 모든 진보적 인민들의 첫째가는 공동의 원쑤입니다."라고 적고 있다. 한편, 동일한 사회주의 노선을 걷고 있는 쿠바에 대해서는, "위대한 령도자 김정일 원수님께서는 다음과 같이 말씀하시었다."라고 하면서, "영웅적 꾸바인민은 지구의 서반구에서 혁명적 기치를 높이 들고 적들의 무력 침공을 일격에 짓부셔 버림으로써 미제의 거만한 코대를 꺾어 버렸습니다."라고 적어 동맹적 관계를 드러내고 있다.

세계지리 내용은 『지리 4』에서 전 세계를 6개 지방으로 나누어 서술한다. 서술량으로 보면, 아시아 주와 아프리카 주에 28쪽씩을 할애하여 가장 많고, 유럽 주(21쪽), 북아메리카 주(17쪽), 남아메리카 주(12쪽), 오세안과 양극 지방(4쪽)의 순이다.

북아메리카 주에서 미국(3쪽), 캐나다(1.2쪽)를 합쳐 북부지방에 대한 서술량은 약 4쪽에 불과하다.[57] 북한에서는 멕시코와 서인도제도, 즉 중앙아메리카 지역과 서인도제도를 편의상 북아메리카 주 지역권에서 함께 기술하고 있다. 북아메리카 주를 다룬 내용에서 지도는 12컷이다.[58] 표는 5개이고 그 내용은 매우 다양하다. 오대호, 북아메리카의 삼림대, 중앙아메리카의 여러 나라들에 대한 개략적 소개, 서인도제도의 여러 나라들, 북아메리카 북부지방의 나라들, 즉 미국과 캐나다에 대한 개략 소개 등을 표의 내용으로 담고 있다.[59]

---

57) 국판 크기의 교과서에서 세계지리 내용을 다룬 『지리 4』 교과서의 '제4장 북아메리카 주'는 총 17쪽이다. 이 중에 순수하게 미국만을 다룬 내용은 약 3쪽(17.6%)이므로 결코 많은 양은 아닌 셈이다.

58) 지도의 제목은, ① 북아메리카 자연지도, ② 북아메리카 기후구, ③ 북아메리카 주의 오대호, ④ 북아메리카의 원주민과 이주민 원천, ⑤ 지난날 유럽식민주의자들의 강점지역도, ⑥ 파나마운하, ⑦ 중앙아메리카 및 서인디아제도, ⑧ 메히꼬 지도, ⑨ 꾸바 지도, ⑩ 미국의 침략적인 령토 확장, ⑪ 미국 농업지역도, ⑫ 캐나다 지도

59) 표의 제목들은 ① 오대호의 규모와 이름 유래, ② 북아메리카 주 자연대 일람표, ③ 중앙아메리카 나라들, ④ 서인디아제도 나라들, ⑤ 북아메리카 북부지방 나라들 등이다.

Ⅲ. 북한 지리교과서에서의 북아메리카 주 그리고 미국

1. 취급 내용의 범주와 이데올로기적 시각

『지리 4』는 세계지리 내용을 다룬 교과서이고, 미국에 대한 내용은 4장의 북아메리카 주에서 캐나다와 함께 나온다. 제4장은 네 개의 절로 구성된다. '자연지리적 특징'에서 코르딜레라 산계로서 로키산맥 및 그레이드평원(북한에서는 이를 '중부평원'), 오대호, 삼림대 등에 대한 북미의 자연지리적 전반을 서술한다. '주민과 경제'에서 원주민으로서의 인디언과 이누이트,[60] 오늘날의 주민구성과 분포, 인종 차별, 미국 남부 면화지대 및 중남미의 사탕수수 등 열대수출작물 생산에 대해, 그리고 각종 공업발달을 '군수산업'의 발달로 소개한다. 또한 파나마운하에 대해서 비중을 두고 서술한다.

<표 4> '북아메리카 주(제4장)'의 내용

장(章)의 제목	주요 내용
제1장 자연지리적 특징	코르딜레라 산계와 중부평원, 온대대륙성기후, 세계에서 제일 큰 민물호수 무리, 온대 산림대가 넓은 자연대
제2장 주민과 경제	인디언과 이누이트인, 주민구성과 분포의 지역적 차이와 인종 차별, 열대 수출작물 생산 위주의 경제와 군수산업 위주의 경제, 국제적인 배길 - 파나마운하
제3장 중앙아메리카 및 서인디아제도	메히꼬, 꾸바
제4장 북부지방	미국, 카나다

자료: 명웅범·리달복. 2001. 『지리 4』. 평양: 교육도서출판사. 78-86.

---

60) '이누이트'는 '생고기를 먹는 사람'이란 뜻으로 북아메리카 알래스카 지역 원주민을 말한다. 과거에는 '에스키모'라고 불렀지만 이는 잘못된 표현이다.

〈표 5〉 북아메리카 북부지방 나라들

나라 이름	면적(㎢)	인구(명)	수도	비고
미국	9,383,123	264,000,000	워싱톤	미국이란 아메리카합중국의 약칭이다. 아메리카란 대륙 이름을 본딴 것이다.
카나다	9,976,139	29,000,000	오타와	나라 이름의 원뜻은 인디언이 살던 '마을' 또는 '초막'이라는 뜻이다.

자료: 명웅범·리달복, 2001, 『지리 4』, 평양: 교육도서출판사, 90.

제4장에서 구체적인 나라들에 대해서는 미국, 캐나다, 멕시코, 쿠바 등 네 나라를 든다. 자유 진영의 미국과 사회주의 진영의 쿠바에 대한 설명은 극히 대조적이다. 북한의 『지리 4』에 서술된 미국과 쿠바에 대한 내용을 보면 다음과 같다.

미국: "미국이 국가로 형성된 지는 200년밖에 안 되나 미국의 역사는 이 세상에 생겨난 첫날부터 다른 나라에 대한 침략과 략탈, 수억만 인민들에 대한 착취의 역사로 일관되어 있다. 미국은 이 세상에 태어난 때로부터 오늘에 이르기까지 강도적 략탈과 침략전쟁을 통하여 살쪄 왔고 경제를 발전시켜 왔다."

쿠바: "영웅적 꾸바 인민은 지구의 서반구에서 혁명적 기치를 높이 들고 적들의 무력 침공을 일격에 짓부셔 버림으로써 미제의 거만한 코대를 꺾어 버렸습니다."[61]

미국에 대한 북한교과서의 서술은 타도대상으로서의 미국, 주적(主敵) 개념으로서의 미국을 보는 인상이 짙은 반면, 쿠바에 대해서는 서반구에 위치한 강력한 동지국가로서의 자긍심과 유대감을 높이고 찬양하여 체제의 우월성을 강조하고 있다.

---

61) 멕시코에 대해서도 쿠바와 같이 약 1.0쪽의 서술량을 할애하여 설명하고 있지만, 쿠바의 경우와는 달리 이데올로기적 표현은 찾아볼 수 없다.

2. 북아메리카 지역에 대한 서술량, 기타

한편, 미국과 캐나다에 대한 북한 지리교과서에서의 서술량만을 본다면, 미국 3.0쪽, 캐나다 1.2쪽 정도에 그쳐, 그 영향력이나 크기에 비해 적은 편이다.[62]

미국 경제에 대한 설명을 서술하되, 이를 바라보는 시각에는 이데올로기적 강한 저항감이 표현되기도 한다.

> "미국경제의 기본명맥은 얼마 안 되는 반동적인 대독점자본가들이 틀어쥐고 있다. 공업에서는 강철, 자동차, 비행기, 우주항공, 전자, 화학공업이 큰 몫을 차지한다. 미제는 침략전쟁을 목적으로 하는 군수품 생산에 열을 올리고 있다."(명웅범·리달복, 2001, 『지리 4』, 평양: 교육도서출판사, 91쪽)
> "미제국주의자들의 반동적인 정책으로 오대호와 미씨씨피강, 대서양 연안 바다들과 공업도시의 자연환경은 유해가스와 유독성버림물에 의하여 심히 오염되어 공해를 일으키고 있다."(명웅범·리달복, 2001, 『지리 4』, 평양: 교육도서출판사, 91쪽)

이와 같은 이데올로기적 주입목적의 표현은 교과서상의 서술 태도로서는 대단히 부적합하다. 이러한 체제 비판적인 내용들을 모두 걷어 낸다면, 적은 면수에 비교적 충실한 학습내용을 담고 있는 부분들이 많다. 예를 들어 아래의 교과서 인용문 가운데 밑줄 친 부분을 제외한다면 제한된 지면 내에 미국의 지역 지리 지식을 나름대로 잘 정리하여 전달하는 내용이라고 볼 수 있다.

---

62) 〈표 3〉에 나타난 단원 서술량에서도 비교적 적은 편이며, 실제로 미국 3.0쪽, 캐나다에 1.2쪽 정도를 할애했을 뿐이다. '북아메리카 북부지방의 나라들' 제목하에 표를 만들어 미국과 캐나다에 대해 소개하고 있다.

"주요 공업지역은 북동부지역과 남부지역 및 서부연해지역이다. 로키산줄
기 동쪽의 북동부지역은 북동연해와 오대호 연안을 포괄하며 <u>유럽 식민주
의자들이 제일 먼저 기여든 곳으로서</u> 미국에서 공업이 일찍이 발전한 곳
이다. 이 지역은 애펄레이치탄전과 오대호 서부의 쇠돌, 대서양 연안과 오
대호를 통한 수상운수, 중부평원의 농산물 등에 기초하여 공업이 발전한
곳이다. 공업중심지는 뉴욕, 시카고, 디트로이트 등이다. 전국 면적의 25%
되는 북동부지역에는 전국 인구의 거의 절반이 집중되어 있다(명웅범·리
달복, 2001, 『지리 4』, 평양: 교육도서출판사 91).
남부지역은 원래 농업지대, 광업지대였으나 제2차 세계대전 후 공업지대
로 되었다. 이 지역에는 원유화학, 비행기, 우주항공, 전자공업 등이 있다.
중심지는 휴스턴이다(명웅범·리달복, 2001, 『지리 4』, 평양: 교육도서
출판사, 91).
서부지역은 태평양 연안의 좁은 지역으로서 미제의 침략전쟁과 관련한 우주
항공, 원자, 비행기, 자동차, 선박공업이 집중 배치되고 군사기지의 하나로
되고 있다. 로스앤절러스는 서부지역에서 제일 큰 도시이고 공업중심지이며
샌프란씨스코우는 서부지역에서 제일 큰 항구도시이다. 미국의 공업은 최근
년간 경제공황과 동력 및 원료의 부족으로 내리막길을 걷고 있다. 농업에서는
<u>독점자본가들이 토지를 독점하고 고용로동에 기초하여</u> 농축산물생산을 기본
으로 하고 있다. 주요 농작물은 강냉이, 벼, 밀, 콩, 목화, 담배 등이다(명웅
범·리달복, 2001, 『지리 4』, 평양: 교육도서출판사, 91 – 92).
농업에서는 목축업이 중요한 자리를 차지하며 주요 집짐승은 소, 돼지, 닭이
다. 주요 농업지역은 중부평원이다. 농업에서 특징의 하나는 생산의 지역적
전문화이다."(명웅범·리달복, 2001, 『지리 4』, 평양: 교육도서출판사, 92).

3. 미국의 주요 도시들에 대해

한편, 미국의 주요 도시들에 대해서도 가장 필수적인 지리 학습
내용을 잘 설명하고 있는 편이지만, 중간 중간에 이데올로기적 내
용을 담고 있다. 즉 체제비판과 강한 저항감을 유발하는 표현들을

사족으로 여러 군데 넣고 있다. 예를 들어,

> "미국의 수도는 **워싱톤**(인구 56만 7,000명)이다. 워싱톤은 대서양 기슭에 있는 크지 않은 도시로서 미제의 반동적이며 침략적인 정책을 집행하는 행정중심지로 되고 있다. 미국에서 제일 큰 도시는 뉴욕(인구 1,600만 명, 위성도시 포함)이다. 뉴욕은 대서양 연안의 무역항이며 미국 대독점자본가들의 총본부가 있는 곳이다. 뉴욕은 또한 유엔본부가 있는 도시로서 국제적인 정치무대로도 되고 있다. 뉴욕은 미국 사회를 대표하는 곳으로서 빈부의 차이가 극심하고 온갖 사회악이 판을 치고 있다. 뉴욕에는 억만장자들의 호화주택이 늘어선 번화한 거리가 있는 반면에 수많은 실업자들과 집 없는 사람들이 몰켜 있는 빈민굴도 있다. 특히 흑인들은 혹심한 인종 차별과 멸시를 받고 있다. 뉴욕은 세계에서 범죄가 제일 성행하고 마약과 알콜 중독자들이 욱실거리는 범죄의 도시이다."(명웅범 · 리달복, 2001, 『지리 4』, 평양: 교육도서출판사, 92쪽)

등과 같은 서술이다. 여기에서 워싱턴에 대해 '미제의 반동적이며, 침략적 정책을 집행하는 도시'로, 뉴욕에 대해서는 '미국 대자본가들의 총본부가 있는 곳, 빈부 차가 극심하고 온갖 사회악이 판치는 곳, 흑인들은 혹심한 인종 차별로 멸시를 받고 있는 곳, 세계에서 범죄가 제일 성행하고 마약, 알코올 중독자들이 욱실거리는 범죄의 도시' 등으로 서술하고 있어 미국의 이러한 주요 도시를 방문해 보지 못한 북한의 학생들은 워싱턴과 뉴욕을 어떠한 도시로 생각할 것인지 상상이 간다.

4. (자료) 코너의 활용

한편, 본문 외에 '(자료)' 코너를 두어 '심화학습' 또는 '보충학습'의 자료실로 활용하기도 하는데 그 기능에 대한 명칭만 다를 뿐, 남한 교과서에서 볼 수 있는 <탐구학습>, <지리기행> 등의 경우와 같은 학습효과를 거두기 위한 방법이라 할 수 있다. 이와 같은 학습에 대한 (자료) 코너에서도 이데올로기적 저항감을 주입하는 표현들이 들어 있다. 예를 들면,

"(자료)

미국의 형성 력사: 미제는 자기 나라를 〈아메리카합중국〉이라 부르고 있다. 나라 이름에 〈아메리카〉라는 서반구 대륙의 총칭을 달고 〈합중국〉이라고 한 것은 미제가 세상에 태어난 첫날부터 아메리카대륙을 집어삼키려는 팽창주의적 야망과 침략정책을 공공연히 세계에 선포한 것으로서 다른 나라에 대한 침략과 략탈을 일삼아 온 세계인민의 극악한 원쑤임을 확증해 주고 있다.

미국 땅에는 오랜 옛날부터 원주민인 인디안의 수많은 종족들이 살고 있었다. 16세기 초부터 북아메리카에 침입하기 시작한 영국의 앵글로색슨족들은 인디안들을 무참히 닥치는 대로 학살하면서 대서양 쪽의 13개 주를 장악하였다. 독립 이전의 미국은 영국식민지로서 〈북아메리카 13개 주 련합식민지〉로 불리웠으며 독립전쟁 초기에는 미국 령토가 북아메리카대륙의 일부에 지나지 않았으므로 〈북아메리카합중국〉으로 고쳤다. 이때로부터 미제의 저주로운 침략과 략탈의 역사가 시작되었다. 1853년에는 알라스카와 하와이를 제외한 지금의 미국 〈본토〉 전부를 차지하였으며 1867년에는 짜리로씨야로부터 알라스카를 720만 딸라의 헐값으로 빼앗았다. 미제는 제1차 세계대전까지 약 130년 동안에 무려 114차례의 침략전쟁과 8,900여 차의 군사적 간섭으로 령토를 본래의 10배 이상으로 넓혔다.

제2차 세계대전 후 세계 도처에서 20여 차의 전쟁을 도발하였거나 그에 개입하였다. 1950～1952년 조선전쟁을 도발하였다가 역사상 처음으로

패배하였다."(명웅범 · 리달복, 2001, 『지리 4』, 평양: 교육도서출판사, 93)

등과 같이 서술하고 있다. '아메리카합중국'이라는 국명을 놓고 상대의 의지와는 관계없이 악의적으로 호도할 수 있는 것인지에 대해 의아해하지 않을 수 없다. 영국의 식민개척자들이 서부개척의 과정에서 아메리카 원주민들과의 갈등과 싸움은 피할 수 없는 하나의 과정일 것이므로, 원주민을 몰아내는 과정을 무참히 학살하는 것으로만 서술하는 것은, 입장을 바꿔 놓고 보면, 다소 지나친 감이 없지 않다. 불모의 땅으로 여겨지던 알래스카를 러시아 측으로부터 당시 미국의 국무장관이 비교적 저렴한 가격에 사들인 역사적 사건에 대해서, '헐값으로 빼앗다시피' 하였다는 표현은 지나친 바 있다.

Ⅳ. 남한의 지리교과서 내용 체제

우리나라의 교과서 시장은 크게 다변화되었다. 과거에 일본의 교과서 체제를 모델로 하였고, 미국의 교과서들을 참고하였으며, 유럽의 교과서 체제를 타산지석으로 삼기도 하였다. 그러나 오늘날 7차 교육과정 시행 이후 우리나라의 교과서의 구성, 내용의 변화, 시장의 다변화 등 교과서 방면의 혁신은 가히 혁명적이라 할 수 있을 만큼 변화했다.

<표 6> 남한의 중등 지리교과서

학교급	교과서명	주요 내용	
중학교	중학사회 1	① 지역과 사회탐구	지역의 지리적 환경, 지역 사회의 변화와 발전, 지역 사회의 구조와 기능, 지역 사회의 문제와 해결방안
		② 중부지방의 생활	우리나라의 중앙부, 인구와 산업이 집중된 수도권, 관광자원이 풍부한 관동지방, 발전하는 충청지방
		③ 남부지방의 생활	해양진출의 요지, 농업과 공업이 함께 발달하는 호남지방, 임해공업이 발달한 영남지방, 관광사업이 발달한 제주도
		④ 북부지방의 생활	대륙의 관문, 북부지방의 중심지 관서지방, 문호를 개방하는 관북지방
		⑤ 아시아 및 아프리카의 생활	경제가 성장하는 동부아시아, 문화가 다양한 동남 및 남부아시아, 석유자원이 풍부한 서남아시아와 북부아프리카, 발전이 기대되는 중남부아프리카
		⑥ 유럽의 생활	일찍 산업화를 이룬 서부 및 북부유럽, 관광산업이 발달한 남부유럽, 민족과 문화가 다양한 동부유럽과 러시아
		⑦ 아메리카 및 오세아니아의 생활	선진지역 앵글로아메리카, 자원이 풍부한 라틴아메리카, 발전 가능성이 큰 오세아니아와 극지방
고등학교	고등학교 세계지리	① 세계와 지리	지역 정보와 지리 학습, 세계의 자연환경, 세계의 인문환경
		② 우리와 가까운 국가들	중국, 일본
		③ 일찍 산업화된 국가들	유럽연합국가들, 미국과 캐나다, 오스트레일리아와 뉴질랜드
		④ 지역 개발에 활기를 띠는 국가들	동남 및 남부아시아, 서남아시아 및 북부아프리카, 중·남부 아프리카, 라틴아메리카
		⑤ 사회주의 붕괴 이후 변화를 겪는 국가들	러시아와 그 주위 국가들, 동부유럽
		⑥ 세계의 과제	환경문제, 지역 갈등과 상호 협력

자료: ① 손용택 외 11인, 2004, 중학교 사회 1, 서울: (주)교학사.
② 오인석 외 12인, 2002, 중학교 사회 1, 서울: (주)두산.
③ 이진석 외 11인, 2001, 중학교 사회 1, 서울: 지학사.
④ 조화룡 외 7인, 2004, 고등학교 세계지리, 서울: (주)금성출판사.
⑤ 황만익 외 7인, 2004, 고등학교 세계지리, 서울: 지학사.
⑥ 오기세 외 5인, 2004, 고등학교 세계지리, 서울: 대한교과서(주).
⑦ 손용택 외 7인, 2004, 고등학교 세계지리, 서울: (주)천재교육.

금세기에 세계 각 국가와 지역에서는 세계화를 지향하고, 그러한 방향에서 내실을 다지기 위한 지방화 전략이 강조되고 있으며, 이는 각 지역의 고유한 지역정책의 표방으로 나타나게 되었다. 오늘날의 우리들의 삶이 문화와 환경을 강조하며, 친환경적이고 친문화적인 삶의 질과 직결된 방향으로 추구되고 있는 만큼, 각 나라의 교과서 내용들도 이러한 방향에 맞춘 주제설정과 비중이 주어지고 있다. 단지 지역적 환경과 배경이 각기 다르고 빈부의 지역 차가 있으며, 나라마다 지역마다 강조하는 바의 정도 차이가 인정될 수 있을 뿐이다.

우리나라 지리교과서는 중학교 1학년 사회과 교과에서 한국지리와 세계지리를 모두 다룬다. 중학교 1학년 사회과에서 다루는 내용들은 대한민국의 모든 중학생들이 기본적으로 배우게 된다. 그렇지만 고등학교의 세계지리 과목은 계열별 선택 심화과정으로 되어 있으므로 매우 낮은 비율의 학생들이 선택하여 배우게 된다.

<표 7> 북아메리카 단원 내용의 구성

학교급	출판사별 교과서 볼륨	단원명	절(節)명	주요 내용	서술량(%)
중학사회 1	㉮ (주)교학사 (∝B_5, 315쪽)	제7장 아메리카 및 오세아니아의 생활	선진지역 앵글로아메리카	넓은 평원과 다양한 기후, 유럽인들의 문화가 옮겨 온 대륙, 풍부한 자원과 발달한 공업, 앵글로아메리카의 도시와 인구.	10쪽 (3.2%)
	㉯ (주)두산 (∝B_5, 295쪽)			위치 및 자연환경, 역사-문화적 배경, 자원과 산업, 인구와 도시, 미국의 세계적 역할.	10쪽 (3.4%)
	㉰ (주)지학사 (∝B_5, 328쪽)			자연환경, 역사-문화적 배경, 세계적인 농업과 공업, 도시성장과 지역 문제.	10쪽 (3.0%)

학교급	출판사별 교과서 볼륨	단원명	절(節)명	주요 내용	서술량(%)
고등학교 세계지리	㉣ 금성출판사 (∝B_5, 247쪽)	제3장 일찍 산 업화된 국가들	미국과 캐나다	영토의 확장으로 만들어진 나라, 전문화된 기업적 농목업, 풍부한 자원과 세계를 주도하는 산업, 세계적 영향력을 가진 미국과 캐나다의 도시.	20쪽 (8.1%)
	㉤ 지학사 (∝B_5, 263쪽)			국가의 성립과 영토 확장, 농업특색과 주요 산업, 세계도시의 성장과 변화.	16쪽 (6.1%)
	㉥ 대한교과서 (∝B_5, 271쪽)			1776년 7월 4일, 광활한 대지에서의 기업적 농목업, 세계적인 자원 산출국이자 자원 수입국, 실리콘밸리와 보스턴, 세계도시.	18쪽 (6.6%)
	㉦ (주)천재교육 (∝B_5, 297쪽)			국가의 성립과 영토 확장, 대규모의 기업적 농목업, 풍부한 자원과 산업의 발달, 도시의 발달과 도시문제(집중탐구) – 뉴욕의 어제와 오늘.	16쪽 (5.4%)

자료: ㉮ 손용택 외 11인, 2004, 중학교 사회 1, (주)교학사, 198 – 207.
  ㉯ 오인석 외 12인, 2002, 중학교 사회 1, (주)두산, 170 – 179.
  ㉰ 이진석 외 11인, 2001, 중학교 사회 1, 지학사, 192 – 201.
  ㉣ 조화룡 외 7인, 2004, 고등학교 세계지리, (주)금성출판사, 118 – 137.
  ㉤ 황만익 외 7인, 2004, 고등학교 세계지리, 지학사, 100 – 115.
  ㉥ 오기세 외 5인, 2004, 고등학교 세계지리, 대한교과서(주), 120 – 137.
  ㉦ 손용택 외 7인, 2004, 고등학교 세계지리, (주)천재교육, 132 – 146.

　　남한의 현행 중학교 사회과 교육과정에서는 지리영역이 1학년과 3학년에 들어가 있으며, 대체로 1학년 과정에서는 한국과 세계의 지역 지리에 관한 내용이, 3학년 과정에는 도시, 인구 등 계통지리에 관한 내용이 들어가 있다. 이같이 구성한 이유는 공간개념을 학습한 후 2학년 교과서에서의 역사를 통한 시간개념, 이어서 일반사회 학습을 통한 사회현상을 학습하는 것이 교육과정 구성상 합리적이라고 판단되었기 때문이다. 이렇게 틀이 잡혀 현장에서 중학교 사회과 교육과정에 맞추어 가르쳐지고 있지만, 한국의 지리학자들은 중학교 과정에서 지리학의 독자적인 영역을 확보하지 못하였다는 점에서 비판적 시각을 보인다. 특히 한국지리에 관한 내용은 독자적 영역으로 강조될 만하다고 보는 견해도 피력된다.[63]

    남한의 중학교 사회과는 각 학년별로 1권씩 세 권으로 구성되어
있지만, 세계지리 내용은 중학교 1학년 사회과 후반부에서 모두 다
룬다. 고등학교 과정에 세계지리 과목이 있지만, 이는 국민공통과
목이 아니고 계열별 심화 선택과목이므로 일부 학생들만 공부하게
된다.[64] 중학교 1학년 사회과에서 미국 관련 내용은 후반부의 마지
막 7단원에 실려 있다. "아메리카 및 오세아니아의 생활"이라는 단
원에 '선진지역 앵글로아메리카' 절에서 북아메리카지역을 공부한
다. 고등학교의 『세계지리』에서는 3단원 "일찍 산업화된 국가들"에
서 미국과 캐나다를 공부하도록 되어 있다.

〈표 8〉 중학교 사회 1, 북아메리카 지리 영역의 '보충학습' 코너

출판사	'보충학습' 코너	내용
㉮ (주)교학사	탐구활동	① 미국의 국가성립과 영토 확장, ② 미국의 농목업, ③ 미국의 도시문제와 인종 갈등
	학습자료	① 다국적 기업, ② 캐나다 속의 작은 프랑스 - 퀘벡
	심화과정	① 인종의 전시장 미국
㉯ (주)두산	기초탐구	① 아메리카의 지역 구분
	집중탐구	① 앵글로아메리카의 자연환경, ② 넓은 땅에서 이루어지는 대규모 농목업, ③ 풍부한 지하자원, 발달된 공업
	보충학습	① 미국의 영토 확장, 선벨트
	심화과정	① 미국의 이민개척사
㉰ (주)지학사	자료상자	① 빙하가 만든 오대호, 선벨트(sun belt)
	탐구활동	① 앵글로아메리카의 개척활동을 이해한다. ② 미국 농업의 특색을 우리나라와 비교하여 이해한다.
	심화학습	① 앵글로아메리카의 주민들은 언제, 어디에서 왔을까?

자료: ㉮ 손용택 외 11인, 2004, 중학교 사회 1, 서울: (주)교학사, 198-207.
　　　㉯ 오인석 외 12인, 2002, 중학교 사회 1, 서울: (주)두산, 170-179.
　　　㉰ 이진석 외 11인, 2001, 중학교 사회 1, 서울: 지학사, 192-201.

---

63) 김일기, 2004, 지리교육 진흥을 위한 학회의 역할, 대한지리학회보(제82호), 1쪽.

64) 한국은 1945년 해방 이후 현재까지 7차례에 걸쳐 교육과정 및 교과서 개편작업이 이루어져 왔
    다. 한국(남한)의 7차 교육과정에 의하면, 초등학교 1학년부터 고등학교 1학년, 즉 1 - 10학년
    까지는 국민공통과정으로 전국의 모든 계열 학생들이 배우는 과목이고, 고등학교 2학년과 3학
    년, 즉 11 - 12학년은 심화 선택과정으로 계열별로 일부 선택한 학생들만 공부하는 과목이 된다.

Ⅴ. 남한의 중등 지리(영역) 교과서에 담긴 북아메리카

1. 중학교 사회

중학교 사회 1학년 교과서의 앵글로아메리카 관련 내용의 주제들은 북아메리카의 자연환경, 역사 및 문화적 배경, 풍부한 자원과 발달한 산업, 동부지역에 발달한 세계도시와 인구성장 등을 주요 내용으로 다루고 있다. 역사와 문화적 배경에서 공통적으로 서술하는 내용은 유럽인들의 문화가 모태가 되어 이식된 지역, 광대한 평원을 바탕으로 농업이 발달했고, 오늘날 세계적인 공업발달 지역이며, 세계에 미치는 영향이 큰 나라 등의 내용을 담고 있다.

세계지리 영역이 다루어지는 중학교 사회 1학년 교과서의 출판사별 '보충학습' 코너와 관련한 타이틀들은 탐구활동, 학습자료, 심화과정, 기초탐구, 집중탐구, 보충학습, 자료상자, 심화학습 등 저자그룹별로 다양한 명칭을 사용한다. 3개 출판사의 '보충학습' 코너에서 취급한 주제 건수 전체(16건) 가운데 미국의 국가성립 과정과 영토 확장에 관한 것이 5개, 미국의 농목업 발달과 자원문제를 주제로 한 것이 4개, 미국의 자연환경이나 지역구분에 관한 것이 3개, 그 밖에 도시문제와 인종 갈등, 다국적 기업, 선벨트 등의 주제를 볼 수 있다. 이를 다시 미국 관련 주제와 캐나다 관련 주제로 나누어 보면, 미국이 10개, 캐나다 국명을 직접 거론한 주제가 1개, 미국 및 캐나다가 공통적으로 해당하는 자연환경 관련 주제 3개, 앵글로아메리카의 주민들의 구성에 관한 것이 한 개 등이다. 이를 통해 무엇을 강조하여 공부하게 되는지가 명확해진다.

단원명에 '북아메리카'라는 타이틀을 달고 있지만, 대체로 미국을 학습하는 내용이 주류임을 알 수 있다. 한국의 중학생들이 북아메리카를 공부한다는 것은 곧 미국을 중심으로 공부하는 셈이다. 그만큼 미국에 대한 비중을 크게 두고 있음을 알 수 있다.

2. 고등학교 세계지리 교과서

고등학교 세계지리 교과서에 비친 '미국과 캐나다'에 대한 내용은 미국의 영토 확장 과정, 풍부한 자원과 기업적 농목업 및 산업의 발달, 도시의 발달과 도시문제 등 중학교 사회 1의 내용과 주제 방향은 같고 내용에서 좀 더 심화된 것임을 알 수 있다.

고등학교 세계지리(손용택 외 7인, 2002) 교과서의 미국 관련 내용들에 대한 '탐구활동' 및 '읽기마당' 제목들을 보면, 한국의 교과서 저자들이 생각하는 미국을 알 수 있다. 이는 곧 학생들에게 미국관에 대한 방향 제시를 의미하기도 한다.

읽기마당: 눈물의 길 '인디언 강제 이주 정책'
1820년대 이후 미국은 모든 인디언들을 미시시피 강 서부로 강제 이주시키려는 정책을 추진하였다. 애팔래치아산맥 남부에 살고 있던 체로키족은 일찍부터 백인 문명을 받아들여 백인들과 평화로운 관계를 유지하고 있었다. 그들은 1827년 조지아 주 내에 인디언 독립정부의 수립을 주 정부에 요청하였으나 거절당하였다. 그러자 체로키족은 연방정부에 승인을 요청하는 소장을 제출하여 1832년 승소 판결을 받았다. 그러나 조지아 주 정부는 연방정부의 판결에 불복하고 체로키족의 거주지를 무력으로 점령해 나

가기 시작했다. 위협에 견디다 못한 체로키족은 1835년을 전후하여 미시시피 강 서부의 오클라호마 주로 이주하기 시작하였다. 주 정부는 군대를 동원하여 마치 전쟁포로를 끌고 가듯 이들을 끌고 갔다. 마침내 이주지에 도착하였을 때는 원래 길을 떠난 4,000명 가운데 겨우 1,200명 정도만이 살아 있었다. 인디언들은 이 죽음의 여로를 '눈물의 길(Trail of tears)'이라 불렀다.
* 생각해 보기: 신대륙 개척 시기의 백인과 인디언의 입장이 되어 그들의 주장을 발표해 보자(손용택 외 7인, 2002, 고등학교 세계지리, (주)천재교육, 135).

위의 글은 '읽기마당'의 한 예를 든 것이다. 제목만 보고 내용을 읽은 학생들은 미국 개척 시기의 인디언들에 대한 박해를 생각하고, 미국 개척민들의 잔인함을 생각할 수 있다. 그러나 (생각해 보기)를 통해 '백인과 인디언의 입장이 되어' 그들의 주장을 발표해 보자는 학습의 토론장으로 들어갈 때 균형 잡힌 다양한 의견을 유도해 낼 수 있도록 하였다.

출판사별 각 교과서마다 보충학습 코너의 명칭은 다양하다. '탐구활동', '읽기마당', '집중탐구', '자료실', '생활 속으로', '지리일보', '화제의 현장', '활동', '더 자세히' 등 명칭의 다양함은 각기 다른 저자 그룹의 개성과 다양성을 반영한다.

다양한 타이틀하에 보충학습 코너를 마련하고 있지만, 이들 남한의 지리교과서 저자들이 관심을 보이는 영역을 대별할 수 있는데, 첫째, 미국 초기 개척과정에 대한 관심, 둘째, 자원이 풍부하고 산업이 발달한 미국과 캐나다에 대한 강한 이미지 부각, 셋째, 삶의 질을 추구하며 쾌적한 환경에 발달하고 있는 첨단 하이테크 산업의 추세 등에 대한 관심 등이다.

읽기마당: 살기 좋은 도시, 살고 싶은 도시 – 캘리포니아의 어바인
로스앤젤레스에서 남쪽으로 45분 거리에 있는 어바인은 <u>선벨트(sun belt)
지역의 대표적인 '성공한 계획도시'</u>이다. 1971년 시(市)로 재탄생하기 전
에는, 이곳은 제임스 어바인(James Irvine) 가문이 대대로 목장을 해 오
던 121㎢ 규모의 목초지였다. 어바인 가문 소유의 개발 회사인 어바인
컴퍼니는 고용 창출, 주거 환경, 위락 시설 등 7개 요소를 고려한 마스터
플랜을 세워 이 도시를 개발했다. <u>동네마다 가까이에 학교와 공원, 쇼핑가
를 배치했고, 벤치 하나 놓을 때도 위치와 환경을 감안한 철저한 조사와
사전 계획을 거쳤다.</u> 어바인 컴퍼니는 주립대학을 세우기 위해 단돈 1달
러에 123만 평의 대지를 기부했고, 그로 인해 <u>미국 내 10대 우수 주립대
학으로 성장한 UC어바인이 탄생했다.</u>
어바인은 이제 컴퓨터, 통신 업체 등 2,200여 기업이 밀집한 첨단 하이테
크 도시로 불리고 있다. 1975년 3만 1,750명이었던 인구는 2000년 말
기준 14만 4,600명으로 5배가량 증가했다. 시는 인구가 20만 명에 달하
면 인구 유입을 억제할 계획이다.
* 생각해 보기: 어바인 지역이 가지는 첨단산업의 입지 조건으로 유리한
점을 생각해 보자(손용택 외 7인, 2002, 고등학교 세계지리, (주)천재교육,
143).

위의 내용을 통해, 삶의 질을 추구하며 쾌적한 환경과 교육, 그
리고 첨단 하이테크 산업이 어울린 미국 사회의 신계획도시 탄생
에 대한 전반적 배경을 이해할 수 있다. 지역의 어바인 가문의 출
자 동기라든가 도시 개발의 마스터플랜 추진, UC어바인 대학의 탄
생 등 자유분방한 자유진영의 다이내믹한 환경에서 가능한 예로
적합하다.

<표 9> 고등학교 세계지리 교과서의 보충 '학습코너'

출판사	'보충학습' 코너	내용
㉮ (주)천재교육	탐구활동	① 유럽인의 진출과 원주민의 변화, ② 북아메리카의 성립과 변화, ③ 미국과 캐나다의 자연환경과 농업의 특색, ④ 미국과 캐나다의 자원과 산업의 특색, ⑤ 세계도시의 발달과 특성
	읽기마당	① 눈물의 길 '인디언 강제 이주 정책', ② (미국에서의) 유전자 변형농산물은 제2의 녹색혁명일까? ③ 살기 좋은 도시, 살고 싶은 도시 '캘리포니아의 어바인'
	집중탐구	① 뉴욕의 어제와 오늘
㉯ (주)대한교과서	탐구활동	① 뉴욕의 성장 및 기능을 알아보자. – 뉴욕의 성장, 세계 최대의 도시 뉴욕, 세계 경제의 중심지 뉴욕, 세계 정치의 중심지 뉴욕 ② 치솟은 마천루 속 들여다보기 – 인종의 도가니 뉴욕, 부자들만 주차하세요, 흑인 빈민가 할렘 재개발 기지개, 클린턴 할렘으로 출근
㉰ 지학사	자료실	① 미국과 캐나다로 온 초기 유럽인, ② 미국 농업의 변화, ③ 선벨트, ④ 실리콘밸리, ⑤ 다국적 기업
	생활 속으로	① 미국 알래스카를 사들이다, ② 영화 속의 원주민
	탐구활동	① 미국과 캐나다로의 이민, ② 미국의 농업 생산성 변화, ③ 기후 조건에 따른 농작물의 분포, ④ 알래스카 유전개발, ⑤ 세계도시 뉴욕, ⑥ 뉴욕시의 민족 구성
	지리일보	① 미국 '주' 이름의 재미있는 유래
㉱ (주)금성출판	화제의 현장	① 미국의 주 이름과 인디언, ② 문명인이 되기를 거부한 채 살아가는 애미시(Amish), ③ 오클라호마의 땅 따먹기 경주, ④ 맑고 따뜻한 곳 선벨트(sun belt)
	활동	① 매입을 통한 영토 확장, ② 미국과 캐나다의 농목업 지역, ③ 미국의 곡물생산과 수출비중, ④ 미국과 캐나다의 자원분포, ⑤ 미국의 공업발달, ⑥ 미국 공업중심지의 변화
	더 자세히	① 미국의 다국적 기업
	집중탐구	① 첨단산업이 위치한 실리콘밸리

자료: ㉮ 손용택 외 7인, 2004, 고등학교 세계지리, (주)천재교육, 132-146.
　　　㉯ 오기세 외 5인, 2004, 고등학교 세계지리, 대한교과서(주), 120-137.
　　　㉰ 황만익 외 7인, 2004, 고등학교 세계지리, 지학사, 100-115.
　　　㉱ 조화룡 외 7인, 2004, 고등학교 세계지리, (주)금성출판사, 118-137.

한국(남한)의 학생들은 이러한 성공적인 계획도시의 출현과정을 타산지석으로 삼아 지방자치제의 장점을 살려 지역 사회를 발전시켜야 한다는 생각을 가지게 될 것이다. 친환경적 사고와 발상, 지역 발전을 위한 개인 가문의 투자 동기, 첨단 하이테크 도시로 성장하

기 위한 조건 등 다양한 각도에서 여러 가지를 함께 공부하도록 하
는 내용이다. '생각해 보기'를 통해 학생들로 하여금 첨단 하이테크
산업이 발전할 수 있는 여건을 충분히 생각해 보도록 유도하고 있다.

위의 글은 미국의 이질적인 문화의 단면을 보여주는 내용이다.
전 세계의 정치, 경제, 산업, 과학 등 여러 부문에서 앞서 가는 미
국 사회에도 여전히 전통을 고수한 채 자기만의 문화를 구가하며
즐기는 지역이 있음을 잘 보여준다. 이러한 내용의 소개를 통해 미
국 사회가 대단히 다양하고 복합적인 세계인 것을 한국(남한)의 학
생들은 인식하게 된다.

Ⅵ. 요약 및 결론

본 연구는 북한과 남한의 지리교과서를 대상으로 살핀 것이다.
교과서 내용의 체제와 '북아메리카' 관련 단원의 내용에 대한 집중

적인 분석을 통해, 동일한 한반도의 남북한이 체제 이데올로기적 시각이 지리교과에 분명히 나타날 것으로 보고, 이러한 시각차가 남한과 북한의 지리교과서에 특히, 북아메리카 관련 단원에 어떻게 반영되고, 어떤 내용을 강조하여 가르치며, 종합적으로 어떻게 해석할 수 있을 것인가에 주안점을 두고 분석하였다.

북한 지리교과서의 질과 양은 경제사정을 반영하여 대단히 열악하다. 지질은 옥수수 또는 볏짚종이를 원료로 하였고 따라서 인쇄 상태도 매우 거칠다. 흑백 단색의 인쇄상태가 좋지 않은 것이 기본인데다가 정밀하게 자세히 그려져야 할 그림, 지도 등은 더욱 형편없어 작은 글씨는 알아보기 힘들 정도이다.

한편, 고등중학교 지리교과서는 5권으로 구성되어 있고, 각 권마다 다루는 내용 영역이 분명하다. 제1권과 제5권은 자연지리적, 지구과학적 내용을 위주로 다루었다. 특히 제5권은 지구과학의 지식 내용을 많이 담고 있는데, 북한의 경우 지구과학 과목이 별도로 개설되어 있지 않기 때문이기도 하다. 다른 세 권은 인문지리 내용이다. 구체적으로 제2권은 국토인문지리, 제3권은 국토지역 지리, 제4권은 세계지리 성격이다.

북한의 지리교과는 국가의 정책 홍보 및 이데올로기 내용을 강도 높게 반영한 교과 가운데 하나인 것을 알 수 있다. 북한의 주체적 이데올로기를 옹호하고, 반외세적인 내용들이 교과서 곳곳에서 강조된다. 특히, '김일성 교시'와 '김정일 훈시'를 통해 강조된다. 이러한 체제 옹호적이고 반외세적인 이데올로기 관련 내용을 걷어낸다면, 북한의 고등중학교 학생들이 필수적으로 익혀야 할 지리 지식 내용들은 제한된 볼륨 내에서 정선하여 비교적 잘 담고 있다고 판단된다. 물론, 인간과 자연과의 관계, 분포, 지도 학습 등 일반적으로 지리교육에서 강조하고 반드시 공부하여야 할 주요 개념을 모두 포괄하고 있는 것은 아니다.

북한 지리교과서에서 북아메리카 주에 관한 세계지리 내용에서 미국(또는 미국의 주요 도시) 등 자유진영에 대한 서술 시각과, 쿠바 등 사회주의 공산진영 국가에 대한 서술 태도에서 상반된 강한 이데올로기적 서술 태도가 분명히 드러난다. 워싱턴이나 뉴욕 시민들과 환경에 대해서 빈부 간의 계급투쟁이 노골화된 지역으로, 그리하여 갈등이 증폭되는 반동지역으로 부각시키는 내용 등은 그러한 예이다.

남한의 지리교과서는 자유발행 검정제를 채택하여 여러 종의 교과서 가운데 학교장의 재량에 따라 골라 사용할 수 있도록 된 시스템이다. 제7차 교육과정 시행(2000년부터) 이후 남한의 교과서는 체제, 내용, 컬러 상태, 지질 등의 면에 있어서 혁신적 변화가 있었다. 중학교 1학년 사회교과서에 세계지리 영역과 고등학교 심화 선택과목인 세계지리 교과서에서 북아메리카 내용을 찾을 수 있다. 남한 지리교과서에서의 미국 관련 내용은 일본, 중국 다음으로 비중이 높은 편이다. 지리교과서의 학습내용 구성이 다양화되고 전 세계 여러 지역을 고르게 공부하는 패턴으로 전환되고 있지만, 전통적으로 이들 세 나라에 대해서는 밀도 있게 학습하는 경향을 견지한다.

관심을 쏟는 주요 주제는 미국의 개척과정, 풍부한 자원과 발달된 농목업, 세계를 선도하는 첨단산업과 지역적 전문화(예: 선벨트, 실리콘밸리 등), 발달된 도시와 인구 등 고른 주제에 걸친다. 북아메리카 단원명이지만 주로 미국에 관련된 내용이 대부분이다. 남한의 교과서는 미국이나 캐나다에 대한 이데올로기적 편향 서술은 찾아볼 수 없다. '짧은 역사에 비해 매우 빨리 발전하여 세계적인 정치, 경제 면에 영향력을 가진 큰 나라'라는 객관적 인식이 골자이다. 교과서에 따라서는 개척 당시 원주민인 인디언들에게 가혹했다는 서술도 보이긴 하지만, 그렇게 될 수밖에 없었던 입장에 대해서도 생각해 보도록 하는 균형 잡힌 감각을 갖추고 있다. 대체로 남한의 학생들이 인식하는 북아메리카는 '기회의 땅', '무한한 발전과 미래를 약속하는 곳', '선진화된 현대문명으로 세계에 영향력을 행사하는 곳', '전 세계의 정치, 경제, 군사, 교육 등 다방면에 걸쳐 리드하는 곳' 등과 같은 인식을 갖게 하기에 충분한 나라로 인식된다.

참고문헌

강환국, "북한의 교사양성제도 연구", 1993, 사회과교육 26.

김병찬, "북한의 사회과 사사교육", 1993, 사회과교육 26.

김복영, "북한의「조선력사」교과서에 나타난 미국관", 1993, 사회과교육 26.

김상규, "북한의 인민학교·고등중학교 교과서에 나타난 경제교육", 1993, 사회과교육 26.

김재형, "북한의 학교교육 및 사회과 교육과정의 특성", 1993, 사회과교육 26.

남상준, "북한 지리교육의 정향", 1993, 사회과교육 26.

명웅범·리말복,『지리 4』, 2001, 평양: 교육도서출판사.

손용택, "북한의『조선지리』교과서 분석", 1993, 사회과교육 26.

손용택 외 11인, 중학교 사회 1, 2000, 서울: (주)교학사.

손용택 외 7인, 고등학교 세계지리, 2002, 서울: (주)천재교육.

안성룡·진영군·박광철,『지리3』, 2001, 평양: 교육도서출판사.

오기세 외 5인, 고등학교 세계지리, 2002, 서울: 대한교과서(주).

오인석 외 12인, 중학교 사회 1, 2000, 서울: (주)두산.

이양우, "북한의 지리교육", 1993, 사회과교육 26.

이진석 외 11인, 중학교 사회 1, 2000, 서울: (주)지학사.

이찬희, "북한『조선력사』신교과서의 내용분석", 1993, 사회과교육 26.

임경승·차용걸,『지리 1』, 2001, 평양: 교육도서출판사.

전숙자, "북한의「공산주의도덕」교과서에 나타난 인간관", 1993, 사회과교육 26.

조화룡 외 7인, 고등학교 세계지리, 2002, 서울: 금성출판사.

진창훈,『지리 2』, 2001a, 평양: 교육도서출판사.

진창훈,『지리 5』, 2001b, 평양: 교육도서출판사.

최석진, "북한의 환경문제와 환경교육", 1993, 사회과교육 26.

최영표, "북한교육의 기저와 수행체제; 사회과교육과 관련하여", 1993, 사회과교육 26.

최용규, "북한의 역사관과 역사교육", 1993, 사회과교육 26.
최인화, "북한의 법·정치 교육", 1993, 사회과교육 26.
한봉희, "북한의 세계지리 교과서 분석", 1993, 사회과교육 26.
황만익 외 7인, 세계지리(고등학교), 2002, 서울: 지학사.

중국의 지리교육과정과 교과서 변화[65]

Ⅰ. 서론

한국과 중국은 같은 문화권에 속하면서 오랫동안 형제의 우의를 간직하여 왔으나 광복 이후 양국의 수교(1992)가 재개될 때까지 약 반세기 동안은 죽의 장벽이 가로놓여 서로가 모른 채 살아왔다. 수교 이후, 양국 간의 경제 교류는 크게 확대되었으나 다른 체제와 지리적 환경 속에서 살아가는 모습을 이해하기란 결코 쉽지만은 않다. 이러한 상황에서 간접적이긴 하나 학생들이 배우는 교과서는 상호 체제와 정책 향방을 가늠할 매우 훌륭한 메신저 역할을 한다. 그 가운데에서도 지리와 역사 교과서는 국제이해와 협력의 기초를 다지는 데 더없이 훌륭한 도구라고 생각된다.

---

65) 본 글은 2004년 한국학중앙연구원에서 손용택과 형기주가 행한 공동 수탁연구보고서 내용 중 제목과 같은 내용만 추려 재정리한 것이다.

일찍이 1930년대 영국의 역사지리학자 G. East는 지리와 역사와의 관계를 "역사 없는 지리는 누워 있는 시체와 같고, 지리 없는 역사는 떠돌아다니는 유랑자와 같다"고 하였다.[66] 학생들이 지리를 올바르게 배우는 것은 땅을 떠나서 사람이 살 수 없고, 사람을 떠나서는 일이 있을 수 없기 때문이다. 땅 위에서 전개되는 사람의 일을 '지리'라 하고, 시간 속의 사람들에 관한 학문을 '역사'라고 한다.[67] 지리는 역사를 만들어가는 초석임과 동시에 그것 자체가 현대사이다. 따라서 지리를 올바르게 공부한다는 것은 곧 현대사를 올바르게 공부하고 만들어 간다는 의미도 된다. 특히, 서로 이웃하고 있는 한·중·일 동양 3국의 지리와 역사를 잘 이해하는 일은 곧 이웃 간의 우의와 협력을 다지는 일로서 초·중·고교의 교과서에서부터 강조되어야 한다.

이러한 뜻에서 본 연구는 중국의 중고등학교 지리교과서에 한해서 1980년대 이후 2000년대 초에 이르기까지 그것이 어떻게 변하여 왔는지를 살피면서 교육의 목적, 교과서 편찬의 형식, 내용의 조직 등의 측면에서 분석하려는 것이다. 편의상 글의 전개 순서는 처음에 중국의 교육개혁이 전개된 과정을 서술하고 중학교(=초급중학) 교과서, 고등학교(=고급중학) 교과서 순으로 분석하되 시기 구분은 1980년대, 1990년대, 2000년대 초의 3기로 나눈다. 중국에서 교과서를 생산하는 유력한 출판사는 인민교육출판, 북경사대출판, 화동사범출판, 상해출판 등 여러 개가 있다. 시장 점유율로 볼

---

66) East G., *The Geography Behind History*, London, 1938, Chap 1.

67) Bloch, M., *Appologie pour L'histoire ou Metier d'historien*, Paris Arman Colin(고복만 역, **역사를 위한 변명**), 1949, p.51.

때 이 가운데 인민교육출판사가 압도적이다. 과거의 비중은 더욱 뚜렷하였고 현재에 이르러서도 여타 출판사의 영향력보다 훨씬 우위를 점한다. 분석대상으로 삼은 교과서는 이들 중 점유율이 가장 큰 인민교육출판사의 교과서는 초급중학(=중학교) 지리교과서 21책, 고급중학(=고등학교) 교과서 13책이다.

〈표 1〉 중국의 초급중학(=중학교)용 지리 교과서

책명	간행 수		학년	쪽수	색	판형	출판사	기타
	초판	재판						
① 세계지리(상)	'87	'88(4차)	초급중	126	흑백	4*6	인민교육출판	정본
② 세계지리(하)	'87	'89(4차)	초급중	126	흑백	4*6	인민교육출판	정본
③ 지리 1	'89	'92(3차)	초급중 3, 4년제	176	흑백	4*6배판	인민교육출판	실험본
④ 지리 1	'92	'93(1차)	초급중 4년제	129	흑백	4*6배판	인민교육출판	심사시용
⑤ 지리 1	'92	'93(1차)	초급중 3년제	129	흑백적	4*6배판	인민교육출판	심사시용
⑥ 지리 1	'95	'96(1차)	초급중 3년제	123	흑백적	4*6배판	인민교육출판	심사시용
⑦ 지리 2	'01	'03(2차)	초급중 3년제	113	흑백적	4*6배판	인민교육출판	심사시용
⑧ 지리 2	'90	'90(1차)	초급중 3, 4년제	116	흑백	4*6배판	인민교육출판	실험본
⑨ 지리 2	'93	'94(1차)	초급중 3, 4년제	152	흑백적	4*6배판	인민교육출판	심사시용
⑩ 지리 2	'95	'96(2차)	초급중	130	흑백적	4*6배판	인민교육출판	심사시용
⑪ 지리 3	'90	'92(2차)	초급중 3, 4년제	105	흑백	4*6배판	인민교육출판	실험본
⑫ 지리 3	'93	'96(2차)	초급중 3년제	103	흑백적	4*6배판	인민교육출판	심사시용
⑬ 지리 3	'01	'03(5차)	초급중 3년제	93	흑백적	4*6배판	인민교육출판	정본
⑭ 지리 4	'01	'02(2차)	초급중 3년제	94	흑백적	4*6배판	인민교육출판	심사시용
⑮ 지리 4	'91	'92(2차)	초급중 3, 4년제	81	흑백	4*6배판	인민교육출판	실험본
⑯ 지리 4	'91	'92(2차)	초급중 3, 4년제	83	흑백	4*6배판	인민교육출판	실험본
⑰ 지리 4	'94	'96(5차)	초급중 3년제	96	흑백적	4*6배판	인민교육출판	심사시용
⑱ 지리(상)	'01	'03(6차)	초급중 7년급	96	다색	4*6배판	인민교육출판	실험본
⑲ 지리(하)	'01	'03(2차)	초급중 7년급	110	다색	4*6배판	인민교육출판	실험본
⑳ 지리(상)	'01	'03(2차)	초급중 8년급	116	다색	4*6배판	인민교육출판	실험본
㉑ 지리(하)	'02	'02(2차)	초급중 8년급	90	다색	4*6배판	인민교육출판	실험본

〈표 2〉 중국의 고급중학(=중학교)용 지리 교과서

책명	간행 수		학년	쪽수	색	판형	출판사	기타
	초판	재판						
① 지리(상)	'87	'88	고급중	160	흑백	4*6	인민교육출판	정본(필수)
② 지리(하)	'87	'88	고급중	196	흑백	4*6	인민교육출판	정본(필수)
③ 지리(상)	'90	'92(2쇄)	고급중(1년 급)	197	흑백	4*6	인민교육출판	정본(필수)
④ 지리(하)	'92	'93(3쇄)	고급중	178	흑백	4*6	인민교육출판	정본(필수)
⑤ 지리(상)	'90	'93(3쇄)	고급중	197	흑백	4*6	인민교육출판	정본(필수)
⑥ 지리(하)	'91	'91(2쇄)	고급중	178	흑백	4*6	인민교육출판	정본(필수)
⑦ 지리(하)	'92	'93(3쇄)	고급중	178	흑백	4*6	인민교육출판	정본(필수)
⑧ 지리	'92	'93(2쇄)	고급중(고3 선택)	311	흑백	4*6	인민교육출판	정본(필수)
⑨ 지리(1)	'97	'99(2쇄)	고급중 선택	114	다색	4*6	인민교육출판	실험본
⑩ 지리(1)	'02	'02	고급중 선택	97	다색	국배판	인민교육출판	정본
⑪ 지리(2)	'02	03(2쇄)	고급중 선택	134	다색	국배판	인민교육출판	정본
⑫ 지리(1)	'02	'03(1쇄)	고급중 필수	126	다색	국배판	인민교육출판	정본
⑬ 지리(2)	'02	'03(1쇄)	고급중 필수	115	다색	국배판	인민교육출판	정본

　　중국의 인민교육출판사에서는 교과서의 연구, 출판을 일정 기한을 두지 않고 계속 사업으로 연구→출판→수정→연구→출판→수정을 계속 이어서 하고 있다. 따라서 교과서도 실험본, 심사시용본, 심사통과본, 정본 등 다양하다. 이에 맞추어 연도별로 교과서를 수집하기란 불가능할 뿐만 아니라 이들 교과서는 기본 골격과 내용에 있어서 큰 차이가 없다. 그러므로 분석에 동원된 교과서들은 정본 여부에 관계없이 활용하는 데 문제가 없다.

　　교육과정의 요지나 지리교육의 목적, 또는 교과서의 편찬 목적은 인민교육출판사가 펴낸 문헌이나 한·중 교과서 세미나에서 발표된 논문, 그리고 교과서 책머리에 서술된 편찬요지 등을 참고하였다.

Ⅱ. 중국의 교육개혁과 교과서

1. 교육체제의 개혁

중국에서는 1980년대에 교육개혁을 가장 중요한 국가사업의 하나로 여기고 교육의 낙후성을 탈피하고자 노력하여 왔다. 이것은 문화혁명(1966~1976) 기간에 황폐화된 교육을 다시 일으켜 4대 현대화 건설(공업, 농업, 국방, 과학기술)에 필요한 인재양성의 필요성을 절감했기 때문이다. 1983년 전국 과학대회 개막식에서 덩샤오핑(鄧小平)은 "사회주의 4대 현대화 건설의 관건은 과학과 기술의 현대화에 있으며, 과학과 기술 방면의 인재를 교육을 통해 양성할 수 있다"고 하여 교육이 4대 현대화 성공의 관건임을 강조한 바 있다. 같은 해 북경의 경산학원(景山學院)에서도 "교육은 현대화를 향해, 그리고 세계의 미래를 향해" 개혁되어야 함을 주장한 바 있다.[68]

또한 전 국가교육위원회 주임 하동창(河東昌)은 보다 구체적으로 "초등교육을 보편화하고, 중등교육을 개혁하며, 고등교육을 개편 조정하여 사회주의 4대 현대화 건설의 기초를 튼튼히 하자"고 역설하였다.[69] 중국정부는 1985년 5월 27일 "교육체제 개혁에 관한 결정"을 제정, 공포하였는데 이 문서에 담고 있는 내용은[70] 첫째, 기초교육을 발전시키며, 단계적으로 9년 의무교육을 실시할 것과

---

68) 汪學文, 中央敎育評析, 敎育部敎育硏究委員會, 대북, 1987, pp.311-313.

69) 葉中敏·呂德潤·河東昌, 續中國敎育全景, 香港大公報, 1983.

70) 國家敎育委員會　政策敎育室　編, 敎育體制改革文獻選編, 北京, 敎育科學出版社, 1985, pp.3-5.

기초교육 발전의 임무를 지방에 맡길 것, 둘째, 고등학교 입학시험과 졸업 후 직장 배치 제도를 개혁하며 고등학교 교장의 경영실권을 확대할 것, 셋째, 중등교육 구조를 개선하여 직업기술교육을 강화할 것, 넷째, 여러 가지 교육재정의 확대방안을 구체화할 것과 교육투자를 늘리고, 지방에는 교육부가비를 확대하며, 민간육성 기금에 의한 사학 설립, 기부금을 장려할 것 등 네 가지로 요약된다.

그럼에도 불구하고 중국은 워낙 넓은 땅이고 당시 교통 및 통신 인프라가 만족할 수준이 아니었기 때문에 교육체제의 개혁이 전국적으로 빠른 세월에 성공할 수는 없었다.

2. 전일제 9년 의무교육

1980년대부터 중국은 실용주의적 개혁과 개방을 추진하면서 사회주의 이념을 기초로 사회, 경제 개발에 기여할 전문 인력 양성에 중점을 두고 있다. 중국의 국가교육위원회가 발표한 [지리교육대강]을 보면 "지리교육을 통해서 학생들의 애국심 함양과 사회주의 건설에 필요한 지식과 문화, 과학 지식을 익히게 한다"고 되어 있다. 또한 지리교과를 통해 "학생들과 지·덕·체의 전인교육과 발전을 꾀한다"고 교육목표를 정하고 있다.[71]

한국의 중학교 사회과 교육목표를 보면, "사회의 여러 현상을 통합적 시각으로 이해하게 하고, 우리 사회의 문제점 등을 합리적으로 해결하는 데 필요한 기능을 길러, 개인과 국가 및 인류의 발전

---

71) 中國人民共和國 國家教育委員會, 地理教育大綱(試用), 1993, pp.1-2.

에 기여할 수 있는 민주시민으로서 기본적 자질을 기르게 한다."고 되어 있다.[72] 결국, 중국의 경우에는 '사회주의 국가건설'에 필요한 사람을 양성하는 것이 궁극적 목표인 것에 반해서 우리의 경우에는 민주시민으로서 개인, 국가, 인류발전에 기여할 수 있는 인간을 양성하는 것이 궁극의 목표이다. 1986년 중국의 의무교육이 법적으로 확립되었다. 중국에 개방의 물결이 밀려오면서 과거 문화혁명 기간에 노, 농, 병(勞-農-兵)이 주축을 이루던 교육현장을 개혁하기 위한 것이다. 이를 위해서 5년제 교원연구기구(敎員硏修學院)가 생기고, 교육투자를 확대하며 기부금과 장학금 제도를 장려하기 시작한다.

중국의 의무교육은 '9년 의무교육'으로서 당시의 학제, 즉 중학교까지 5-4제 또는 6-3제에 해당하는 초·중학교까지의 의무교육을 말한다. 의무교육법에 의하면 "아동, 소년들에게 지-덕-체의 전인적 인간 육성에 중점을 두고, 모든 민족의 자질을 제고하기 위하여 이상과 도덕, 문화와 규율이 있는 사회주의를 건설할 인재양성의 토대를 닦는다"고 목표를 정하고 있다. 이 법의 구체적인 내용을 보면, 첫째로 학생들의 지-덕-체 각 방면의 전인적 발전을 꾀하도록 할 것, 둘째로는 중앙공무원(국무원)의 지도를 받아 지방의 자율적 권한으로 학습할 교과서를 정할 것, 셋째로는 사업비의 각종 시설투자 경비에 관한 것인데, 이는 중앙 관리관과 지방정부 책임 하에 확보할 것과 의무교육비는 반드시 정상 재정수입 증가율보다 높게 책정할 것이며, 각 지방정부에서는 교육사업부 주관으로 소요경비를 징수하고, 학교 운영을 위한 기부금 지원을 유도할 뿐 아니라 의무교육 기간의 학비는 면제할 것, 넷째로는 교사의 학력은 사

---

72) 교육부, 중학교교육과정, 대한교과서주식회사, 1992, pp.60-61.

범학교나 고등사범학교 졸업생 수준을 능가할 것과 교사자격 심사제를 실시하고 교사의 사회적 지위와 처우를 개선할 것, 다섯째로는 의무교육 학제 6-3제, 5-3제 모두 전일제(全日制)를 채택할 수 있도록 하고 각 지역의 수준에 맞게 다양한 수준을 적용한다.

중국은 국토가 워낙 넓고 지역에 따라 생활수준이 크게 다르므로 9년 전일제 의무교육을 일시에 전국적으로 시행할 수 없다. 따라서 경제적으로 발전된 중국의 연해지역과 내륙의 몇몇 지역에서는 중학교 단계까지 보편화되어 있으므로 1990년경까지 9년제 의무교육을 실시할 수 있도록 하며, 전 인구의 50%를 점하는 중국 대륙의 중간 발전 수준의 중소도시와 농촌은 우선 초등학교 급의 의무교육이 보편화된 후 1995년경에 중학교 단계까지 의무교육이 보편화될 수 있도록 계획하였다.[73] 그리고 인구의 25%를 점하고 있는 낙후지역은 반일제, 격일제 등 다양한 방식으로 추진하되, 지역 실정이 다르므로 다양한 수준으로 초등학교 교육을 보편화한 후, 중학교 단계의 의무교육을 1990년대 말까지 추진한다는 방침을 정해 실시하고 있다.[74]

3. 교과서의 편찬제도

개방 이전에 중국의 초·중·고교 교과서는 대체로 인민교육출판사에서 편집하여 출판한 교과서가 일률적으로 공급되어 왔다.

---

73) 이찬희·손용택 외, 중국 역사·지리교과서의 한국관련내용 변화분석, 한국교육개발원 연구보고 RR 94-2-1, 1994, p.14.
74) 이찬희·손용택 외, 위의 책, 1994, pp.14-15.

9년제 의무교육을 시행하면서 교과서 편찬의 주체가 각 지역, 대학교, 과학연구단체 등 전문적인 자격을 갖춘 전문가, 교수, 교사들로 확대되어 이들이 정부의 지침에 따라 다양하게 개발하고 있다. 따라서 교과서의 내용, 수준, 형식 등이 매우 다양해졌고, 지역의 수준이 다른 만큼 서로 다른 교과서를 선택할 수 있게 되었다. 그럼에도 불구하고 현재 공급되고 있는 중국의 초·중·고교의 교과서는 인민교육출판사에서 개발한 그것이 여전히 가장 많은 비율을 점하고 있다.

9년제 의무교육을 실시하면서 개발하고 있는 교과서는 그 개발에서 시작하여 정본이 공급될 때까지 매우 복잡한 심사, 실험 단계를 거치게 된다. 한국의 경우에는 대체로 5년 간격으로 교육과정이 바뀌고 이에 따라서 교과서가 개발되는 데 대해서 중국의 경우에는 개혁의 기간이 약 10년이다.[75] 한국에서 교육과정 자체의 연구는 여러 연구기관에서 꾸준히 연구되고 있지만 교과서의 개편은 새로운 교육과정이 발표되어야 비로소 교과부의 지침에 따라 개발되는데, 집필에 약 1년, 심사와 수정에 약 1년이 소요된다. 중국의 경우에는 교육과정과 교과서의 개혁기간이 경험적으로 볼 때 대체로 10년의 기간이 걸린다는 뜻이지, 구체적인 처리 면에서는 간단 없이 계속되고 있는 것이 우리와 다르다. 따라서 교과서의 종류에 있어서도 개발과정에 따라 실험본(實驗本), 시용본(試用本), 사정본(심정본, 審定本), 정본, 수정본 등 다양한 종류의 이름이 붙는다.

실험본을 개발하여 몇몇 성(省) 단위지역을 통한 실험 기간이 종

---

75) 高俊昌, "최근 중국의 중학지리교과서의 개혁", 한–중 초·중등 교과서 교류 10주년의 회고와 전망, 한국교육개발원, 연구자료 RM 2002–19, 2002, p.53.

료되면 그 다음에는 지역을 확대하여 시용본(試用本)을 사용하고, 이 단계를 거치면 심정본을 만들어 국가교육위원회 산하의 초·중학교 교과서 심정(심사)위원회의 최종 심사를 받게 된다. 심정본의 심사에 통과한 것이 비로소 정본이 되어 전국적으로 활용된다. 그러므로 중국의 넓은 대륙은 지역에 따라 실험본→시용본→심정본→정본을 사용하는 공간적인 격차가 있고, 전 중국 대륙이 정본으로 대체되기까지는 약 10년의 세월이 걸리게 된다.[76] 그런데 이들 실험본, 시용본, 심정본, 정본이 크게 다른 것이 아니고 약간의 수정을 가하였거나 학습의 선후가 바뀌는 수준이어서 설사 실험본이라 하더라도 크게 다르거나 비중이 낮은 것은 아니다.

Ⅲ. 중학교(=초급중학) 교과서

1. 1980년대

중국이 의무교육을 제도적으로 실시한 것은 1986년이다. 9년제 의무교육에 기초하여 교과서를 편찬하기 시작한 것은 1987년이다. 1990년에 중국의 일부 지역에서 실험을 거쳐 전국적으로 보급된 것은 1993년이다.[77] 고등학교(=고급중학) 지리교과서는 이후 약 10년의 격차가 있다. 역시 교과서 정본이 될 때까지는 실험본→시

---

76) 高俊昌, 위의 책, 2002, p.53.
77) 高俊昌, 위의 책, 2002, p.45.

용본→심정본 등 수정을 거듭한 것이다.

연구대상으로 삼은 1980년대의 교과서는 국가교육위원회가 1987년 2월에 공포한 '전일제중학지리교학대강(全日制中學地理敎學大綱)'에 의거하여 편찬된 교과서로서 이것 역시 전에 사용하던 구교과서를 계속 수정하여 정본이 된 것이다. 9년제 의무교육이 시행되면서 편찬이 시작(1987)된 교과서와는 판형이 다르다. 인민교육출판사의 경우, 같은 1980년대의 구교과서는 4*6판에 흑백 인쇄인데 비해서 1987년에 편찬하기 시작하여 1993년에 전국적으로 보급된 1990년대의 교과서는 4*6배판에 흑, 백, 적의 삼색이다.

1980년대에 출판된 구교과서는 세계지리 상, 하가 각각 126쪽이고, 중국지리 상권이 147쪽, 하권이 70쪽이다. 천연색 화보는 시작 책머리에 4쪽 게재되어 있으나 내용 전체에 사진은 없고 모두가 화공이 손으로 묘사한 삽화들로 대신한다. 단원의 첫머리에 도입 부분이 별도로 없으며, 끝부분에 '사고와 연습' 란이 있을 뿐이다. 지질이나 인쇄, 편집 상태는 우리의 1960년대 교과서와 비슷한 수준이다.

내용 조직은 세계지리가 저학년, 중국지리가 고학년에 배정된다. 세계지리의 내용은 대륙과 대양, 세계의 기후, 세계의 민족과 국가 등 전체 개괄적 체제를 인식한 후 각 대륙별 지지(地誌)가 전개된다. 대륙별 지지는 중국에 인접한 아시아, 아프리카, 대양주를 먼저 기술하고 『세계지리』 하권에서 유럽, 북미, 남미, 남극을 공부한다. 그런 후에 세계의 자연지리, 세계의 해양계, 세계의 교통체계를 통해서 세계가 하나 됨을 인식하도록 기술하였다. 내용 구성의 체계는 총론(계통)→각론(대륙지지)→통합의 형식을 취하고 있으나 대륙별 지지 부분이 많고 총론과 통합 부분이 적다.

『중국지리』 상권에서는 중국의 자연, 민족 구성과 인구 등을 다룬 다음, 각 지역의 지방지를 공부하도록 짜여 있다. 하권에서는 중국의 지방지 일부분과 지역특성 및 지역차이, 교통과 운수, 자원 이용과 환경보전으로 구성되어 있다. 구성 방식(총론→각론→통합)으로 보아서는 이상적이나 지지(각론) 분량이 너무 많아 중학교 수준에서는 소화하기 힘들 정도이다. 이는 과거 한국의 5, 6차 교육과정이 경험했던 고민과 흡사하다. 단지 1980년대『중국지리』에서 주목되는 것은 중국 각 지방의 지방지를 학습한 다음에 지역의 특성과 지역차이를 연해지방과 내륙지방, 평야지방과 산지, 농목지구와 도시로 대비하여 이해를 돕도록 하였고, 여기에 지역지리의 방법과 의미를 강조한 점은 우리와 다른 접근 방법의 새로운 지지학습의 개발이라는 점이다.

<표 3> 초급중학 세계지리/중국지리 내용 구성(1980년대)

과목	총론(계통)	각론(지지)	통합
세계지리	1. 세계지리 개황 –대륙과 대양 –세계의 기후 –세계의 민족, 국가	2. 아시아 3. 일본 4. 아프리카 주 5. 유럽 주 6. 북미 주 7. 남미 주 8. 남극대륙	9. 세계의 자연지대, 교통 –세계의 육지와 자연대 –세계의 해양 –세계의 교통과 연결
중국지리	1. 중국의 강역 2. 중국의 자연 3. 중국의 민족, 인구	4. 동북 지구 5. 황하 중·하류 지구 6. 장강 중·하류 지구 7. 남부 연해 지구 8. 서남 3성 지구 9. 청장 지구 10. 신장 지구 11. 북부 내륙 지구	12. 교통과 운수 13. 자원 이용 14. 환경 보전

주) 세계지리 1~4까지『세계지리』 상권, 5~9까지는 하권
　　중국지리 1~6까지『중국지리』 상권, 7~14까지는 하권

1980년대 중국의 지리교육, 특히 학습내용 구성을 우리의 5, 6차 교육과정과 비교해 보면 다른 점이 있다. 첫째, 중국의 경우에는 세계지리를 학습하고 상급학년에서 국내지리(중국지리)를 공부하도록 한 것은 우리와 반대이다. 중국은 세계 전체→각 대륙→사례 국가→중국 전체→각 지방 순으로 공부하는 up-down식인데 반해, 한국은 우리 고장→각 지방→한국 전체→각 대륙 및 사례 국가→세계 전체 순으로 공부하는 bottom-up식이다. 양자는 상호 장단점이 있다. 중국의 경우에는 세계 속에서 자기 나라를 바라본다는 장점이 있으나 중학교 학생들의 지적인 발달수준으로 보아 학습에 무리가 따를 수 있는 반면, 한국의 경우에는 좁은 세계에서 넓은 세계로 시야를 확대함으로써 지적 발달 수준에 맞추어 주는 장점이 있는 한편 세계 속에서 자기를 바라보는 기회가 늦게 주어진다.

두 번째는 중국의 교과서에서는 지리 과목이 독립적인 과목으로서 중학교 급에서만 4권을 학습하도록 되어 있다. 이는 중국의 중학교에서 지리 과목을 매우 중요시하고 있음을 의미한다. 한국에서는 '통합사회'라는 명분 때문에 지리, 역사, 일반사회 과목과 함께 뒤섞여서 어떤 부분은 저학년, 어떤 부분은 고학년에서 공부하도록 되어 있다. 특히 세계와 우리나라의 자연지리를 체계적으로 학습할 기회가 없다. 결국 지리학을 일괄적으로 꿰서 체계적으로 학습할 기회가 없다는 뜻이다. 학생들의 논리적 사고를 함양하는 뜻에서도 어떤 개념을 분석→종합하면서 원리를 터득하게 하는 명확한 과정과 경험이 있어야 하기 때문이다.

2. 1990년대

1) 지리교육의 목표와 학습 내용 선정

중국의 국가교육위원회가 발표한 '지리교학대강'에 의하면 초급 중학의 지리교육 목표를 다음과 같이 정하고 있다.[78] 첫째, 학생들로 하여금 지구, 지도와 관계되는 기초 지식과 세계지리, 중국지리의 기초 지식을 얻게 하는 데 있다. 둘째, 학생들로 하여금 일상생활에서 항상 지도, 지리도표를 읽고 응용할 수 있는 힘을 기르도록 하여 간단한 지도와 도표를 그릴 수 있도록 하고, 학생들이 지리현상에 대한 관찰 및 사고능력을 기르도록 하는 데 있다. 또한 지리지식을 바탕으로 생활 주변의 지리현상을 분석하는 능력을 갖추도록 하는 데 있다. 셋째, 학생들에게 변증법적 유물사관에 입각한 교육, 애국심 고취를 위한 교육, 국정과 국책에 관한 교육을 받도록 하여 실사구시의 과학적 태도와 끊임없이 탐구하는 자세를 지니도록 하는 데 있다. 자원을 효율적으로 개발하고, 환경을 아끼고 보전하며 올바른 인구관을 깨닫도록 하는 데 있다. 지지적 지식을 기초로 조국과 세계를 내다보고 국가를 현대화된 사회주의 강대국으로 건설하려는 마음을 지니도록 하는 데 있다.

이상의 내용은 지리교육을 이해, 기능, 태도의 세 방향에서 진술한 것인데, 이해 면에서는 세계와 중국에 대한 지지적 기초 지식을 갖게 한다는 내용이고, 기능 면에서는 지지적 사고와 관찰법을 익히는 내용으로서 지도와 도표를 활용하여 주변의 지리적 현상을 분

---

78) 중국인민공화국 국가교육위원회, **지리교학대강**, 1993, pp.1-2.

석하는 능력을 기른다는 뜻이다. 태도 면에서는 변증법적 유물사관에 의한 사고방식과 사회주의 국가 건설을 위한 애국심, 실사구시의 과학적 태도, 환경보전의 올바른 인구관의 확립 등을 강조하고 있다.

지리교과 학습 내용의 선정기준은 9년제 의무교육에 맞게 현대화, 세계화, 미래화하여야 한다는 내용 및 지인상관(地人相關)의 입장과 실사구시의 과학정신으로 지리적 요소 상호간의 관계를 밝히는 데 중점을 둔다는 내용이다. 학습 분량을 줄여서 학생들의 연령과 지적 능력에 맞도록 엄선할 것과 그 내용이 일상생활의 실천에 도움이 될 수 있어야 함을 강조하였다. 이 밖에도 교과과정의 과학성과 계통성, 계정성(階程性), 연관성 등을 중시하도록 '지리교학대강'은 지침을 내리면서 초급중학교 지리교과는 세계지리와 중국지리를 다루도록 권고한다.79)

2) 형식과 내용 조직

(1) 실험본

중국의 교과서는 1990년대부터가 큰 변혁이라고 볼 수 있으나 그것은 점진적이고 실험적인 단계를 거친다. 형식적인 면을 보면 첫째, 1980년대의 교과서가 4*6판 흑백 인쇄인데 비해서 1990년대의 그것은 4*6배판, 흑백(후에 흑, 백, 적 3색) 인쇄이다. 흑백 인쇄에 적색을 첨가한 것은 다색판 교과서로 발전하기 위한 실험과정인 것으로 여겨진다. 1980년대 교과서에는 단원학습의 목적이나 참

---

79) 여기서 계정성(階程性)이란 쉬운 내용에서 어려운 내용으로 구성하는 원리를 말하며, 연관성은 타 교과와의 관련성, 학년 간의 연관성 등을 뜻한다. 중국의 초등학교 사회과는 반드시 과학교과와의 연관성을 강조하고 있다.

고자료 등 탐구학습에 필요한 지침이 없이 요소요소에 연습문제만 있었으나 1990년대 교과서에는 지리학습의 목적과 방법, 연습문제, 생각해 볼 문제, 읽을거리 등이 실려 있다. 삽화 자료는 거의 손으로 그린 것들이며 사진은 없다. 1980년대의 교과서 표제는 『세계지리』 상, 하, 『중국지리』 상, 하로 되어 있었지만 1990년대의 그것은 『지리 1』, 『지리 2』, 『지리 3』, 『지리 4』 등으로 나뉘어 있다. 이들 교과서에 채워진 내용은 다음과 같다.

<표 4> 중국 초급중학 지리 3, 4의 내용 체계(1991년 실험본)

중국의 지리환경	중국의 인문지리	중국의 지역지리
-중국의 강역 -중국의 지형 -중국의 기후 -중국의 하천, 호수	-중국의 자연지리 -중국의 인구, 민족 -중국의 촌락, 도시 -중국의 교통, 무역, 관광	-북부지구 -남부지구 -서북지구 -청, 장 지구 -자치구, 직할시, 촌락* -대만성 -홍콩과 마카오

주 1) 자치구, 직할시, 촌락이 강조되었다.
   2) 중국 자연자원까지가 『지리 3』, 기타 나머지 부분은 『지리 4』

- 『지리 1』: 지구, 지도, 세계의 육지와 대양, 세계의 기후와 자연지대, 지구상의 자연자원, 세계상의 인류, 세계의 정치 구분, 동아시아, 동남아시아[80]
- 『지리 2』: 남아시아, 중앙아시아, 서아시아와 북아프리카, 사하라 이남의 아프리카, 서부유럽, 동부유럽과 북아시아, 북미, 라틴아메리카, 대양주, 남극대륙, 지구상의 인류공동생활[81]
- 『지리 3』: 중국의 강역과 행정구역, 중국의 지형, 중국의 기후, 중국의 하천과 호수, 중국의 자연자원과 이용
- 『지리 4』: 중국의 인구와 민족, 중국의 촌락과 도시, 중국의 교통과 무역 그리고 관광, 중국의 지역지리(6개 사례 지역), 세계 속의 중국

1990년대 실험본의 내용 조직은 다음 <표 3>과 같이 요약할

---

80) 초급중학(중학교) 3, 4년을 공용으로 사용할 경우에는 남아시아, 서아시아, 북아프리카가 포함된다.
81) 여기서의 중앙아시아는 우즈베키스탄, 투르크메니스탄, 타지키스탄, 키르기스스탄, 그리고 이들 북쪽의 카자흐스탄이 포함된다. 북아시아는 시베리아를 뜻한다.

수 있다. 첫째, 1980년대의 구 교육과정에서는 총론(계통지리), 각
론(지역지리), 통합(계통지리)의 구조였다면 1990년대의 실험본에서
는『지리 3』과『지리 4』(중국지리)의 경우, ① 중국의 지리적 환경
(주로 자연지리), ② 중국의 인문지리, ③ 중국의 지역지리(지지),
④ 세계 속의 중국으로 나뉘어 있다. ①과 ②가 총론(계통지리), ③
이 각론(지역지리), ④가 통합에 해당한다. 중국의 지역지리 부분이
크게 축소되고 계통지리 부분이 강화되어 있다.

둘째, 1990년대 초의 실험본은 흑백에서 3색 인쇄본으로 초급중
학 3, 4년제가 공존하기 때문에 여기에 맞는 실험교과서로 개발한
것으로 여겨진다. 셋째, 앞에서 서술한 것처럼 세계지리나 중국지리
나 간에 지역구분을 전통적 방식이 아니고 세계의 문화권을 중시하
였고, 중국은 대만, 홍콩, 마카오 등 부속지구를 크게 부각시키고 있다.

(2) 심사시용본

1990년대의 심사시용본은 거의 정본에 가까운 것으로 대체로
3색본이다. 특히, 그림이 많고 학생들의 활동란(예습 및 복습란)은
색(분홍색)을 넣어서 본문과 구별하였다. 따라서 본문의 문장이 많
이 줄고 그림과 도표가 많아서 학생들의 부담은 덜고 흥미는 크게
유발시킬 수 있는 교과서로 바뀌었다.

『지리 1』의 내용 조직은 앞에서 소개한 실험본과 크게 다르지
않다. 세계지리를 계통적으로 취급한 내용으로 학습의 분량을 맞추
기 위해 지지 부분(동아시아와 동남아시아)이 일부 포함되어 있다.
실험본과 달리 책 첫머리에 "왜 지리를 학습하는가?"라는 학습목적
을 "認識人類之家"란 제목으로 서술하고 있다.[82]

〈표 5〉 실험본과 심사시용본의 세계 지역 구분(1990년대)

실험본		심사시용본	
지역 구분	사례 국가	지역 구분	사례 국가
동아시아	일본	동아시아	일본
동남아시아	싱가포르	동남아시아	–
남아시아	인디아	남부아시아	인디아
서아시아와 북아프리카	이집트	서아시아와 북아프리카	이집트, 사우디아라비아
사하라 이남 아프리카	코트디부아르	사하라 이남 아프리카	–
서부유럽	영국, 프랑스	서부유럽	독일
캐나다, 미국	캐나다, 미국	북미	미국
라틴아메리카	브라질	라틴아메리카	브라질
대양주	오스트레일리아	대양주	오스트레일리아
러시아	–	동부유럽과 북아시아	러시아
	–	중앙아시아	카자흐스탄

『지리 1』과『지리 2』에 걸쳐 있는 세계지지의 지역구분은 실험본과 다름이 없으나 각 대륙 내에서 사례가 되는 나라는 심사시본(審査試本)의 그것과 약간 다르다. 세계를 문화권으로 나누고 있으며, 실험본에서 다루었던 러시아를 심사시본에서 동부유럽과 북아시아를 포함하여 취급하고 사례국의 지지(地誌)로는 러시아를 선택하고 있다. 또한 실험본에서는 중앙아시아가 광범위하게 러시아에 포함되어 있었으나 심사시본에서는 별도로 설정하여 카자흐스탄을 사례 지역으로 취급하고 있다. 그동안에 소련이 붕괴되고 여러 민

---

82) 내용 가운데 일부를 보면 다음과 같다. "지구는 인류가 거주하는 집이고, 결국은 지구의 한 부분이다. 중국의 고대 시인이 이르기를, "여산의 진면목을 모르는 것은 오로지 이 몸이 그 산속에 있기 때문이다."고 하였다. 우리는 지구 속에서 생활하고 있다. 지구의 진면목에 대하여 무엇을 알고 있는가? 지리 학습은 우리들로 하여금 이러한 문제를 해결하는 데 도움을 준다. 지구를 에워싸고 있는 하늘의 일, 월, 성, 신은 어찌하여 동에서 뜨고 서로 지는가? 어찌하여 어떤 지방의 산은 험준하고 다른 지방의 평야는 편평한가? 어떤 곳에서는 화산이 폭발하고 다른 지방에서는 지각이 함몰하는가? 어찌하여 여름은 덥고, 겨울은 차가운가? 어째서 한 지방의 인구는 조밀하고, 다른 지방의 그것은 소밀한가? 어찌하여 한 지방의 생활은 윤택하고 생산성이 높은데 다른 지방은 생산성이 낮고 곤궁한가? 어째서 한 지방의 산수는 산자수명하여 좋은 환경의 아름다움을 보이는데 반해 다른 지방은 황량하고 오염되어 있는가? 지리 학습은 우리의 향토, 국토, 세계의 지리 환경을 인식케 하는 데에 도움을 줄 수 있고, 인류활동과 지리적 환경과의 관계를 인식케 하는 데에 도움을 줄 수 있다." (이하 중략).

족 국가가 독립하였기 때문이다. 취급한 사례 국가들도 조금씩 다르다. 사하라 이남의 아프리카에서는 코트디부아르(상아해안)를 사례국으로 택하였으나 심사시본에서는 사례국을 아예 취급하지 않고 자연환경, 주민과 경제활동을 전체적으로 포괄하여 취급하고 있다. 서부유럽은 영국과 프랑스를 사례로 삼았으나 독일로 바뀌었고, 동남아시아에서는 싱가포르를 사례국으로 선택하였고 심사시본에서는 취급하지 않았다.

『지리 3』과 『지리 4』에 실려 있는 중국지리 분야는 지역지리 부분을 많이 줄이고 계통지리 내용을 강화하였다. 이는 실험본이나 심사시본이나 간에 마찬가지이다. 다만, 심사시본의 경우에 중국의 인문지리 중 경제활동 부분(농업, 공업)이 강화된 반면에 중국의 촌락과 도시에 관한 내용이 삭제되어 있다. 실험본과 삼사시본의 인문지리 내용을 비교하여 볼 때, 실험본에서 취급했던 '중국의 촌락과 도시' 부분이 심사시본에서 '중국의 농업과 공업'으로 바뀐 것은 곧 개방 이후 중국의 약진과 발전상을 사회주의 조국 건설의 승리로 인식시키기 위한 것이다.

〈표 6〉 중국지리 실험본/심사시본 인문지리 내용(1990년대)

실험본	심사시본
① 중국의 자원 이용 ② 중국의 인구와 민족 ③ 중국의 촌락과 도시 ④ 중국의 교통, 무역, 관광 ⑤ 하나의 지구와 인류공동생활	① 중국의 인구와 민족 ② 중국의 자연자원 ③ 중국의 농업 ④ 중국의 공업 ⑤ 중국의 교통 ⑥ 중국의 상업과 교통 ⑦ 하나의 지구와 인류공동생활

3. 2000년대 표준 실험본

1) 표준 실험본 교육과정

2001년 7월에 중국정부는 '전일제 의무교육 지리과정' 표준 실험원고를 발표하여 지리교육의 목표, 이념, 내용, 지리교육 자원의 관리, 지리교육의 평가 등 여러 방면에 걸쳐서 비교적 거대한 개혁을 실현했다. 2001년 7월에 '표준 실험원고'가 발표되기까지의 과정은 다음과 같다.[83] 2000년 1월에 중국의 교육부는 의무교육과정 표준연구제도 과제를 교육부 직속의 유관기관인 사범대학과 연구소에 위탁하여 표준안을 마련하도록 하였다. 이 안은 전문가들을 동원하여 평가, 심의되었다. 2000년 4월에 여러 개의 표준안을 기초로 북경사범대학, 강소사범대학, 수도사범대학, 과정교재연구소, 동북사범대학, 화동사범대학, 호남사범대학 등 연구단위의 전문가들을 동원하여 공동으로 지리과정 표준의 연구소를 조직하였다.

2000년 4월에서 7월까지는 기초교육의 영향, 국제적 비교, 국내 지리교육과정의 역사적 변화, 학습심리와 지리의 기초교육, 지리과정의 표준구조 등 5개 과제가 집중 연구되었다. 2001년 1월에 초고가 완성되고 이것을 중국 과학원의 연구원, 행정부 공작원, 지리교사, 기업가 등이 심의하여 의견을 수렴했다. 2001년 4월에 연구소는 이들 의견을 바탕으로 초고를 수정하였고, 2001년 7월에 최종원고를 마무리하여 '의무교육 초중지리과정' 표준(실험원고)을 완

83) 高俊昌, "중국 전일제 의무교육 지리과정 표준", 역사—지리교육을 통한 한국과 중국의 상호 이해 증진 방안, 연구자료 RM 2001—40, 한국교육개발원, 2001, pp. 55—56.

성, 발표하였다. 발표 이후 『실험교과서 7학년』 상권이 흑룡강성, 요녕성, 상동성, 하북성, 귀주성, 사천성의 6개 성급 행정구의 7개 실험지점(시, 현)에서 시험 사용되었다. 2001년 11월에 『실험교과서 7학년』 하권과 『실험교과서 8학년』 하권이 심사를 통과했다. 2003년 9월까지 본 교과서는 티베트 자치구 등 일부 성(省)을 제외한 20여 개 성급 행정구역에서 실험과정을, 2005년 가을에는 전국적인 범위로 보급하기로 하였다.[84]

2) 단계별 지리교육과정 구조

초급중학(7~9학년)은 1~12학년 교육단계 중의 중간 단계로서 아래로는 초급학교(1~6년), 위로는 고급중학(10~12년) 사이에 있다. 따라서 아래의 초급학교 교육과정을 한층 전문화하고, 위의 고급중학 교육의 기초를 확고히 하도록 교육과정이 짜여져야 한다. 중국의 1~12학년 지리교육과정 구조는, 초등소학교(1~6년) 사회/과학 → 초급중학교(7~9년) 역사와 사회/과학/지리 중 선택 → 고급중학교(10학년) 지리 필수 → 고급중학교(11~12년) 자연지리/인문지리/지역지리 중 선택하도록 되어 있다.

과거의 '지리교학대강'과는 달리 교육과정에서는 그 목표를 ㉮ 지식과 기능, ㉯ 과정과 방법, ㉰ 감정/태도와 가치관 등으로 뚜렷이 3분하였고, 내용의 표준과 건의사항 등 논리적이고 다양화시킨 흔적을 엿볼 수 있다. 지리교육의 목표를 3분한 것은 우리의 이해, 기능, 태도와 비슷한 맥락이다. 건의사항에서 첫째, 교학건의는 학

---

84) 楊愛玲, "의무교육 교과과정 실험 지리교과서 편찬, 실험 현황과 미래 개선 방향", 21세기 동아시아 평화를 위한 사회과교육 국제학술세미나, 2003, pp.3-6.

습 및 교수에 대한 건의이고, 둘째, 평가건의는 학습 달성도의 평
가를 어떻게 할 것인가에 대한 건의이며, 셋째, 과정자원은 학습
및 교수에서 필요한 각종 자료를 말한다.

3) 교육과정 구조의 변화와 논리

1990년대와 달리, 21세기 중국은 컴퓨터를 비롯한 정보매체의
보급과 확산이 점차 보편화되고, 개방으로 인한 세계화의 가속으로
미래의 교육은 탐구능력과 창조력을 배양하는 데 역점을 두게 된
다. 그렇게 하기 위해서는 지리 학습에 대한 흥미를 유발시키고 학
생들로 하여금 풍부한 감정과 바람직한 태도, 가치관을 정립하도록
지도해야 한다. 그래서 2001년 7월에 발표한 '의무교육과정' 표준
실험원고에서는 다음의 세 가지 작업에 중점을 두었다.[85]

첫째, 지리적 기초 지식의 단계별 분리이다.
둘째, 학습과정과 방법의 변화이다.
셋째, 정서, 태도, 가치관의 확립에 중점을 둔다.

지리적 기초 지식의 단계별 분리를 위해서, 1~6학년은 학생들이
익히 알고 있는 사물을 통해 쉬운 데서 어려운 곳으로 이끌어가는
방식을 택했다. 이는 적절하게 각 학년별 학생들이 추구하는 지적
호기심을 따른 것이다. 나아가 학생들로 하여금 주위의 지리환경에

---

85) 高俊昌, "중국 전일제 의무교육 지리과정 표준", 역사지리교육을 통한 한국과 중국의 상호이
　　해 증진 방안, 한국교육개발원 연구자료 RM 2001-40, 한국교육개발원, 2001,
　　pp.59~61.

대한 이해를 하도록 했으며, 다른 환경에서 사는 인류활동의 특징을 이해하도록 했다.

10~12학년 학생에게는 이미 일정한 분석력, 판단, 추리, 귀납적 능력 등이 형성되어 있기 때문에 그들의 흥미를 추상적인 면, 사변(思辨)적인 면, 이론적인 면 등으로의 전환을 유도하는 내용이 비교적 많다. 따라서 이 단계에서의 지리교육은 학생들이 과학적 지리를 반드시 강조하여 원인과 과정 등 지리이론 문제를 탐구하도록 했다.

학습과정과 방법의 변화 내용은 이렇다. 기존의 지리대강은 과정과 방법을 통해 목표를 요구하는 데에 주의하고는 있지만, 능력요구와 지식요구가 서로 고립되어 끊어져 있음으로써 지리기능과 방법의 배양능력이 결핍되어 있었다. 따라서 새로운 지리과정 표준은 활동을 통해 지식과 기능을 동시에 얻게 하는 것으로, 지리지식과 지리기능을 유기적으로 결합시킨다는 데에 중점을 두었다.

정서와 태도, 가치관의 확립에 중점을 두었다. 배우는 학생들이 진실을 추구하고, 실질적인 것을 추구하는 과학적 태도를 배양하도록 하며 다른 문화와 전통을 존중하는 태도를 기르도록 한다. 중국의 기본 국정에 대한 이해를 통해 학생들의 애국주의 정서를 증강시킨다. 이밖에도 '지리과정 표준'(=교육과정)은 학생들의 머리에 정확한 지인관(地人觀)과 환경윤리관의 의식이 지속적으로 인식, 발전될 수 있도록 하여 인류환경의 습관에 대한 관심과 애호하는 마음을 갖도록 특별히 강조하고 있다.

4) 표준 실험본의 형식과 내용조직

2001년의 실험 지리 교과서는 『地理 上, 下』 7년 급과 『地理 上, 下』 8년 급으로 초급중학 1, 2년에서 나누어 배우도록 되어 있다. 7년 급(중학 1년)에서 세계지리를 배우고, 8년 급(중학 2)에서 중국지리(＝국토지리)를 공부하게 되므로 1990년대의 교과서가 지리 1부터 2, 3, 4로 되어 있던 것을 학년별로 양분한 것이다. 이 부분만을 놓고 보면 1980년대의 체제로 회귀한 것이다.[86] 1990년대의 교과서가 흑백 인쇄에서 흑, 백, 적의 3색 인쇄로 바뀌었고, 2000년대에 접어들어서는 다색판 인쇄로 바뀌었다. 나아가 사진이 많이 실렸고 스스로 학습할 수 있도록 그림 설명과 읽을거리도 많아졌으며 요소요소에 활동 문제를 제시하고 있다. 7년 급의 『지리』 상권이 96쪽, 하권이 110쪽이므로 총 206쪽이 초급중학 1년의 분량이다. 내용 체제를 볼 때, 활자보다는 그림이 많다. 대체로 4*6배판 한 면에 본문이 20%의 면을, 그림이나 그 밖의 자료로 80%가 채워져 있다.

2001년 중국의 초급중학 '실험교과서'가 한국의 제7차 교육과정 체제처럼 탐구학습의 방법을 철저하게 따르고 있어서 내용의 간결성, 흥미 유발, 시각적 가독성, 편집의 요령 등에서 오히려 한국의 제7차 교육과정에 의한 교과서에 앞서가는 감이 있다. 표준 실험본(2001년)의 내용 조직에서 주목되는 것은 장과 절의 통폐합을 통해 내용을 줄인 점이다. 이것은 초급중학 단계에서는 내용을 엄선하여 쉽게 학습할 수 있도록 한다는 교과 과정의 시행방침을 따른 것이다.

---

86) 1980년대의 교과서는 중국지리 상권과 하권, 세계지리 상권과 하권, 1990년대는 지리 1, 2, 3, 4책, 2000년대는 7년 급의 지리 상권과 하권, 8년 급의 상권과 하권이기 때문이다.

어떤 현상의 특징을 중점적으로 그 존재 양식만을 취급하되, 그 존재 양식의 발생, 변화의 요인이나 원리는 탐구학습에서 터득하도록 하고 있다. 2000년대로 접어든 후의 새 교과서에 학생들의 활동란이 많고 그림 설명 등이 많은 이유이다.

초급중학 7년 급(중학 1)에서 배우는 『세계지리』 하권은 모두 지역지리로 구성되어 있다. 이는 1990년대의 심사시본과 다를 바 없다. 1990년대의 그것에 비해서 2000년대의 교과서는 내용이 많이 간추려져 있다. 종전에는 세계 여러 나라를 문화권을 참작하여 대륙별 지지로 조직하였으나 2000년대의 그것은 1개 대륙, 5개 지역, 5개 국가를 곧 155체제라고 칭하고 있다.[87] 즉, 아시아 대륙을 전체적, 종합적으로 다루고, 동질성이 인정되는 여러 나라를 5개로 묶고, 특징이 주목되는 나라 또는 규모가 큰 나라를 5개 예를 들어 다룬다는 취지이다. 1990년대의 세계지리는 전 세계를 문화권을 참작하여 총 11~12개 지역 단위로 나누고, 이 안에서 사례국들을 다루었다. 그러므로 분량이 많아 중학생들에게 부담을 주게 되고 무리가 따를 수밖에 없었다.

2001년 실험본 초급중학 8년 급(중학 2) 『지리』 상권은 중국지리를 계통적으로 엮은 내용이고, 『지리』 하권은 지역지리적으로 엮은 내용이다. 이러한 점은 1990년대 심사시본과 같다. 그러나 상·하권의 내용 조직이 완전히 다르다. 가장 큰 변화는 학습 내용을 대폭 간추린 부분이다. 상권(계통지리)은 총 4개 단원으로 묶여져 있다, 제1장 '세계 속의 중국'은 종전에 '하나의 지구와 인류공동생

---

87) 1개 대륙(아시아), 5개 지역(동남아, 중동, 서부유럽, 사하라 이남의 아프리카, 오스트레일리아), 5개국(일본, 인디아, 러시아, 미국, 브라질)

활’이란 제목으로 취급한 단원이지만 시각과 내용은 매우 다르다. 8년 급 『지리』 상권의 제1장에서는 중국이 세계적으로 광대한 국토이고, 인구가 세계에서 제일 많은 나라이며, 56개의 다민족국가인 점을 강조하면서 국토의 위치, 행정구역, 인구성장과 분포, 다민족의 분포 등을 간결하게 다루었다. 제2장에서는 중국의 자연환경을 지형, 기후, 하천과 호소 등으로 단순화했고, 제3장 ‘중국의 자연자원’에서는 토지자원과 수자원만을 취급하고 있다. 제4장 ‘중국의 경제발전’은 종전처럼 각종 산업을 모두 취급하지 않고 교통, 운수, 농업, 공업 중에 특히 발전하고 있는 부분이나 지리적 특색이 크게 부각되는 사례를 간추려 취급하였다. 특히 2001년 실험본에서는 ‘광활한 국토’, ‘다양한 기후’, ‘점차 개선되는 교통’ 등 주목할 만한 형용사를 첨부한 소제목이 많이 눈에 띈다.

초급중학 8년 급 『지리』 하권은 완전히 지역지리 분야로 채워져 있으며, 이 점은 종전(1990년대)의 교과서(일부분 계통지리, 일부분 지역지리)와 매우 다르다. 다루고 있는 지역지리도 종전에는 중국 전체를 6개 지구로 나누어 전반 내용을 모두 다루려 했으나 2001년 실험본에서는 지역단위의 크기에 따라 사례별로 취급하고 있다. 먼저 중국 국토의 차이를 4대 지리구로 나누어 설명하는데, 국토의 북쪽과 남쪽의 차이, 국토의 서북쪽과 청·장지구의 차이를 비교했다. 그 다음 성(省)급 지리구 중에서 4개의 사례를 전개하고, 성내의 소지구를 사례로 2개 지구를 취급한다. 끝으로 성(省)과 성 간에 걸쳐 있는, 예를 들면 황토고원, 장강연안지구 등과 같은 지리적 특색이 완연한 지리구를 사례로 다룬다. 제5장에서는 중국의 지속가능한 발전과 세계 여러 나라와의 협력을 구하는 내용으로서 제목은 "세계로 향하는 중국"으로 되어 있다. 요컨대, 8년 급 『지리』 하권은 사례별 지역지리라고 볼 수 있다.

Ⅳ. 고등학교(=고급중학) 교과서

1. 1980년대

1) 지리교과의 목표

1980년대 고급중학 지리교과서는 1981년에 발표된 '전일제 6년 제 중점 중학교학계획 시행초판'에 의거하여 편집하기 시작하여 1987년 국가교육위원회의 '全日制中學地理敎學大綱'에 의해 수정 되었다. 6년제 중학(중고과정)에서는 고급중학(고등학교) 2년 급에 서, 5년제 중학에서는 고급중학 1년 급에서 필수로 배우게 되어 있다.

『지리』 상권은 지학(地學)의 성격이 강한 자연지리 분야 내용을 담았고, 『지리』 하권은 인문지리 내용이다. 책머리에 설명된 이들 상·하권의 교과서 지도 이념은, "인류생활과 지리환경과의 관계" 에 착안해서 인류와 밀접한 지리환경의 기초를 인식토록 하고 있 다. 학생들로 하여금 어떻게 환경을 합리적으로 이용할 것인가, 어 떻게 환경을 합리적으로 개조하고 또한 보호할 것인가, 지리환경을 인류의 생산활동 발전에 유리하게 만드는 길은 무엇인가 등에 대 한 기본 인식을 갖도록 하는 것이 지리교육의 이념이자 목표로 설 정하고 있다.

2) 편집 형식과 내용 조직

고급중학 지리교과서의 경우 1980년대와 1990년대 초까지는 재래식 교과서라 할 수 있다. 사륙배판 크기에 흑백 인쇄이고 그림은 손으로 묘사한 삽화를 사용했다. 상권의 쪽수는 160쪽, 하권은 196쪽으로 자연지리 내용보다는 인문지리 내용이 많다. 단원의 끝에 '문제와 연습'란을 두었다. 작은 활자로 주(註)를 달거나 보충설명을 한다. 내용 조직을 보면 『지리』 상권은 온전한 자연지리 내지 지학에 속하는 내용들이다. 우리나라의 고등학교 지리 내용 수준보다 훨씬 깊고 전문적인 내용으로서, 그것은 자연지리 내용과 지학 내용을 일정한 볼륨의 교과서에 모두 담아냈기 때문으로 여겨진다. 단원 내용을 보면, ① 우주 속의 지구, ② 지구상의 대기, ③ 지구상의 물, ④ 지각과 지각변동으로 나뉘어 있다. '우주 속의 지구'에서는 천체의 전 시스템을 다루고, 태양계, 달과 지구, 지구의 운동을 학습하도록 하였다. '지구상의 대기'에서는 대기의 주성과 수직적 분포, 대기의 온도, 대기의 이동, 기상과 기후를 다루었다. '지구상의 물'에서는 물의 순환과 물의 평형작용, 바다와 육수, 수자원 이용 등을 취급하였다. '지각과 지각변동'에서는 지각의 내부구조, 지각의 물질적 조성, 지각 운동, 지각에 있어서 판구조, 지각 내부의 에너지(지열, 화산, 지진), 지각변동의 외적 작용, 지질시대 등 심층 내용까지 접근했다. 『지리』 상권 네 개의 단원을 32시간에 마치도록 되어 있으므로 1단원에서 8시간, 2단원 9시간, 3단원 6시간, 4단원 9시간으로 각각 배당된다.

고급중학 『지리』 하권은 제5단원에서 제11단원까지 7개 단원으로 구성되었다. 단원 구성을 보면, ① 지구상의 생물과 토양, ② 자연자원과 자원보호, ③ 에너지 자원의 이용, ④ 농업생산과 식량문제, ⑤ 공업생산과 공업단지, ⑥ 인구와 도시, ⑦ 인류와 환경 등이다. 총 32시간의 배당으로 이들 내용을 소화시켜야 하며, 상권에 비해서는 비교적 쉽고 볼륨은 많다.

2. 1990년대

1) 이수시간과 내용 조직의 수정

1990년대 교과서는 1980년대를 지나 새로운 세기로 접어드는 과도기적 교과서 성격을 지닌다. 1980년대의 『지리』 상·하권의 내용이 약간 수정되어 새천년에 개편되는 신교과서의 탄생을 준비하는 단계이다. 1980년대 『지리』 상권과 하권을 학습하는 총시간이 64시간에서 1990년대는 96시간이 필수로 확대되었다. 그리고 『지리』 하권에 들어 있던 "지구상의 생물과 토양" 단원 내용이 1990년판에는 상권으로 재편되고 총 이수시간도 상권만으로 32과시(課時)에서 46과시로 확대되었다.[88]

내용 조직은 큰 차이가 없으나 2단원에서 "대기의 강수"에 관한 내용이 추가되었다. 1990년판에서 "지구상의 생물과 토양" 단원이 상권으로 재편되었기 때문에 그만큼 하권의 면수가 줄어든 셈이다. 1990년판에서는 종전의 교과서와 달리 『지리』 상·하권의 내용 조직에 관한 논리를 그림으로 설명하고 있다. 즉, 지리교과는 자연환

---

88) 책의 면수도 1987년판 상권은 160쪽이었으나 1990년판 상권은 197쪽으로 확대되었다.

경과 인간 활동의 여러 요소가 서로 어떻게 관계되는가를 배우는 것이고, 궁극적으로 조화로운 인지관계(人地關係)를 정립하는 데 필요한 과목임을 설명한다. 좀 더 구체적으로 설명하면, 우주 속에 지구가 있고 지구의 자연환경을 구성하는 큰 요소는 대기, 물, 지각, 생물이다. 여기에서 얻어지는 에너지 자원이 인류의 활동 즉 농업과 공업, 인구분포와 동태, 취락의 형태와 기능에 서로 연관되어 한편으로는 사회적 발전에 기여함과 동시에 다른 한편으로는 환경문제를 낳는다. 환경문제는 다시 인관과 환경관계의 개선을 통해서 변증법적으로 사회발전에 환류된다는 내용이다. 이러한 구조는 나중 2002년에 통과 보급되는 고등학교 지리 필수의 틀 구조로 발전한다.

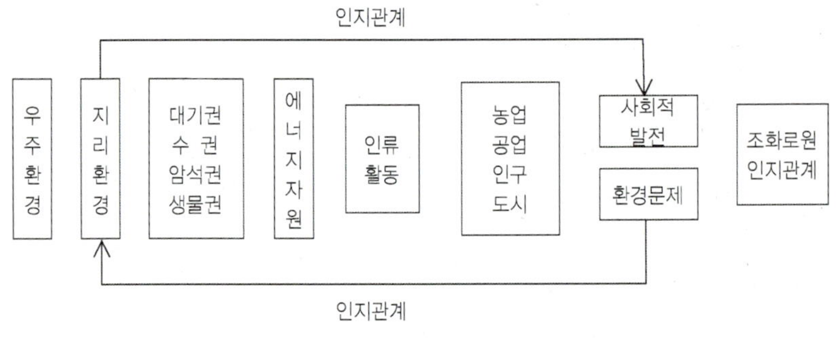

〈그림 1〉 인간-지리 관계(손용택 · 형기주, 2004)

2) 선택과목 [지리]

고급중학 『지리』 상 · 하가 고 1, 2학년 급에 부과되는 필수 과목이고, 고 3학년 급에는 선택과목 『지리』를 부과한다. 국가교육위원회는 당시의 '고급중학 교학계획'의 조정의견으로서 고 3년 급에 선택 『지리』를 매주 4~6시간 설치하도록 하고, 이를 북경의 인민교육출판사가 개발하여 1990년 가을부터 사용하도록 건의했다. 초급중학에서 지역지리를 배우고, 고급중학에서 필수로 계통지리를 배운 바탕 위에 정치, 사상교육과 국정교육을 강화하기 위해서 고급중학 3년 급에 '중국지리'와 '세계의 지역지리'를 부과할 필요가 있었다.[89]

여기에는 중국 국정과 관계있는 중국의 지리, 즉 각 지역의 자연, 경제적 차이, 중국적 사회주의 건설을 위해 어떻게 좋은 지역을 만들 것이며, 어떻게 불리한 점을 극복할 것인가의 내용으로 구성된다. 또한, 세계 여러 나라의 지지를 국가별로 상세하게 학습하여 인지관계의 경험적 교훈, 올바른 인지관계의 수립에 도움을 주도록 하고, 학생들로 하여금 국제적 정치, 경제의 현실을 인식시키는 것이 선택과목 『지리』의 설치 목적이다. 선택과목 『지리』의 내용 조직은 중국지리 11개 단원, 세계지리 14개 단원이다. 중국지리의 지역구분은 대륙을 7개 주요 지역으로 나누어 취급하고, 세계지리는 각 대륙별 주요 국가를 사례로 추출하여 학습하도록 꾀하였다.[90]

1992년판 선택과목 『지리』는 판형이 구식의 사륙판이고, 흑백인쇄이며 총 쪽수는 311쪽이다. 사진은 없고 손으로 그린 삽화가 대부분이다. 참고자료나 연습문제 등 탐구학습에 필요한 자료는 전

---

89) 인민교육출판사, 地理(高級中學課本), 1992, p.1.

90) 고급중학 선택과목 지리 내용(1992년판); 중국지리-계통지리 내용으로 지리환경, 자연자원, 인구와 민족, 경제발전과 지역의 차이, 중국지방지 내용으로 동북지방, 황하 중하류 지방, 장강 중하류 지방, 남부 연해 지방, 서남지방, 청ㆍ장지방, 서북내륙지방; 세계지리-일본, 싱가포르, 인디아, 사우디아라비아, 이집트, 나이지리아, 영국, 프랑스, 독일, 러시아, 캐나다, 미국, 브라질, 오스트레일리아 등을 다룬다.

무하다. 1992년판 선택과목 『지리』는 다음 절에서 후술하는 바와
같이 1990년대 후반에 여러 차례의 실험본을 거쳐서 2002년 선택
과목 정본(正本)으로 출판되는데, 내용이나 형식, 체제로 보아 큰
변혁일 정도로 한국의 7차 교육과정에 의한 컬러판 교과서와 흡사
하게 제작되었다.

3) 선택과목 『지리』의 개혁

2003년 고급중학의 선택과목 『지리』 상·하권 정본(正本)이 나
오기까지 실험본으로 출판된 것이 1997년의 선택 『지리』이다. 사
륙배판 천연색으로 우리의 7차 교육과정에 의한 교과서를 많이 닮
았다. 1992년판 사륙판의 흑백 인쇄본에 비하면 내용이나 편집체제
에서 커다란 개혁이라 할 만하다. 편찬자가 책머리에 해설한 선택
과목 『지리』의 임무에 대한 일부 내용을 인용하면 다음과 같다.

"지리의 사물(사상, 事象)은 지역성·종합성의 양대 특성이 있습
니다. 지구의 표면은 각 지역이 자연과 인문현상이 다르기 때문에
같을 수는 없습니다. 한 지역에 존재하는 한 가지 요소가 규칙적인
변화를 나타낸다고 해서 이것이 다른 지역에서도 완전히 똑같이
나타날 수는 없습니다. 이와 같은 자연현상과 인문현상의 공간적
분포의 각기 다른 특징이 지리학 연구에서 '지역성'을 결정합니다.
지금까지 수행하여 온 지리학 연구의 주제는 '지역연구'이며 이것
이 연구의 핵심으로서 '지역성'을 결정하는 일입니다. 이것은 다른
과학이 대체할 수 없습니다."

선택과목 『지리』는 우리의 『인문지리』와 흡사한 내용이고 각종 개념과 이론 및 법칙을 많이 이해하도록 구성되었다. 크게 4단원으로 ① 인구와 환경, ② 도시의 지역구조와 각종 모델, ③ 문화와 문화경관, ④ 국토와 국력으로 나뉘어 있다. 단원 속에 제시된 주요 개념이나 모델을 뽑아보면 다음과 같다.

— 인구와 환경: 인구성장의 유형, 인구이동의 양식, 인구이동의 요인

— 도시이론: 중심지이론, 도시 지역구조 이론, 도시계획·도시 배치 이론

— 문화와 문화경관: 문화와 자연, 문화경관의 개념, 문화의 기원과 확산, 쇄신과 확산, 세계의 종교분포와 그 이동

— 국토와 국력: 정치적 지역개념, 영해와 공해, 국가의 정치 지리적 형태, 국경의 유형, 국가의 동맹 등등이다.

종전에 비하면 이론이나 개념을 많이 다루었고, 이러한 선택과목의 개혁은 계속적인 실험을 거쳐 2002~2003년에 완성된 선택과목 『지리』 상·하권으로 나타난다.

3. 개혁의 2000년대

1) 고급중학 필수 『지리』

1990년대 후반 이후 수정·실험·연구를 계속하여 왔던 고급중학 『지리』 필수과목은 2002년에 심사를 통과하여 2003년에 상·하권으로 출판, 보급되기 시작하였다. 화려한 컬러판 인쇄로서 판형은 국배판(A4, 210×290mm)으로 바뀌었다. 새로운 교과서를 직

접 설계하고 집필하는 데 참여한 인사는 새 교과서의 특색을 다음
과 같이 설명하고 있으며[91], 요약하면 다음과 같다.

첫째, 교육특색에 부합한 틀 구조의 체계를 완성하였다.
둘째, 사람과 지역의 관계를 강조하고, 내용을 간소화하여 난이
　　　도를 낮추었다.
셋째, 기본 원리를 중시하고, 현실 사례와의 연관성을 강조하였다.
넷째, 교수방법과 학습방법 및 평가방식의 개혁을 촉진시켰다.
다섯째, 다양하고 재미있는 형식을 구사하였다.

여기에서 첫 번째에 강조한 내용을 고급중학『지리』필수는 계
통적인 면을 강조하면서 자연과 인문의 양대 과제가 하나의 목표,
즉, "인류가 당면한 환경문제와 지속가능한 발전"에 향할 수 있도
록 설계하였다.[92] 둘째로 강조한 것은, 전통적인 지리과정의 내용
과 새로 첨가되는 내용을 모두 흡수하기에는 지리과목의 시간배당
이 너무 적기 때문에 전통적으로 많이 취급하던 천문, 기상, 기후,
지질, 물에 관한 것과 농업과 공업 등에 관한 내용은 많이 간소화
하였다. 그럼에도 불구하고 실제 출판된 교과서의 내용조직은 결국
『지리』상권은 자연지리, 『지리』하권은 인문지리의 양대 분할 체
제로 나타난다. 셋째로 강조된 점은 지리의 理이다. 쓸모없는 암기
내용을 지양하고 고등학교 급에서는 주요 개념과 현실사례를 많이

---

91) 高俊昌, 인민교육출판사 역사교실 주임
92) 고급중학『지리』필수의 내용 구성은, 인류생존의 자연환경으로서 우주, 대기, 해양, 육지 환
　　경을 공부하고, 인류의 생산활동 및 생활거주의 지리환경과 인류활동의 지역관계를 공부한다.
　　마지막 단원에서는 인류가 당면한 전 세계의 환경문제와 지속가능한 발전을 공부한다.

접목해야 한다는 요지이다.

넷째로 강조된 것은 교수방법과 학습방법의 변화 요구이다. 교과서 본문은 주지(key note)만을 간략하게 소개하고, 나머지 공간은 학생들이 스스로 생각하고 작업하며, 실험할 수 있는 많은 자료를 제공할 수 있도록 한 교과서를 지향했다.

요컨대, 2000년대 교과서를 1987년~1990년에 출판된 교과서와 비교하면 다음의 차이점이 나타난다. 첫째, 『지리』상권이 자연지리 내용인 것은 같으나 종전과 달리 자연자원과 재해문제를 상권에 편성하였다. 둘째, 단원 첫머리에 도입문이 있고 말미에 "自學遠地"란 제목의 예습과 복습활동이 있다. 이것은 열독(閱讀), 기능, 연습 등 3개항으로 분류된다. '열독'은 읽을거리를 제시한 것이고 '기능'은 지리자료를 만들거나 도표를 그리고 만드는 등의 작업훈련이며, '연습'은 문제풀이의 과정을 말한다. 넷째, 1980년대와 1990년의 교과서는 농업, 공업생산을 각각 별도의 단원으로 설정했지만, 2000년대 교과서는 "생산활동과 환경", 특히 환경문제라는 시각에서 강조하였다. 다섯째, 종전에는 '인구문제'를 도시문제와 함께 다루었지만 여기서는 제외시켰고 대신에 '인류활동의 지역연계'라는 새 단원이 편성되었다. 운수, 교통, 상업, 무역, 전자통신 등의 내용을 포괄한다. 신교과서가 '지역 연계'를 강조한 것은 현대생활에서 물류, 금융, 전자통신의 중요성이 급증하기 때문이다. 한편, 제외된 '인구문제'는 고급중학 선택 『지리』에서 편성하였다. 일곱째, 종전의 교과서에도 환경문제를 다루었지만 '지속가능한 발전'의 측면은 새로이 추가된 것으로 이 점 또한 큰 변혁이다.

한국의 제7차 교육과정의 교과서가 종전에 비해 탐구학습을 강조하고 학생들의 자체활동을 유도하는 개혁적인 교과서로 평가되지만, 우리의 사회과 교과서가 '민주시민을 양성한다'는 큰 이념과 통합사회과의 우산 밑에서 지리, 역사, 일반사회의 다양한 요구에 부응하려다 보니 정작 세계화시대가 요구하는 실용적 내용을 담기에 어려운 면도 없지 않다.

2) 직업학교용 선택 『지리』

1997년판 고급중학용 선택과목 『지리』는 2002년에 통과된 선택과목 『지리』 1, 2책으로 나뉘어졌다. 이 책은 직업학교 또는 종합학교용으로서 제1책은 '인문지리'의 기초 지식을, 제2책은 주로 중국의 국토개발과 지역발전을 다룬 것이다.

제1책은 총 5개 단원으로 구성되어 있는데, ① 인구와 환경, ② 도시의 지역구조, ③ 문화경관, ④ 관광활동, ⑤ 세계의 정치, 경제지리 등의 내용으로 구성된다. 제2책은 국토의 문제 지역을 선택하여 문제점을 발견하고 조정, 정비하는 실제적 과정과 기술을 다루는 매우 전문적인 내용으로 구성된다. 총 13개 단원으로 구성되어 있다.[93] 13개 단원에서 다루는 사례들은 현재 중국이 당면한 지리적 문제로서 그 발생요인, 처리방식, 처리절차 등 매우 전문적인 지식을 요한다. 고등학교 수준에서 이러한 실무 기술을 익혀 생활

---

93) ① 중국의 지역격차, ② 중국의 국토정비와 현대기술의 응용, ③ 토사유실의 정비, ④ 사막화 방지, ⑤ 하천의 종합개발, ⑥ 저위농업생지의 정비, ⑦ 산지농업개발, ⑧ 동북지구 농림기지 개발과 상품농업의 개발, ⑨ 서남지구의 교통 및 운수 개발, ⑩ 해남도 개발, ⑪ 자원의 이동문제로서 서기동수(西氣東輸) 문제, 즉 서역의 석유자원을 동부 공업지대로 이송하는 문제, ⑫ 상해 푸동지구의 신시가지 개발 문제, ⑬ 지역지리 연구의 의의와 내용 및 방법에 관한 종합적 정리문제 등이다.

전선에서 직접 활용될 수 있도록 하고 있는 셈이다.

교과서의 판형은 국배판(A4)으로서 편집체제나 컬러인쇄 등 고급
중학 필수 『지리』와 차이가 없다.

4. 고급중학 '지리교육과정표준'의 새 구상

1) 새 구상의 필요성

중국의 인민교육출판사는 2003년에 고급중학 '지리과정표준'(＝
교육과정)의 새로운 구상을 발표하였다. 현대사회의 급속한 변화에
따라 인구, 자원, 환경문제에 대한 '지속 가능한 발전'의 인식이 강
하게 요구되고, IT산업의 발달과 GIS기술의 광범위한 응용에 따라
고급중학교 지리과목에 대한 개혁도 새로운 과제에 직면하게 된
것이다. 따라서 현대인의 교육이념과 생산 활동 및 생활에 유용한
지리과목을 구상하되 창의력과 실천능력을 함양하는 데 중점을 둔
다는 것이 인민교육출판사의 출발 요지이다.[94]

지리과목의 기본적인 성격을 이렇게 지적하고 있다. 지리학은 자
연환경과 인간 활동이라는 복잡한 시스템을 다루는 '종합성' 측면
이 있고, 다른 한편으로는 공간의 차이와 특성을 규명하는 '지역성'
의 측면이 있다는 것, 이러한 특성의 지리적 형상은 그 변화와 발
전의 측면에서 규명되어야 한다고 강조한다.

9년제 의무교육에 이어 고급중학의 지리과목은 '필수'와 '선택'

---

94) 중국 인민교육출판사, 고급중학 지리과정표준, 2003, p.1.

으로 구성되어 인문 및 사회과와 과학과에 걸쳐 있는 영역이다. 따라서 고급중학에서는 처음에 지구에 대한 기본지식을 이해하고, 이어서 인류의 활동이 이러한 지구환경과 어떠한 관계가 있는지를 이해할 필요가 있다고 '지리과정표준'은 신구상의 의미를 강조했다.

2) 지리과목의 기본이념과 목표

새로 구상한 지리교과목의 이념은, ① 현대적인 국민으로서 구비해야 할 기본적인 지리학의 소양을 갖게 하고, ② 다양한 과제에 대한 학생들의 호기심을 만족시키며, ③ 지리과제에 대한 깊은 탐구를 중요시할 뿐 아니라, ④ 학습의 과정과 결과를 결합시키는 다원적이고 다양한 평가수단을 개발, 활용한다는 것이다. 여기에서 구체적인 사례를 열거하면, ①에서는 지속가능한 발전적인 이념과 환경을 아끼는 정신, ②에서는 현대적인 지리적 방법(GIS 등)의 활용, ③에서는 독립적, 공동적 탐구활동과 지리적인 관찰 및 답사, 실험과 조사 등 스스로 흥미를 갖고 탐구하는 정신, ④에서는 평가작업의 개선 등이 강조되고 있다. 이러한 기본이념을 기초로 하여 지리과목의 목표를 다음과 같이 정하였는데, 종전과는 달리 목표의 진술양식도 지식과 기능, 과정과 방법, 태도와 가치관으로 구분하여 진술하였다.

2003년 고등학교(＝고급중학) 지리과목의 목표는 첫째, 학생들이 지리학의 기초적인 지식과 원리를 기본적으로 파악하고, 둘째, 지리적인 문제를 해결하는 방법과 기술적인 수단에 대한 공부를 통해서 지리학을 연구하는 기능을 키워 지리학적인 사고방식을 발전시키고, 셋째, 애국주의적인 감정을 강화하고 과학적인 인구관과 환경관, 지속가능한 발전적인 관념을 세우도록 한다는 내용이다.

지식과 기능적 측면에서는 첫째, 지구 및 우주환경과 관련한 기초적인 지식에 대한 공부를 통해서 인류가 살아가는 데 의지해야 하는 자연적인 지리환경의 주된 특징과 자연적인 지리환경 각 요소 간의 관계를 이해한다. 둘째, 인간의 활동이 지리환경에 미친 영향을 통해서 인문적인 지리환경의 형성과 특징을 이해하며 지속가능한 발전이란 이념의 의미와 실천수단을 찾는다. 셋째, 지역 간의 차이를 인지하고 각 지역이 지속가능한 발전을 실시할 때 직면하는 주된 문제와 해결 방법을 찾는다. 넷째, 독립적이거나 공동으로 지리학적인 관측과 실험 그리고 조사하는 방법을 배우며 지리학적인 도표와 데이터를 설명하고 분석하며 활용하는 기능을 배운다.

과정과 방법의 측면에서는 첫째, 여러 가지 경로와 수단을 활용해서 지리정보를 수집하는 방법을 기본적으로 배우며, 가지고 있는 지리학적인 지식과 기능으로 수집한 정보를 정리, 분석한 다음 이러한 정보를 지리학적인 학습의 과정에 적용한다. 둘째, 학습과 생활에서 지리학적인 과제를 발견하고 탐구하는 계획을 세우며 다른 사람들과 공동 연구하는 형식으로 조사하고 문제를 해결하는 방안을 찾도록 한다. 셋째, 적당한 방법과 수단으로 자기가 지리학을 공부하면서 지리학적인 과제를 탐구하여 얻은 지식과 견해, 그리고 성과를 교류하고 반성한다.

태도와 가치관의 측면에서는 첫째, 지리학적인 과제를 탐구하는 흥미를 불러일으키고 진정한 사실을 추구하는 과학적인 태도를 갖게 하며, 지리학적인 심미관을 향상시킨다. 둘째, 중국의 기본적인 지리상황과 환경이 발전하는 현황과 추세에 대한 관심을 불러일으키고 조국과 고향을 사랑하는 마음을 강화시킨다. 셋째, 전 세계의 환경과 발전의 문제를 의식하고 국제적인 협력의 중요성을 이해하며 전 지구적인 사고방식을 갖게 한다. 넷째, 자원과 환경을 보호하려는 마음과 법의식을 강화시키면서 지속가능한 발전의 이념을 인식하도록 하며 환경을 애호하는 사회적인 책임감을 강화시킨다는 내용 등이다.

3) 지리과목의 조직과 교과 내용

고급중학 지리과목은 이론교육과 실천교육의 결합을 중요시하는데, 그것은 이론과 원리를 활용할 수 있는 능력을 기르기 위해서이다. 고등학교 교육에서는 지속가능한 발전의 이념을 기초로 삼고, 인류가 당면한 인구와 자원, 환경 등의 과제에 중점을 둔다.

이와 같은 목표를 달성하기 위하여 고등학교 지리과목은 공통필수와 선택과목으로 구성하고, 이 중에 공통필수 과목은 『지리』 1, 2, 3으로 나누어 각각 2학점으로 36시간 부과한다. 공통필수 과목은 지리학의 기초적인 내용을 포괄하며 『지리』 1은 자연지리, 『지리』 2는 인문지리, 『지리』 3은 지역지리를 담는다.

선택과목은 우주와 지구, 해양지리, 자연재해, 관광지리, 도시와 농촌계획, 환경 보호, 지리정보기술의 응용 등 7개 부문으로서 역시 각각 2학점 36시간을 부과한다. 선택과목은 지리학의 이론을 응용하고 실천하는 측면을 강조하고, 선택의 순서에 관계없이 학생들의 취향과 소질에 따라 필수과목과 같이 선택하거나 전, 후에 선택할 수 있도록 하였다.

새로 구상한 고급중학 지리교과서 필수 1, 2, 3권의 내용을 기존의 2003년판 『지리』 필수 상, 하권(A4, 다색)의 그것과 비교해 볼 때 차이점이 주목된다. 즉 자연지리에 있어서 자연을 구성하는 요소별로 다루던 것을 자연 전체, 즉 생태계라는 "부분과 전체의 조화"에서 취급하고 있는 점, 그리고 자연환경 자체의 물리적 분석보다는 인류생활과의 관계와 조화, 그리고 발전이라는 차원에서 다루고 있는 점, 또한 지리정보(GIS) 기술을 적극 활용하도록 지도하고 있는 점 등이 그것이다.

7개 부문의 선택과목을 2002년판 고급중학 『지리』 선택 상, 하권에서는 자연지리 분야가 요소별로 전문화된 것이 없었으나 새로 구상하는 내용에서는 '해양', '자연재해' 분야가 다루어지고 있다. 둘째로는 『지리』 선택 상, 하권에서는 인구, 도시, 문화경관 등에 관한 이론과 개념들을 다루고 있으나 새로 구상한 내용에는 배제되었다. 셋째로는 『지리』 선택 상, 하권에서 중국의 지역문제를 문제 유형별로 10개를 추출하여 지역개발의 실제와 절차 등 전문적인 훈련을 하도록 짜여 있었으나 새 구상에서는 빠졌다. 넷째로는 지리정보(GIS)의 활용에 관한 내용이 선택, 설정된 것은 새로운 추가이다.

Ⅴ. 요약 및 전망

중국은 개방정책을 펴면서 무엇보다도 먼저 문화혁명으로 황폐화된 교육을 재건하려 노력하여 왔다. 9년 의무교육의 실시를 비롯한 중고등학교 교과서의 개편은 이러한 맥락의 일환으로 볼 수 있을 것이다. 1980년대 이후 2004년에 이르기까지, 지리교육과정 및 교과서의 변화를 다음과 같이 요약할 수 있다.

1. 중학교(=초급중학) 지리교과서

첫째, 중국이 교육을 통해서 달성하고자 하는 인간형은 예나 지금이나 사회주의 국가 건설의 일꾼인 것이 교육의 목표를 통해 나타난다. 그러나 보다 구체적으로 보면 1980년대에는 사상이 투철한 홍(紅) 인간과 전문인(專)을 요구하였고, 1990년대에는 환경을 사랑하고 애호하며 과학적인 실사구시의 인간을 요구하고 있다. 2000년대에 들어서는 세계화, 현대화, 미래화를 지향하는 인간상을 그리고 있다.

둘째, 교과서 외형은 1980년대의 사륙판 흑백 인쇄에서 1990년대는 사륙배판 3색 인쇄로 변했다가 2000년대에는 사륙배판 컬러 인쇄로 바뀌고 있다. 1980년대 이후 교과서의 급속한 변혁, 발전을 확인할 수 있는 부분이다.

셋째, 본문 위주의 교과서에서 다양한 편집 디자인으로 구조화된 교과서로 변하였다. 본문과 기타 읽을거리, 예습 복습 등 참고자료 등의 비율이 1980년대에는 8:2였지만 1990년대는 대체로 5:5, 2000

년대는 2:8로 바뀌었다. 본문 외에 선명한 사진과 그림, 각종 읽을 거리, 참고자료를 포함하여 예습과 복습 문제도 교과 목표의 세 방면(지식, 기능, 태도) 지향을 충분히 고려해 짜여졌다.

넷째, 『세계지리』를 『중국지리』보다 먼저 배우는 학습체제를 견지하되, 『세계지리』는 이웃나라에서 먼 나라 순으로 접근하고 있다. 초급중학 7년(중학 1)에서 『세계 지리』 상, 하권, 8학년(중학 2)에서 『중국 지리』 상, 하권을 배우며 대체로 지역지리의 비중이 약화되고, 계통지리 내용이 강화되고 있다.

다섯째, 『세계지리』나 『중국지리』나 중·고등학교 수준에서 지역의 실상을 상세히 취급하기는 어렵다. 이런 점을 해결하기 위해 중국의 필자들은 『세계지리』에서는 대륙별로 개괄한 다음 주요 사례국을 발췌하여 다루고, 『중국지리』에서는 남북비교, 동서비교를 통해 특성을 파악한 다음, 지역의 규모별로 특성 있는 지역을 발췌하여 다루었다.

2. 고등학교(=고급중학) 지리교과서

첫째, 교육을 통해 길러내려는 인간상은 초급중학의 서술내용과 같다. 즉 사회주의 국가를 건설하는 일군으로서 지·덕·체를 갖춘 전인적 인간을 지향한다. 1990년대에는 환경문제의 조화로운 인지관계(人地關係)에서 2000년대에는 현대화, 세계화, 미래화를 지향하는 인간상을 강조하고 있다. 지리교육의 목표를 지식, 기능, 태도의 3면 분할하여 설정한 것도 고급중학교 2000년대 교육과정 및 교과서에 나타난 괄목할 만한 부분이다.

둘째, 교과서 외적 양식의 변화도 중학교의 그것과 같다. 단지, 중학교 교과서는 사륙배판 컬러판인데 비해서 고등학교의 그것은 A4 크기의 컬러판이다.

셋째, 고등학교 지리과정의 편제는 필수와 선택으로 양분되고, 이들 각각이 상권과 하권으로 구성된다. 필수과목『지리』상권은 자연지리이고, 하권은 인문지리로서 1980년대 이후 변함이 없다. 선택과목『지리』는 1990년대 중반까지 중국지리와 세계지리의 지지(地誌) 내용을 담고 있었으나 그 이후에는 인문지리의 일부와 응용지리의 내용을 일부 담고 있다. 고등학교를 마치고 사회의 현장에 뛰어들 학생을 위한 배려로 보인다.

넷째, 필수『지리』상권의 자연지리 내용에는 큰 변화가 없으나 하권의 인문지리 내용에서는 시대의 흐름을 반영하는 내용으로 크게 바뀌었다. 즉 종전에는 농업과 공업 활동을 많이 다루었으나 2000년대의 교과서에서는 물류체계, 환경문제 내용 등의 비중이 커졌다.

다섯째, 이 밖에도 중국의 고등학교 지리교과서의 큰 변화로는 내용의 간소화, 난이도의 하향화, 편집형식의 다양화 등을 보이며, 교수방법이나 학습평가의 방법 등에 있어서도 개혁이 모색되고 있는 점을 들 수 있다.

3. 미래 전망

1970년대 이전은 물론이고 1980년대까지 한국의 교과서 개발 및 정책은 일본의 그것을 모델로 삼는 경향이 있었다. 그러나 오늘날에는 한국의 교과서에서 일본의 방식을 모델로 한 흔적을 찾아볼 수 없을 정도로 다각적인 변화를 가져왔다. 그렇다고 해서 서양의 방식을 따르는 것도 결코 아니다. 한국만의 독자적인 교과서 내용 구성과 체제를 가졌다고 할 만하다.

그런데 본 글에서 살핀 것처럼 중국의 교과서 변화 변혁은 우리의 그것에 못지않을 만큼 개혁, 변화 속도가 놀라울 정도로 빠르고 크다. 작금의 중국의 지리교육과정 및 교과서의 변화상을 지켜보노라면 어떤 면에서는 그 변화의 속도가 우리보다 더욱 빠른 감을 느끼게 한다. 이는 급속히 변화해 가는 중국의 사회상을 반영한다. 교육과정이나 교과서라는 도구는 국가의 정책 방향을 교육의 잣대와 눈높이에 맞추어 여실히 드러낸 기재이기 때문이다. 그런 면에서 교과서는 교육 정책적 산물이라 할 만하다. 한국의 교과서나 중국의 교과서가 급속히 변화 발전하고 있는 것은 양국의 경제발전 속도와도 비례하는 것 같다.

이제 2000년대의 새로운 한 세대 미래를 내다본다면 교과서 정책과 변화발전에서도 한, 중, 일이 경쟁을 벌이는 국면에 접어든 것 같다. 향후 상호 모델로 삼아 발전하려는 단계는 지났고, 각국의 정책 기조와 교육제도, 지역 특성 등을 반영한 개성 넘치고 창의적인 교과서를 개발해 갈 것으로 보인다. 동부아시아 3국이 아시아의 중심으로 떠올랐으며, 나아가 세계가 주목하는 지역으로 발돋

움하려는 때인 만큼 교과서 체제나 내용에서도 서양 및 여타 지역
의 교과서 못지않은 위상을 갖출 것이라고 확실히 기대해 볼 만하다.

참고문헌

강준영, 중국의 정체성, 2004, 서울: 살림지식총서 057.

경철화(朴倉培 역), 중국인이 쓴 高句麗史 上·下, 2004, 서울: 고구려
연구재단.

고구려연구재단 편, 중국의 동북변강 연구 동향분석, 2004, 서울: 고구
려연구재단.

고구려연구재단 편, 다시 보는 고구려사, 2004, 서울: 고구려연구재단.

고구려연구재단 편, 중국의 고구려사 연구 동향분석, 2004, 서울: 고구
려 연구재단.

고구려연구재단 편, 중국의 발해사 연구 동향분석, 2004, 서울: 고구려
연구재단.

고구려연구재단 편, 북한의 최근 고구려사 연구, 2004, 서울: 고구려연
구재단.

김경일·임상선·정혜경, 일본 역사교과서의 한국관련 내용 조사 분석
및 시정자료개발, 2003, 성남: 한국정신문화연구원.

馬大正 외(曹世鉉 역), 중국의 국경·영토인식-20세기 중국의 변강사
연구, 2004, 서울: 고구려연구재단.

馬大正(李永玉 역), 중국의 동북변강 연구, 2004, 서울: 고구려연구재단.

문명대·이남석·V. I. Boldin 외, 러시아 연해주 크라스키노 발해시원
지 발굴보고서, 2004, 서울: 고구려연구재단.

문현선, 무협, 2004, 서울: 살림지식총서 062.

손용택·형기주, 중국 지리교과서의 변천과 한국관련 내용; 1987년 이
후 중고교 지리교과서를 중심으로, 2004, 성남: 한국학중앙연구원.

송철규, 경극, 2004, 서울: 살림지식총서 064.

오만석 외, 주변국가의 한국관련 교육과정 및 교과서 정책 연구-미국,
일본, 중국, 러시아, 북한을 중심으로, 2003, 성남: 한국정신문화
연구원.

은기수·정대연, 외국인의 한국관 조사연구; 일본·중국·말레이시아·
베트남·인도네시아·태국, 2003, 서울: 고구려연구재단.

임계순, 우리에게 다가온 조선족은 누구인가, 2004.

임대근, 중국영화 이야기, 2004, 서울: 살림지식총서 063.

장범성, 중국인의 금기, 2004, 서울: 살림지식총서 061.

장진석, 중국의 문화코드, 2004, 서울: 살림지식총서 058.

장현근, 중국사상의 뿌리, 2004, 서울: 살림지식총서 059.

정성호, 화교, 2004, 서울: 살림지식총서, 060.

정영순 · 손용택 · 김복영 · 한운석 · 최재성, 일본 외 지역(세계 각국) 교
　　　과서의 한국 관련 내용 조사분석 및 시정자료 개발, 2003, 성남:
　　　한국정신문화연구원.

중국사회과학원, 중국변강사지연구 제3호, 2003.

최광식, 중국의 고구려사 왜곡, 2004, 서울: 살림지식총서 056.

한국정신문화연구원 국제한국문화홍보센터 · 독일게오르그에케르트국제
　　　교과서연구소, '동서양 식민지 역사 서술과 민족주의'(2004 아시
　　　아 · 유럽 교과서 세미나), 2004.

중국사회과학원 홈페이지 http://www.cass.net.cn

중국사회과학원 중국변강사지연구중심 홈페이지 http://www.chinaboderlan
　　　d.com/home/cn/index.htm

뉴스위크지(한국판) 홈페이지 http://nwk.joins.com/newsweek/program

(한국) 동아일보 홈페이지 http://www.donga.com

05

Ⅰ. 서론

'자기 나라에 대한 긍지를 갖게 하는 교육'에 대해서 독일의 노르트라인베스트팔렌 주의 역사교과서 검정관 오스톨 크라우스는 暉峻淑子 埼玉대학 명예교수가 질문한 "교과서 안에서 자기 나라에 대한 긍지를 갖게 하는 배려를 하는가?"에 대해 다음과 같이 이야기했다.

"자기 나라에 대한 긍지를 갖게 한다는 슬로건은 독일에서는 우익의 슬로건이다. 교육의 장소에서는 자국의 역사를 사실에 기초해서 인식하고 판단력을 훈련하는 것에 무게가 실린다. 어린이들이 정체성을 갖게 해 주는 지주는 '헌법'이어야 하며, 과거의 역사를 잘못이 없는 것으로 자랑해서는 안 된다. 역사를 왜곡함으로써 긍지를 갖게 하는 것은 곧바로 전쟁을 범하게 할 위험을 안고 있다.

전쟁을 막는 방법은 과거의 사실을 정확히 알게 함으로써 전쟁을 부정하는 신념을 갖게 하는 것이다.”95)

이 견해는 이에나가 교과서 재판 제3차 소송 최고 재판소 판결(오노大野 판결. 1997년 8월)에서 오노 마사오 재판장이 쓴 다음의 의견과도 서로 통하는 것이다.

“특히 근현대의 역사를 기술할 때는 자국의 발전과 이해라는 관점에서만 서서 역사적 사상의 취합 선택이나 평가를 해야 할 것이 아니라…… 교육적 관점을 생각한다면 차라리 세상 사람을 깨우치는 다음과 같은 말에 마땅히 유의해야 할 것이다. ‘교과서에 거짓을 쓰는― 특히 극히 최근에 일어난 일을 바꾸어 엉터리로 쓰는― 나라는 머지않아 무너지게 된다.’(시바료타로司馬遼太郎, ‘對談集 ― · 東과 西―’) 근―현대에 일본이 주변 여러 나라 민중에게 입힌 피해를 교과서에 기술하는 것은 특수한 일방적인 선택이 아니며, 또한 자국의 역사를 욕보이는 것이 결코 아니다.”

이러한 말에는 어린이의 정체성 확립―자신에 대해 긍지를 갖도록 하기 위한 교육은 과거의 잘못된 역사를 은폐, 개찬해서 가르침으로써 배양되는 국가주의적인 ‘자국에 대한 긍지’가 아니라, 헌법, 즉 기본적 인권과 민주주의 및 평화주의에 의해 이루어져야 한다는 것이 명확하게 지적되어 있다.

자기 나라 역사의 잘못된 점에 대해 올바른 인식을 배양시키는 것이야말로 ‘어린이의 정체성 확립’에 필수 불가결한 것이라 할 수 있다. 과거 역사의 개찬, 어린이들의 눈을 속이는 정치가나 역사

---

95) 暉峻淑子, 「교과서 검정, 나의 체험」, 『Advantage Serverrks』, 94년 7월. 타와라 요시후미, 2001, 『위험한 교과서』(일본교과서바로잡기운동본부 옮김), 서울: 역사넷, 155쪽에서 재인용.

개찬파의 언동, 정치가의 직무 남용과 부패야말로 자국에 대한 긍지를 갖지 못하게 하는 것이다.[96] 과거의 침략 전쟁과 전쟁 범죄 사실을 왜곡하여 길러진 '자국에 대한 긍지'는 새로운 국가주의와 배외주의를 양성하고 재차 과오를 범하는 인간을 육성하게 되리라는 것은 불을 보듯 명확하다.[97]

이상의 내용과 맥을 같이하는 우려의 목소리가, 일본 내의 양식 있는 학자들을 통해 반복해서 개진되고, 언론에도 칼럼으로 보도되지만, 현재 점점 강도 높게 급부상하고 있는 일본 내 우익들에 의해 언제나 무시되거나 위협받고 있는 실정이다.

Ⅱ. 일본의 우익교과서 사관

'역사교과서', '역사왜곡' 문제를 둘러싸고 한국과 일본, '가깝고도 먼' 두 나라 사이의 긴장이 한껏 고조되었었다. 일본의 기존 7종의 역사교과서[98] 외에 '새로운 역사교과서를 만드는 모임'(이하 '만드는 모임')에서 만든 [새로운 역사교과서](후소샤 출판)가 검정을 통과하면서부터(2001. 4. 3.) 긴장과 갈등은 이미 예고되고 있었다.

한국 정부에서는 35개 항목에 걸친 교과서 왜곡 수정안을 제출했으며(2001년 5월 8일), 그에 대해 일본 정부는 재수정 요구를 사

---

96) KSD 의혹으로 체포된 오야마다카오小山孝雄 참의원 의원은 '젊은의원모임'의 간사장 대리로서 국회에서 교과서를 공격하는 질문을 여러 번 하였다.

97) 타와라 요시후미, 2001, 『위험한 교과서』(일본교과서바로잡기운동본부 옮김), 서울: 역사넷, 156-157쪽.

98) 東京書籍, 大阪書籍, 敎育出版, 日本書籍, 日本文敎出版, 淸水書院, 帝國書院.

실상 거부하는 입장을 공식적으로 통보해 왔다(2001년 7월 9일). 교과서 문제가 처음 불거졌을 때, 지나치게 신중하고 미온적이라고 비판을 받던 정부도, 그 통보와 더불어 강경 노선으로 선회하였다. 방한했던 연립여당 간사장들의 청와대 예방을 거부한 데 이어, 일본 문화 추가개방 연기, 고위급 교류의 중단, 일본의 유엔안전보장이사회 상임이사국 진출 반대 등, 모든 가능한 수단을 동원하여 단계별 대응을 하였다.

당시 강경대응은 정부 차원에만 그쳤던 것이 아니었다. 학술단체들이 역사교과서 왜곡에 항의하는 성명서를 발표하고, 학술대회를 개최하는 것은 시작 단계였다. 곧이어 '역사왜곡 규탄 서명', '일본 역사교과서 왜곡 특별수업', '일본침략 역사왜곡 전', '일본 제품 불매 운동', '일본 역사교과서 수정을 위한 한국 국민운동', '초등학교 학생들의 항의 편지 보내기' 등 다양한 항의 운동들이 전개되었다. 그동안 아무 탈 없이 잘 진행되어 오던 한 - 일 간의 지방자치단체와 도시 간의 교류, 학생과 교사들의 한일 교류, 순수 공연예술, 문화교류 같은 분야에서조차 관계가 줄줄이 중단되고, 냉랭하게 식어 가는 사태로 이어졌다.[99]

주의해서 보면, 역사교과서나 야스쿠니 신사 문제는 일본의 '국내정치'와 긴밀하게 상황이 얽혀 있다는 것을 알 수 있다. '성역 없는 구조개혁' 슬로건을 내걸고 집권한 고이즈미 총리는 80% 안팎

---

99) 당시 일본의 지식인들 중에는 와다 하루키(和田春樹) 도쿄대학 명예교수, 미즈노 나오키(水野直水) 교토대학 교수, 노벨상 수상작가 오에 겐자부로(大江健三郎)처럼, 소수이긴 하지만 교과서 문제에 일본 내에서 비판적인 태도를 취하는 학자들도 있다. 그리고 '교과서에 진실과 자유를' 연락회, '어린이와 교과서 전국네트 21', '역사와 진실을 찾는 모임' 등의 시민단체도 있다. 이들과의 시민연대를 모색하고 활성화시켜 나가는 것과 국제 시민사회를 구축해 나가는 것 역시 대단히 중요한 일들이다.

의 명실상부한 내각 지지율을 기록하고 있다. 포퓰리즘적인 정책을 추진하는 그에게 있어서 교과서 재수정 거부, 야스쿠니 신사 참배 등은 자연스러운 귀결 같아 보이기도 한다. 이러한 맥락은 냉전 종식과 사회주의 몰락으로 특징지어지는 '탈냉전' 시대를 맞으면서 일본 사회가 새롭게 모색해야 할 돌파구였는지도 모른다. 즉 일본 국가진로와 밀접하게 연결되어 있는 상황이라고나 할까.

그동안 일본에서 견제 역할을 해 오던 진보주의 및 사회주의 진영은, 거의 반사적으로 영향력과 입지를 잃어 가고 있다. 이러한 추세는 결국, 일본 사회 전체, 특히 이념의 보수화 및 우경화를 가속화시키는 요인이 되고 있다. 이시하라 신타로(石原愼太郎)의 도쿄도지사 당선, 히노마루와 기미가요를 국기(國旗), 국가(國歌)로 법제화한 것, 평화헌법의 개정문제를 다루기 위한 헌법조사회의 설치, 각료들의 야스쿠니 신사 공식 참배 논의, PKO를 통한 자위대의 해외파견, 신가이드라인 책정과 주변사태법 제정 등이 바로 그러한 징후들이라 할 수 있다.

비슷한 맥락에서, '지금이야말로 세계사를 보는 새로운 패러다임이 필요'하며, '확실한 국가의식과 긍정적 역사교육을 위한 새로운 역사관과 연구가 필요한 시대'라는 주장이 제기되었다. 이른바 '자유주의 사관' 내지 '역사 수정주의'로 불리는 것이 그것이다.[100] 이에 대한 대표적인 논객은 도쿄대학 교육학부 교수인 후지오카 노부가츠(藤岡信勝)를 꼽을 수 있는데, 그에 의하면, 제2차 세계대전 이후 일본의 근현대사 교육은 자국의 역사에 대한 긍지가 결여되

---

100) '교과서에 진실과 자유를' 연락회 엮음, 2001, 『철저비판 일본 우익의 역사관과 이데올로기』(김석근 옮김), 서울: 바다출판사, 7–11쪽.

어 있고, 미래를 전망하는 지혜와 용기가 결핍되어 있는 암흑사관과 자학(自虐)사관에 근거하고 있다.

'자유주의 사관'에 공감하는 사람들은, 1995년 1월 '자유주의사관연구회'를 결성하고 회보(월간)와 기관지 [근현대사의 수업개혁](季刊)을 간행하기 시작했다. 이어서 1996년 1월부터 산케이신문에 [교과서가 가르쳐 주지 않는 역사]를 연재, 역사 재평가 운동에 대한 관심을 환기시켜 왔다.[101] 그것은 곧 현장 교사들에게 영향을 미치기 시작했고, 사회적 이슈로까지 부각되었다. 바로 그러한 상황에서, 연구회를 이끌어 오던 후지오카 노부가츠, 니시오 간지(西尾幹二) 등이 '새로운 역사교과서를 만드는 모임'을 결성했고(1997년 1월), 이들이 만들어 검정에 통과되었고 물의를 빚은 후소샤 간행의 중학교 역사 − 공민 교과서는 바로 이들에 의해 잉태된 것이었다.

Ⅲ. 일본 교과서 제도의 개악, 최근 동향

일본의 정부 여당은 이번 정기국회에 교육기본법 '개정' 법안을 제출하지 않기로 했다. 자민당과 공명당 사이에 '애국심', '종교교육'을 둘러싼 의견이 조정되지 않았기 때문이라고 언론은 보도하고 있다. 일본 정부가 이번 국회에 법안 상정을 단념한 것은 기실 이 이유에서뿐만이 아니라, 12 · 23 전국집회가 성공리에 개최되어 개

---

101) 매달 주제를 정하고 회원들이 주제마다 17회 정도 집필했다. 그들의 연재물은 『교과서가 가르쳐주지 않는 역사』 시리즈(4권)로 계속 출간되었다. 『교과서에 진실과 자유를』 연락회 엮음, 2001, 『철저비판 일본 우익의 역사관과 이데올로기』(김석근 옮김), 서울: 바다출판사, 11쪽 각주에서 재인용.

악에 반대하는 세론이 높아져 가고 있기 때문이다.102) 하지만 자민당과 공명당은 '여당교육기본법에 관한 협의회', '교육기본법에 관한 검토회'의 명칭에 의도적으로 '개정'이라는 단어를 추가하여 '여당교육기본법개정에 관한 협의회', '교육기본법개정에 관한 검토회'로 개칭하였다.103) 게다가 현행교육기본법 부분 수정이 아닌 전문을 포함한 전면개악을 새로운 법안으로서 국회에 상정할 것을 합의하고 주 1회 회합을 열기로 하였다. 가을 임시국회에 개악법안이 등장할 것임에 틀림없다.

한편, '만드는 모임'의 활동이 활발해지고 있다. 지난 2004년 4월 13일에 신정판(新訂版) [새로운 공민교과서], 4월 19일에는 개정판(改訂版) [새로운 역사교과서]를 문부성에 검정, 신청하였다. 최근 일본에는 '만드는 모임'을 지지하는 유사 단체가 다수 생겨나고 있는데, 정부의 강력한 후원하에 '교육기본법 개악'을 시작으로 '교과서 제도 개악', '헌법 개정'에까지 범위를 확대시켜 나가고 있다.104) 그들은 이러한 일련의 활동들을 일본인으로서 자각을 갖게 하고 애국심을 함양시켜 국가를 위해서 목숨을 바칠 수 있는 일본인 육성을 위한 교육개혁의 일환으로 보고 있다. 많은 학교에서 후

---

102) 1223 전국 집회: 2003년 12월 23일 '어린이와 교과서 전국네트21'이 중심이 되어 교육기본법 '개정' 반대를 위한 대규모의 전국 집회가 개최되었다.

103) 이상의 내용에 대한 출처는 '어린이와 교과서 전국네트21'에서 내는 뉴스지 Vol.34(2004. 2.)에 의함.

104) 최근 결성된 '만드는 모임'의 지지 및 유사단체는 다음과 같다.
- 民間教育臨調 – 2003년 1월 26일에 결성, 교육현장에서의 '교육개혁'을 담당
- 教科書改善連絡協議會(改善協) – '만드는 모임'과 일심동체 성격의 모임
- 日本前途와 歷史敎育을 생각하는 소장파의원들의 모임 – 1997년 2월 27일 결성, 105명의 회원으로 구성
- 敎育基本法改正促進委員會 – 2004년 2월 25일 결성. 자민당과 민주당 유지(有志)에 의한 초당파 의원동맹(최고 고문은 모리 前 일본총리)
- 全日本敎職員聯盟(全日敎連) – 우파교사로 구성된 교직원조합

소샤 역사·공민 교과서가 채택될 수 있도록 모든 방법을 동원하려 하고 있다.[105]

한편, 교육기본법개악을 둘러싼 국회, 지방의회 등의 움직임도 심상치 않다. 일본 국회는 지난 3월 24일 여당인 자민당을 중심으로 한 '여당교육기본법개정에 관한 검토회'를 개최하였고 대표야당인 민주당 또한 '교육기본문제조사회'를 재개하여 독자적인 교육기본법개정안을 정리하는 작업에 착수하고 있다. 정부는 전국을 순회하며 '교육개혁 추진과 교육기본법 개정'을 주제로 시단위의 회합을 개최하며 교육기본법 개정에 대한 여론을 형성해 나가고 있다.

현(縣)의회의 움직임으로는 자민당의 '국민운동으로 개정을 추진하는 여론 만들기'의 방침을 수용하여 현(縣)의회에서의 '개정촉진' 의견서 채택도 증가하고 있다. 3월 현재, 47개 도도부현(都道府縣) 가운데 15개 현에서 '개정' 촉진의견서를 채택하고 있다.[106]

또한 '동경도(東京都) 교육위원회'가 '히노마루(일장기)', '기미가요(일본국가)'에 대한 충성을 강요하는 등의 내셔널리즘으로의 일색을 더해 가고 있다. 도(都) 교육위원회는 지난 3월 31일 도립(都立)학교 졸업식에서 '기립하지 않았다, 일본 국가를 제창하지 않았다, 피아노반주를 하지 않았다.' 등의 이유로 176명의 교사에게 경고 또는 해고 조치를 취했다. 이러한 도(都) 교육위원회의 돌발적인 징계조치는 이후 각지로 파급될 가능성을 충분히 내포하고 있다.

---

105) '어린이와 교과서 전국네트21'의 뉴스 Vol.35(2004. 4).
106) 2004년에 들어서 3개월 동안에만 6개 현에서 채택했다.

Ⅳ. 일본 교과서 내용의 왜곡, 개악 실태

1. '역사는 과학이 아니다' 주장하며 역사학의 연구 성과 무시

'만드는 모임' 역사교과서(후소샤 간행)에는 첫 구절에 '역사를 배운다는 것은' 제목의 서문이 있다. 그 내용에 "역사는 과학이 아니다."고 단언하면서 "역사를 배우는 것은 과거의 사실을 아는 것이 아니고 과거 사실에 대해서 과거 사람이 어떻게 생각했는가를 배우는 것이다."라고 적고 있다. 이 말은 예를 들어, 당시 조선반도를 식민지로 한 것에 대해서 당시 사람들(이토 히로부미 등)은 정당하며 합법적이었다고 생각했기 때문에 식민지 지배는 아무런 문제가 없었다고 배우게 되는 것과 같은 논리이다.

중국과의 전쟁에 대해서는 횡포한 중국을 응징하기 위한 것으로 생각했기 때문에 침략이 아닌 것이며, 일본의 아시아 침략 전쟁에 대해서도, 당시 사람들은 침략이 아니라, 자존자위(自存自衛)의 아시아해방 전쟁이라고 생각했기 때문에 침략전쟁이 될 수 없다는 논리이다. '역사를 배우는 것은 과거 사실을 아는 것이 아니다.'라고 주장하는 이유는 '과거 사실을 엄밀하게 그리고 정확하게 알 수는 없기 때문'이라는 식의 불가지론을 전개하고 있다. '역사를 배우는 것은 지금 시대의 기준으로 봐서 과거의 부정이나 불공평을 판가름하거나 고발하는 것이 아니며, 과거 각 시대에는 각 시대 특유의 선과 악이 있으며, 특유의 행복이 있었다.'고 주장한다. 이 논리를 이토 히로부미에게 적용하면 이토는 일본에서는 위인, 한국에

서는 식민지화의 중심인물이 되는데, 그것을 현재의 기준으로 판단
해서는 안 된다고 보는 것이며, 당시의 선과 악으로 보면 정당하다
고 보아야 한다는 것이다.[107]

2. '전쟁 자체를 긍정'하는 태도

후소샤 간행의 중학교 역사교과서('만드는 모임'의 교과서)에 '대
동아 전쟁' 부분의 마지막에 다음과 같이 쓰고 있다.

"전쟁은 비극이다. 그러나 전쟁에 선악을 부여하기는 어렵다. 어
느 쪽이 정의이고 어느 쪽이 정의가 아니라고 할 수는 없다는 말이
다. 나라와 나라 사이에 서로의 국익이 걸려 있을 때 정치적으로는
결론이 나지 않고 최후 수단으로 행하는 것이 전쟁이다. 미군과 싸
우지 않고 패배하는 것을 당시 일본인은 선택하지 않았던 것이다."

여기서 전쟁하는 것을 '선택한다'는 것은 당시 일본인 전체가 아
니라, 천황 및 군부, 정부가 어전회의에서 결정하여 전쟁할 것을
선택한 것이 밝혀졌다. 전쟁에 반대하면 비국민으로 탄압받았던 것
이다. 어쨌든 일본의 이와 같은 논리는 19세기부터 20세기 초까지
주장되어 오던 낡은 '전쟁론' 또는 전쟁 긍정 사관의 입장이며, 오
늘날에는 국제적으로도 부정되고 있는 논리이다.

---

107) 타와라 요시후미, 2001, 『위험한 교과서』(일본교과서바로잡기운동본부 옮김), 서울: 역사
　　넷, 25-26쪽.

3. 검정 중인 역사교과서에서 '종군위안부' 삭제

1996년 2월에 검정을 완료하고 1997년 4월부터 사용하고 있는 일본의 중학교 역사교과서는 모두 '종군위안부'에 관련된 내용을 기술하였다.[108]

이처럼 '종군위안부'에 관한 기술은 현행 7개 사가 모두 싣고 있는데, 백표지본에서는 3개 사로 줄어들었다. '만드는 모임'의 교과서를 포함하면 전체 8개 사 중에 '위안부' 문제를 취급한 것은 3개 사에 불과한 셈이다.[109]

대판서적의 교과서에서는 '여성을 위안부로서 종군시키고 심한

---

108) 정재정, 1998, 『일본의 논리; 전환기의 역사교육과 한국 인식』, 서울: 현음사, 256-258쪽.
  大阪書籍: "전쟁의 피해와 민중" - 그 위에, 조선으로부터는 약 70만, 중국으로부터도 약 4만 인을 강제적으로 일본에 연행하여 광산 등에서 일을 시켰습니다. 또 조선 등의 젊은 여성들을 위안부로서 전장에 연행하고 있습니다. 더욱이 대만, 조선에도 징병령을 실시하였습니다.
  教育出版: "욕심부리지 않습니다. 이길 때까지는 - 전쟁과 민중" - 노동력 부족을 메우기 위해, 강제적으로 일본에 연행된 약 70만 인의 조선인과 약 4만 인의 중국인은 탄광 등에서 중노동에 종사하게 되었다. 더욱이 징병제 아래에서 대만과 조선의 많은 남성이 병사로서 전장에 내보내졌다. 또 많은 조선인 여성 등도 종군위안부로서 전지(戰地)에 내보내졌다.
  淸水書院: "점령지의 사람들과 국민의 생활" - 조선과 대만 등의 여성 중에는 전지의 위안부 시설에서 일하게 된 자도 있었다. 더욱이 일본의 병력 부족에 즈음하여, 조선과 대만의 사람들에 대해서도 징병제를 실시하고, 전장에 동원되었다. 전후, 전범으로 되어 처형된 사람들도 있다.
  東京書籍: "전쟁의 장기화와 중국·조선" - 또 국내의 노동력 부족을 보충하기 위해, 다수의 조선인과 중국인이 강제적으로 일본에 끌려와서, 공장 등에서 가혹한 노동에 종사하도록 되었다. 종군위안부로서 강제적으로 전장에 내보내진 젊은 여성도 다수 있었다.
  帝國書院: "조선인에의 황민화 정책" - 전쟁에도 남성은 병사로, 여성은 종군위안부 등으로 몰아내고, 견디기 어려운 고통을 주었습니다.
  日本書籍: "전시하의 국민생활" - 전국(戰局)이 나빠지자, 지금까지 징병이 면제되고 있던 대학생도 군대에 소집되게 되었다…… 조선·대만에도 징병제를 실시하고, 많은 조선인·중국인이 군대에 넣어졌다. 또 여성을 위안부로 종군시켜, 혹독한 취급을 했다.
  日本文敎出版: "전시하의 국민생활" - 식민지의 대만과 조선에서도, 징병이 실시되었다. 위안부로서 전장의 군에 수행(隨行)시켜진 여성도 있었다.

109) 타와라 요시후미, 2001, [위험한 교과서](일본교과서바로잡기운동본부 옮김), 서울, 역사넷, 53-55쪽.

취급을 했다.'라는 현행 기술을 '한국 등 아시아 각지에서 젊은 여성이 강제적으로 소집되어 일본 병사의 위안부로서 전장에 보내졌다.'로 바꾸고, 전후 처리의 항에서 '해당 위안부 여성이나 난징사건의 희생자들이 일본 정부에 대해서 사죄와 보상을 요구하고 있으며, 잇달아 소송을 제기하고 있다.'는 것을 추가하고 있는데, 이 부분이 유일하게 개선되었다고 볼 수 있는 책이다.

청수서원 간행의 교과서는 현행의 '한국이나 대만 여성 중에는 전쟁터의 위안 시설에서 일한 사람도 있었다.'는 것을 '비인도적인 위안 시설에는 일본 여성뿐 아니라 한국이나 대만 등의 여성도 있었다.'로 바꾸고 있다. 이는 위안부 문제 피해자의 초점을 식민지나 점령지의 여성으로부터 딴 곳으로 돌리는 것으로서 본질의 희석이며, 개악된 내용이다.

제국서원 간행의 교과서에서는 현행 교과서의 중일전쟁 부분에서 '여성을 종군위안부 등에 동원하여 참을 수 없는 고통을 주었다', 전쟁에 관한 결론 부분인 '지금도 남아 있는 전쟁의 상처'에서 '이들 지역의 출신자 중에는 종군위안부였던 사람들이…… 현재 개인에 대한 사죄와 보상을 요구하고 있다.'라고 쓰여 있다. 이것이 백표지본에서는 중일 15년 전쟁, 아시아태평양전쟁에서의 기술은 삭제하고 전후 보상 부분의 '주(注)'에서 '전쟁 중 위안 시설로 보내진 사람들이나…… 등의 보상 문제가 재판소까지 가게 되었다.'라고 기술하고 있다.

'위안부'라는 용어를 사용하고 있는 것은 D사뿐이고 다른 곳은 '위안 시설'로 되어 있다. 2개 사는 애써 흔적만을 남기면서 내용적으로는 후퇴 내지 본질을 희석시킨 기술이다.

4. '동해'를 일본해로 표기하는 문제에 대해

현재 국제적으로 통용되고 있는 대부분의 세계 지도책에는 우리의 동해 명칭이 거의 일본해(Sea of Japan)로 표기되어 이에 대한 시급한 시정이 요구되고 있다. 역사적으로 볼 때 우리나라에서는 B.C. 59년 이래 문헌상에서 동해로 불러 왔으며, 광개토왕릉비(411)를 비롯하여 삼국사기(1145)와 삼국유사(1284)에서도 수많은 기록을 찾아볼 수 있다. 더군다나 현존하는 고지도인 신증동국여지승람(新增東國輿地勝覽, 1530)의 '팔도총도(八道叢圖)'에도 '동해'라고 표기하고 있다. 18세기 중엽에 편집된 관찬지도(官撰地圖)인 여지도(輿地圖)에도 역시 동해라 표기하여 범국가적으로 동해명칭을 통용하여 왔음을 증명하고 있다.[110]

동해 표기문제를 둘러싼 한국과 일본의 분쟁과 관련해 유엔이 '양자 및 다자적 해결책 마련'을 권장했다. 미국 뉴욕의 유엔본부에서 열린 제22차 유엔 지명전문가회의는 보고서를 통해 동해명칭에 대해 서로 다른 의견이 개진됐다는 지적과 함께 '이 문제에 대해 양자 다자적 해결책을 마련할 것을 권고한다.'고 밝혔다.[111]

금번, 동해 표기에 관한 한국과 일본 간의 이견의 존재와 해결책 마련의 필요성을 유엔이 처음으로 공식 인정함으로써 앞으로 한국 측이 최소한 동해와 일본해가 병기되어야 한다는 주장을 펼치기에 유리한 환경이 조성된 것으로 판단할 수 있다.

독일의 '슈피겔'지는 독일의 지도 전문 출판사 코베르 큄멀리 프

---

110) 손용택·김광재, 1998, 『한국관련 오류, 무엇이 잘못 쓰여지고 있는가』, 43쪽.
111) 동아일보(2004. 5. 1), 유엔 "東海표기 韓日간 협의하라"

라이(KKF)가 동해와 일본해를 병기한 지도를 펴냄으로써 독일 땅에서 한-일 양국 간의 '기묘한 분쟁이 가열되고 있다.'고 밝혔다.[112] 그리고 미국의 세계적인 지도책인 '월드 애틀라스(World Atlas)'에 한국과 일본 사이의 바다이름이 '동해(East Sea)'와 '일본해(Sea of Japan)'로 병기하게 되었다. 미국을 방문했던 한국의 동해연구회 회장(金鎭炫)은 월드 애틀라스 제작사인 내셔널 지오그래픽 소사이어티가 올해 11월 발간하는 세계지도책 월드 애틀라스 8판에 동해와 일본해를 병기하기로 한 것을 확인하고 돌아왔다.[113]

한편, '민간인 외교사절단'을 자임하는 반크(VANK, Voluntary Agency Network of Korea)의 박기태 대표는 '동해 병기'를 세계에 요구하면서 성과를 올리고 있다. 1999년 겨울 세계적으로 유명한 미국 내셔널 지오그래픽 홈페이지에서 서비스되는 세계지도에 일본해만 표기돼 있다는 신고가 접수되어 바로 항의서한을 보냈고, 2000년 8월 15일부터는 회원 4,500명이 집중적으로 서한을 보내 2주일 뒤, '동해를 병기하겠다.'는 답신을 받아 내는 쾌거를 이루었다. '바다 명칭에 분쟁이 있으므로 합의될 때까지 병기하여야 한다.'는 논리가 학계, 언론계 등에 어필하게 된 쾌거였다. 이러한 활동은 더욱 확대되었고, 그 결과 '자체조사를 하겠다.'고 답장을 보내온 미국의 CNN방송, '계속 문제를 지적해 달라.'며 고마움을 표시한 미국 PBS(공영교육방송), '저자들에게 내용을 전달했다.'는 미국의 대형 교과서 출판사 BJU 프레스 등, 이들은 모두 일본해라고만 표기하다가 반크의 항의를 받은 뒤 동해를 병기했다.[114] 이렇게 시정

---

112) 연합뉴스 FOCUS(2004. 5. 17).
113) 동아일보(2004. 4. 26), 세계지도 '월드 애틀라스' 東海-일본해 함께 쓰기로.

을 하나씩 받아 낸 것이 2002년부터 2년간 267곳을 바로잡았고, 그 작업은 계속되고 있다.

일본 정부가 세계 각국 주재 일본 대사관을 통해 동해를 '일본해'로 표기하려는 노력을 한층 강화하고 있으므로, 우리 정부도 적극적으로 대처해야 한다고 유엔 지명전문가회의에 참석하고 돌아온 이기석 교수(서울대 지리교육과)는 지적했다.[115]

1991년 유엔에 가입한 한국 정부는 1992년 유엔지명전문가회의(UNGEGN)에서 동해표기 문제 시정을 처음 요청하고, 2년 뒤인 1994년에 한국대표단을 처음 파견했다.

5. 독도를 일본령 또는 무국적지로 서술

독도(獨島)는 북위 37도 14분 18초와 동경 131도 59분 22초의 지점, 동해의 가운데 있는 작은 바위섬이다. 한국영토인 울릉도에서 49해리 떨어져 있고, 일본의 오키시마(隱岐島)에서 86해리 떨어져 있다. 독도는 조선왕조 때인 15세기에 우산도(于山島)라고 불렸으며, 1883년부터 '독도(獨島, 石島)'라 불렸다. 독도는 울릉도의 한 부속도서로서, 고대에는 독도와 울릉도를 합해 '우산국(于山國)'이라 불렸던 해상왕국을 형성하고 있었다.

독도는 울릉도와 함께 서기 512년(신라 지증왕 13년) 신라영토의 일부가 되었다. 그 이후 한국의 고유영토가 되었음이 『삼국사기(三國史記)』에 기록으로 남는다. 그 후 『세종실록지리지(世宗實錄地

---

114) 동아일보(2004. 5. 4), 동해 - 일본해 표기 싸움 가열, 해도 주권 되찾기 이번이 마지막 기회.
115) 조선일보(2004. 5. 1), "日, 일본해 표기 노력 강화, 정부차원서 적극 대처해야"

理志)』,『고려사지리지(高麗史地理志)』,『숙종실록(肅宗實錄)』을 비롯한 다수의 고문헌에 우산도(于山島, 獨島)가 신라의 영토가 되었다고 기록하였다. 즉 독도는 서기 512년부터 한국의 고유영토가 되어 계속 이어져 내려오고 있는 것이다.[116]

일본 정부에 의하면 일본 고문헌자료 가운데 최초로 독도(松島로 기록)의 이름을 기록한 문헌은 1667년에 편찬된『인슈시쵸가키(隱州視聽合記)』이다. 이 책에서도 독도와 울릉도를 고려(한국)에 속한 영토라 쓰고, 일본의 서북쪽 경계는 오키시마(隱岐島)로 밝히고 있다. 독도를 기록한 일본 고문헌에서조차 독도를 한국영토로 기록하고 있는 것이다.

그렇다면 왜 일본이 지금에 와서 독도는 일본영토라고 억지주장을 하는가? 이는 일제 강점기간 동안 외교권을 박탈당하여 독도는 일본영토로 되어 있다가, 1945년 8월 15일 일본이 제2차 세계대전에서 무조건 항복하고 한국이 해방되면서 상황이 변하였다. 연합국 최고사령부는 1946년 1월 29일 지령(SCAPIN) 제677호로써 독도를 한국의 영토라고 인정하여, 한국에 반환하였다. 또한 1946년 6월 22일 지령 제1033호로써, 일본 어선과 선박 등이 독도로부터 12해리 이내에 접근하는 것을 금하였다. 독도는 한국의 영토로서 완전히 수복된 것이다.

그 후 일본 정부는 대한민국의 평화선 선포에 항의하면서 1952년 1월 28일 한국에 보낸 외교문서에서 독도에 대한 영유권을 주장하기 시작하여 한국과 일본 사이에 '독도영유권 논쟁'이 시작되었다. 그러나 일본 측의 증거가 없는 주장은 단순히 주장일 뿐이므로,

---

116) 손용택·김광재, 1998,『한국관련 오류, 무엇이 잘못 쓰여지고 있는가』, 47-48쪽.

'분쟁'이 성립되는 것은 아니고, 단순히 '논쟁'이 전개되고 있을 뿐이다. 역사적으로나 국제법상으로나 독도는 서기 512년부터 오늘날까지 변함없이 한국의 고유영토임이 명백한 것이다.

6. 일본의 '기술과 자본투자가 한국경제 발전의 철저한 밑거름'이 된 것처럼 기술

1965년 한일협정이 체결된 이후 한국의 정부나 민간기업에서는 외자도입을 적극 추진하였다. 특히 재일교포의 한반도 투자를 적극 권장한 바 있다. 그 결과 일본과 미국의 기술, 자본이 많이 도입된 것은 부인할 수 없다. 우선, 포항제철만 하더라도 초기에 '신일본제철'과 제휴하여 시작한 것이므로 경제개발 초기에 노동집약형 소비재 산업이나 수입대체산업으로 일본의 기술과 자본에 의해서 많은 공장이 한국에 세워졌다.

그러나 개발 초기에는 일본의 단기 상업 차관이 많았고, 기술이전 문제도 대일무역역조와 함께 항상 한일 간의 현안으로 등장하고 있었다. 일본의 기술과 자본이 한국경제발전에 대한 여러 가지 요인 중의 하나는 될 수 있을지언정, 그것이 전적으로 기초가 되었다고 단정하는 것은 무리이다.

일본은 제국주의적 강점의 만행은 은폐하면서, 그리고 한일 간의 무역역조가 오래도록 지속되는 것은 아무렇지 않게 생각하면서, 한국의 경제발전 초기의 투자에 대부분의 교과서는 모두 생색을 낸다. 일본인의 얄팍한 상업적 속셈을 눈으로 보는 것 같다.

7. 식민지 지배와 수탈의 은폐

식민지 지배와 수탈에 관한 일본 교과서의 은폐에 관해서는 오래전부터 우리의 관심사였으나, 1982년 검정 교과서 이후 역사적 사실을 점차 솔직하게 서술하는 교과서가 있기도 하다. 예를 들어, ① 동경서적 간행의 1997년 『지리 A』와 『지리 B』에는 어느 책에도 식민지 수탈의 역사가 실려 있지 않다. 『지리 A』에는 1960년 이후의 한일교류가 중심내용으로 되어 있을 뿐이고, 『지리 B』에는 지리조사의 사례로서 한국이 간략하게 서술되어 있기 때문이다. 그러나 2002년 검정판에서는 지리 A, B 모두가 20세기 전반의 '고난의 역사'라는 제목으로 비교적 솔직하게 서술하고 있다.

그러나 ② 제국서원 간행의 2002년판 『고교생의 지리 A』에도 과거의 한일관계가 전혀 서술되지 않고 있다. 그것은 이 책이 화보와 각종 자료로 구성된 색다른 책이기 때문이다. 그리고 ③ 이궁(二宮)서점이 간행한 1977년판 『고교생의 지리 B』, 2002년판 『신지리 A』와 『신지리 B』는 모두가 상당한 지면을 할애하였음에도 불구하고 제국주의 침탈의 역사는 전혀 언급하지 않았다. 근본적으로 말썽의 소지를 없앤 분명한 속뜻이 있을 것으로 보인다.

8. 신·구 지리교과서의 비교, 예상되는 문제와 실재

1985년 한국교육개발원의 연구보고서(RR95 - 21)에서 대상으로 했던 교과서는 1981년 검정본과 1994년 검정본을 비교한 것이다. 1981

년부터 2002년 검정본이 나오기까지 약 20년의 세월이 흘렀다. 외형상으로는 흑백 인쇄에서 컬러판 호화인쇄로 바꾸었다.

한국과 관련한 내용의 서술량은 평균적으로 조금씩 꾸준히 늘었다.[117] 남한과 북한 관련 서술의 균형을 보면, 1981년판은 북한 관련 내용에 비중이 실려 있고, 때로는 자력갱생의 북한을 찬양하는 서술도 있었으나 2002년판에는 북한 관련 내용이 거의 없는 반면, 남한 관련 내용은 특히, 경제발전에 많은 비중을 두어 서술하고 있다.

그러나 남한 경제의 고도성장에 관해서 1981년판이나 2002년판이나 공히 성장의 밑바탕에는 일본의 기술과 자본에 크게 힘입어 외세 의존적인 경제발전임을 암시하는 서술태도를 취하고 있다.[118]

호칭이나 지명의 표현에 있어서는, 1981년의 그것에 비해서 사용빈도가 많이 감소하였으나, 아직도 조선왕조를 '이씨조선'으로, 동해를 '일본해'로, 환동해권 경제권을 '환일본해 경제권'으로 사용하고, 독도를 '죽도(다케시마)'로 적고 있다. 임진왜란은 도요토미의 '조선출병'으로 적고 있다.

한국의 고대문화가 일본에 전파된 사실에 대해서는 구체적인 내용이 거의 없고, 특히 '도래인'과 백제문화의 관계에 대해서도 거의 취급하지 않고 있다. 어떤 교과서는 중국의 문화를 한국이 일본에 전파했다고 서술하고, 또 어떤 교과서는 한국문화와 중국문화가 각각 일본에 전파되었다고 서술하고 있다.

일제 강점기의 식민통치에 관해서 1981년판은 상세한 내용이 거

---

117) 제국서원 간행 교과서는 3.1쪽에서 5.0~8.0쪽으로, 교육출판사 간행 교과서는 5.5~3.5 쪽에서 6.0~4.0쪽으로, 동경서적 교과서가 6.5쪽에서 8.0~6.0쪽으로 변하였다.

118) 형기주, 2002, 『일본 고등학교 지리교과서 한국관련내용 분석』(2002년도 교육인적자원부 위탁연구과제 결과보고서), 52-53쪽.

론되지 않았으나 2002년판에는 비교적 상세히 서술하고 있다. 특히, 토지수탈, 식량과 원료의 수탈, 창씨개명, 일본어 강제사용, 노동자와 위안부의 강제연행 등 비교적 솔직하게 서술한 교과서도 간혹 있다. 재일한국인의 차별문제에 대해서도 있는 그대로 정상적으로 서술한 교과서도 있다.

한편, 예상되는 오류와 2002년판 교과서의 실상을 간단히 대조해서 정리하면 다음과 같다.

첫째, 국호나 지명의 표현: 아직은 시정되지 않고 잘못 사용되고 있다.

둘째, 남북한의 비교: 북한의 내용을 다룬 교과서가 거의 없어지고 있다.

셋째, 한국의 근대화 문제: 60년대 이후 경제성장을 크게 취급하고 있다.

넷째, 국제적 분쟁 소지의 지명표기: 동해를 '일본해', 독도를 '죽도'로 표기하고 있다.

다섯째, 한국인의 의식주 문화에 대해: 한국문화에 있어서 편견은 없으나 지나치게 유교를 강조했다.[119]

여섯째, 재일동포에 대한 편견: 차별대우를 힐난하고 있다.

일곱째, 한글에 대한 인식: 표음문자로서 문화보급에 큰 역할을 한 것으로 찬양한다.

여덟째, 문화역사적 사실과 그 흐름에 대한 편견: 별로 취급한 구절이 없다.

---

119) 한국인의 조상숭배, 연장자 존경, 부계혈통중심 등이 유교적 전통에서 왔고, 이러한 전통이 기독교나 서구사상의 유입으로 점차 평등주의, 민주주의, 개인주의, 여성참여확대, 핵가족 등의 현상으로 바뀌고 있다고 기술.

아홉째, 일제 강점기에 관한 내용오기 및 수탈상의 은폐: 대부분 강점기 사실을 완전히 은폐하고 있다.[120]

V. 결론 및 제언

어느 민족이든지 민족애가 강하고 그것을 후손들에게 교육하고 싶은 욕구를 가지고 있다. 특히 자라나는 세대가 선조를 외면한 채 외래문화 추종에 빠져 있는 모습은 어느 나라나 정도의 차이는 있지만 마찬가지이고, 기성세대들은 그러한 모습이 참을 수 없을 만큼 가볍게 느껴져 속상해하기도 한다. 그래서 때로는 우리나라만의 자랑스러운 역사만을 가르치고 싶다는 유혹을 받게 된다.

2001년도 일본 중학교 역사교과서(후쇼사 간행) 파동이 일고 한국 정부에서는 수정요구사항을 만들어 목록을 전달했고, 예상대로 일본 정부는 냉정하게 거절했다. 일본 정부에서는 의당히 그렇게 나오겠지만, 이 일은 일본 열도를 달구었고, 그 여파로 해서 더 이상의 왜곡이 확산되는 것을 막을 수 있었으며, 문제의 해당 교과서는 대단히 저조한 채택률을 보이게 되었다. 일본 정부에서는 교과서가 완성되기도 전, 검정단계에 있던 교과서의 내용이 흘러나간 것만을 탓하면서 전혀 반성의 빛을 보이지 않았다.

짧은 글을 통해 '일본교과서에서 본 우경화'를 다루면서 많은 우

---

120) 1997년판에서는 동경서적 B, 이궁서점 A 및 B, 제국서원 B가 강점기 사실을 완전 은폐, 2002년판에서는 이궁서점 A 및 B, 제국서원 A 및 B가 강점기 사실을 완전히 은폐하고 있다.

려를 해 보았다. 일본의 우경화는 계속 강화될 것이다. 현시점에서 가장 효율적인 대안은 무엇인가.

첫째, 일본 교과서의 우경화를 방지하고 우리의 민족자존을 굳게 세우기 위한 첫 번째 절차는 이에 대한 남북공조의 굳건한 기초를 마련해야 한다는 점이다. 남한이나 북한 어느 한쪽의 일방적인 노력만으로 효과를 거두기가 대단히 어렵다. 불법 부당한 외세의 논리를 막아내어 한반도의 역사를 세우고, 올바른 지리적 사실을 확보하여 전 세계에 바르게 알리는 일에 남과 북이 따로 있을 수 없다.

둘째, 동아시아의 평화를 위해서 한(남북한) - 중 - 일이 함께 협력해야 한다는 점이다. 여기서 일본의 세력은 양식 있는 일본 내의 시민단체, 학자, 교사 단체 등을 의미한다. 이들과 연대하는 동시에 이들이 더욱 강하게 결집하도록 도와주고, 동아시아의 평화 구축을 위한 마당으로 끌어들여야 한다. 그리고는 궁극적으로 한(남북한) - 중 - 일이 뭉쳐야 한다.

셋째, 더 나아가 한(남북한) - 중 - 일이 아세안(ASEAN)과 뭉쳐서 '범아시아 공동체'(가칭)를 결성하는 일이다. 기존의 '아세안(ASEAN) +3'이 있긴 하지만 느슨하다. 아시아의 유익을 창조하고, 극대화시키는 일에 한 - 중 - 일이 따로 있을 수 없다. 협력하고 합심할 때이다. 유럽에는 유럽연합(EU)이 있고 아메리카에는 미주기구(NAFTA)가 있다. 유럽에서는 유로머니가 통용되고 미주에는 아메리카머니가 이야기되고 있다. 아시아머니의 사용은 언제 가능한 일인가? 전 세계 인구의 1/3 이상이 사는 아시아에, 생활력이 강하고 머리가 좋은 동양의 유대인들이 사는 아시아에, 이에 필적할 만한 공동 협력체가 진작 있었어야 하는데, 그렇지 못했다. 세계화로 치닫는 지구촌의 경쟁사회 특징 중 하나는, 이웃한 국가들 간에 서로 돕고 함께 유익을 나누는 경제 블록화 현상이 두드러진다는 점이다. 한반도가 살아야 하고, 동아시아가 함께 잘되며 평화를 구축하여야 한다. 나아가 세계무대에서 아시아가 우뚝 서야 한다. 다소 늦었지만, 진지하게 생각해 보아야 할 바로 이 시점이다.

참고문헌

일본교과서바로잡기운동본부, 『일본 '새로운 역사교과서를 만드는 모임'의 역사관·교육관·한국관-일본 우익의 논리』, 2004, 서울: 역사비평사.

정재정, 『일본의 논리; 전환기의 역사교육과 한국 인식』, 1998, 서울: 현음사.

타와라 요시후미, 『위험한 교과서』(일본교과서바로잡기운동본부 옮김), 2001, 서울: 역사넷.

'교과서에 진실과 자유를' 연락회 엮음, 『철저비판 일본 우익의 역사관과 이데올로기』(김석근 옮김), 2001, 서울: 바다출판사.

일본역사교과서바로잡기운동본부(엮음), 『한·중·일 역사인식과 일본 교과서』, 2002, 서울: 역사비평사.

일본역사교과서바로잡기운동본부·역사문제연구소(엮음), 『화해와 반성을 위한 동아시아 역사인식』, 2002, 서울: 역사비평사.

형기주, 『일본 고등학교 지리교과서 한국관련 내용분석』(한국교육개발원의 2002년도 교육인적자원부 위탁연구과제 결과 보고서), 2002.

이찬희·임상선, 『일본 중학교 역사교과서의 한국관련내용 변화분석』(한국교육개발원 수탁연구 CR 2002-35), 2002.

이찬희·임상선, 『일본 고등학교 역사교과서의 한국관련내용분석』(한국교육개발원 수탁연구 CR 2002-31), 2002.

김경일 외 2인, 『일본 역사교과서의 한국관련 내용 조사분석 및 시정자료 개발』(한국정신문화연구원의 교육인적자원부 위탁 연구과제 결과보고서), 2003.

이찬희·손용택·정영순, 『일본중국 중등학교 역사교과서의 한국관련 내용 분석』(한국교육개발원 연구보고 RR 99-7), 1999.

한국교육개발원, 『역사인식과 동아시아 평화포럼 남경대회 보고서』(한국교육개발원 연구자료 RM 2002-12), 2002.

06

일본 교과서에 나타난 '독도(다케시마)' 표기 실태와 대응

요약: 모든 일본 교과서와 지리부도에서 독도(다케시마) 관련 내용(또는 지도)을 다룬 것은 아니다. 중등용의 모든 지리부도에는 일제히 독도를 일본령 죽도로 표기하였다. 일부 출판사의 정치경제 교과서에서는 쟁점화하여 다루고 있다. 쟁점의 내용은 독도가 한일 간의 영유권 문제가 되고 있지만, 여러 정황을 근거로 하면 독도는 일본령이라는 것이 골자이다. 특히 일본 우익의 입장에 선 출판사와 저자들의 주장은 단호한 것으로 판단된다. 한일 간에 쟁점화된 독도 영유권에 관한 문제의 해결은 다양한 접근이 필요하다. 느리기는 하지만 학문적 노력과 설득으로 풀어 가는 것도 한 방법이다.

주요어: 독도 영유권, 일본 교과서, 독도(죽도) 표기, 국제 상호 이해

Ⅰ. 서론

일본은 역사 왜곡뿐 아니라, 동해를 일본해로 표기하고, 국제사회에 물량적인 홍보공세를 취하는 데 만족하지 않고 우리나라의 독도를 '죽도(다케시마)'로 표기하며 자국 영토화하려는 극우적, 제국주의적 행태를 자행하고 있다. 한국과 일본 사이에는 1952년 이래 '독도 영유권 논쟁'이 계속되고 있다.[121] 일본정부는 독도 영유권을 주장하면서 1954년 국제사법재판소에 이를 위탁 제소했으며, 기회가 있을 때마다 독도를 침탈하려 하고 있다. 학문은 진실과 진리를 밝히려는 작업이며, 따라서 실증자료들을 정밀하게 조사하고 객관적 자료를 제시할 때 설득력을 지니는 것이다. 이러한 기준으로 볼 때 독도는 한국 영토임이 분명함에도 불구하고 일본 제국주의자들이 이 진실을 알면서 1905년 독도를 우리 국민들 몰래 빼앗아 일본 영토로의 편입을 시도했다. 오늘날의 일본정부가 이를 기정사실화하여 독도 영유권을 주장하고 있는 것은 철저하게 비판되어야 한다.

---

121) '독도' 영유권 문제 발생 배경: 일찍이 일본제국주의자들은 1904년 2월 러·일 전쟁을 일으킨 후, 러시아 군함들이 동해에서 활동하는 것을 감시하기 위해 군사적 목적에서 일본 해군 망루를 설치하려고 1905년 2월 한국인들과 당시의 대한제국 정부 몰래 독도 침탈을 기도한 적이 있다. 서기 512년부터 한국의 고유 영토였던 독도를 주인 없는 땅이라고 부당하게 주장하면서, 1905년 2월, 독도를 일본 도근현(島根縣, 시마네 현)에 이른바 '영토 편입' 하였다는 것은 바로 이를 두고 이르는 말이다. 1945년 8월 15일 해방을 맞은 이후, 연합국 최고사령부는 지령(SCAPIN) 제677호에 의거하여 1946년 1월 29일 독도를 한국 영토로 반환하였다. 대한민국이 수립된 후 1952년 1월 18일, 대한민국 정부가 '인접 해양의 주권에 관한 대통령 선언'(일명 '평화선 선포')을 발표하자, 일본정부는 10일 뒤인 1월 28일 일본 외무성이 "……대한민국의 선언은 죽도(竹島, 다케시마)로 알려진 섬에 대해 영유권을 갖는 것처럼 보이지만, 일본정부는 대한민국의 그러한 주장을 인정하지 않는다."고 항의하여 오면서 한국과 일본 사이에 '독도 영토논쟁'이 불붙게 되었다. 그 후 일본정부는 간헐적으로 독도를 일본 영토라고 주장하는 망언을 꾸준히 되풀이하였다. 그리고 해마다 한국의 독도 영유에 대한 항의 문서를 공식적으로 대한민국 외무부에 보내어 뒷날 독도 침탈을 위한 근거 자료로 축적해 오고 있다.

과연 그들 교과서에서 독도 표기는 어떻게 나타나고 있는가에 대한 실상을 파악하여 심각성을 알리는 것이 본 글의 목적이다.

연구방법으로는 첫째, 본 연구는 교과서류를 통해 우리나라의 독도 표기가 일본 교과서상에 어떻게 표기되고 있는가를 살핀 문헌연구이다. 둘째, 독도표기의 실상을 알기 위해 독도 표기가 나타날 만한 일본의 교과서류를 모두 검토대상으로 하였다. 즉 소학교, 중고등학교의 사회과(역사, 지리) 교과서 및 지리부도 등을 포함하였다. 셋째, 교과서상의 표기 문제를 중심으로 연구를 진행하되, 필요에 따라서는 연구방향과 주제를 명백히 하기 위해 관련 문헌을 참고하거나 일본 측의 보고서를 참고하기도 하였다. 마지막으로 일본의 교과서류에 나타난 독도 표기 문제를 놓고, 이에 대한 대응을 어떻게 할 것인가를 제언의 형식을 빌려 결론으로 담고자 하였다.

연구의 제한점으로는 좀 더 많은 교과서를 다룰수록 실상파악에 유리할 수 있지만, 자료 구득의 한계가 있었다. 그리고 시기상으로도 매우 오래된 교과서에서부터 최근의 것에 이르기까지 총망라되지 못한 한계가 있었음을 밝혀 둔다.

Ⅱ. 정확한 영토 표기와 상호 국제이해

과학기술의 발달은 지구를 하나의 촌락이나 도시마을로 비유할 수 있을 만큼 국가 간의 거리를 단축시켰으며 이로써 지구상의 모든 국가가 서로 이해하고 평화추구를 위해 노력해야 할 필요성이 더욱 커진다. 유네스코에서는 국제이해, 국제협력 및 평화를 위한 교육에 세계 각국이 힘써 줄 것을 권고하는 결의안을 채택하기에 이르렀고 대부분의 나라가 학교교육 속에 국제이해 교육을 포함하고 있다.

국제이해 교육을 실행하는 데 있어서 가장 중요한 기본 요건 중의 하나는 사실을 바탕으로 한 상대 국가, 상대 국민에 대한 올바른 인식이라고 말할 수 있다. 그러나 현재 이러한 기본 요건은 국제사회에 제대로 성숙되어 있지 않다. 그래서 일본이나 중국과의 관계에서 역사적으로 유리하지만은 않았던 우리나라의 경우는 우리에 관한 정확한 사실을 국제사회에 알릴 필요성이 더욱 절박하다고 할 수 있다.

국제이해 교육에서 중요한 매체가 되는 교과 과목은 사회과 분야라고 말할 수 있다. 이 분야가 가장 많이 외국을 다루고 있기 때문이다. 일반적으로 외국 및 외국인들에 대한 태도 형성은 6세에서 14세 사이에 이루어지는 것으로 알려져 있다. 초, 중등학교 재학 시기의 나이에 학교생활, 특히 사회과 분야의 수업을 통해 외국에 대해 배우게 된다. 사회과 교과서가 외국에 대한 태도나 인식에 결정적 영향을 끼칠 것임은 쉽게 추론할 수 있다.

우리나라의 위치, 영역, 지명과 관련한 외국 교과서의 서술량은 적고 지극히 개괄적인 수준에 그치고 있는 것과 함께 세계 여러 나라의 교과서에서 한국의 수도명, 주요 도시명, 국경선의 표시 등에서 오류가 자주 발견된다.[122] 오류의 정도가 심한 몇 가지 사례들을 살펴보면 다음의 유형으로 분류할 수 있다.

---

122) 필자는 1991년부터 2004년까지 외국의 교과서(주로 사회과 교과서 및 지도류)들을 수집하여 분석하고 그 속에 한국 관련 내용들이 어떻게 나타나고 있는가를 살피는 정책 사업에 전념한 바 있다.

- 남북한 명칭을 혼동한 경우
- 남한의 수도를 평양으로 제시한 경우
- 휴전선을 38도 선으로 표시하는 경우
- 주요 도시의 위치를 잘못 표기한 경우
- 주요 도시명을 일본식으로 병기한 경우
- 대한해협을 일본식 명칭으로 표기한 경우
- 독도를 일본 영토로 나타낸 경우
- 제주도의 명칭을 서양식으로 제시한 경우

그런데 이러한 오류들이 특정 국가의 특정 교과서 속에 무더기로 나타나는 까닭은 이들 교과서 저자들이 일본 측 자료나 낡은 자료를 무비판적으로 인용한 데서 비롯된 것으로 보인다. 이러한 오류는 비록 단편적이긴 하지만 참으로 중대한 문제들이 아닐 수 없다.[123)]

영토는 주권이 미치는 장소이고, 장소는 움직일 수 없는 붙박이 지역으로서 우리들 삶의 터전이다. 고장과 마을, 도시, 지역 사회, 국가 등 크기와 행정 소속은 각기 달라도 그곳에 살고 있는 사람들의 땀과 삶의 애환이 서린 생활터전이고, 문화와 정서가 녹아든 캔버스이다. 이러한 캔버스의 크고 작은 문화상에 붙인 주소와도 같은 것이 곧 지명일진대, 이를 정확하고 분명하게 표기하고 간직하는 것은 너무나 당연한 일이다.

---

123) 한국교육개발원, 2002, 세계화시대의 한국바로알리기: 일본 역사교과서의 왜곡과 그 대응
 − 회고와 전망(한국교육개발원 연구자료 2002 − 38), pp.57 − 60.

Ⅲ. 일본의 교과서 및 지도에 보이는 '독도' 표기 현황

1. 고등학교 지리교과서

일본의 고등학교 지리교과서에서는 모두 동해를 일본해로 표기하고 있다. 그러나 우리나라의 독도를 죽도 또는 다케시마로 표기해 놓은 교과서는 찾아볼 수 없다. 이는 독도가 한국의 영토인 것으로 당연하게 생각하기 때문이 아니라, 교육과정(학습요령)상 다루는 주제가 아니거나 워낙 작은 섬이므로 축척 관계상 교과서에 게재되는 지도상에는 나타낼 수 없는 경우이기 때문으로 해석된다.[124]

2. 고등학교 지리부도

일본의 각 지리부도에는 모든 책들에 걸쳐서 울릉도와 독도 사이에 한일 국경선이 통과하는 것으로 그리고 있으며, 동해를 일본해로, 독도는 의당히 일본령 죽도(竹島)로 표기하고, 한반도 전체를 지칭할 때는 일률적으로 조선반도로, 북한에 대해서는 '조선민주주의 인민공화국', 우리나라에 대해서는 '대한민국' 등으로 표기하고 있다.[125]

---

124) 그러나 이어서 다룰 정치경제 교과서에서는 국제분쟁과 민족문제를 다루는 장을 별도로 설치하도록 되어 있는 교육과정상 한국과의 독도 분쟁문제, 북방영토문제, 중국과의 관계에서 문제가 되고 있는 尖閣諸島문제 등을 교과서별로 다루는 경우가 있다.

125) 필자는 15권의 지리부도를 검토하였다. 이 밖에 일본의 각 출판사에서 간행한 지도류는 부지기수이지만 자료 구득 및 연구기간 등을 감안해 일본 내의 지리 분야에서 시장점유율이

3. 고등학교 정치경제 교과서

일본의 정치경제 교과서에서 국제문제를 다루는 내용에 지도와 함께 독도를 일본령 다케시마로 분명히 다룬 교과서들이 눈에 띈다.[126] 동원서점(桐原書店, 평성 15년, 野中俊彦 외, 71쪽)의 신정치경제 교과서에서 국제분쟁과 민족문제를 다루는 내용 가운데 죽도를 지도상에 표시한 후, 일본과 한국정부에서 공히 영유권을 주장하는 지역으로 괄호 속에 적고 있다.[127]

한편, 삼성당(三省堂, 정치·경제, 개정판, 2002년, 93쪽, 永井憲一 외 6명)에서 간행한 정치경제 교과서에는 한국과 일본 사이의 바다에 죽도와 대마도를 표기한 지도를 게재한 후, 그림에 대한 설

대단히 높은 두 곳 출판사, 즉 이궁서점(8종)과 제국서원(5종) 그리고 동경서적(2종) 간행의 지리부도를 살폈다. 二宮書店, 평성 15년, 基本地圖帳, 二宮書店, 평성 13년, 基本高等地圖, 二宮書店, 평성 14년, 基本高等地圖, 二宮書店, 평성 15년, 高等地圖帳, 二宮書店, 평성 15년, 高等地圖帳, 最新版, 二宮書店, 평성 16년, 現代地圖帳, 二宮書店, 평성 13년, 詳懈現代地圖, 二宮書店, 평성 16년, 必携콤팩트地圖帳, 帝國書院, 평성 13년, 地歷高等地圖, 現代世界와 그 歷史的 背景, 最新版, 帝國書院, 평성 13년, 新編標準高等地圖, 最新版, 帝國書院, 평성 16년, 標準高等地圖, 지도로 읽는 현대사회, 新訂版, 帝國書院, 평성 13년, 新詳高等地圖, 初訂版, 帝國書院, 평성 15년, 新詳高等地圖, 最新版, 東京書籍, 평성 13년, 新高等地圖, 東京書籍, 평성 15년, 新高等地圖.

126) • 삼성당, 정치·경제, 개정판, 2002년, 永井憲一 외 6명, 지도에 일본령 죽도 표기.
- 삼성당, 정치·경제, 2004년, 中川淳司 외 6명, 55쪽에 일본령 죽도 표기.
- 山川出版社, 현대의 정치·경제, 2003년, 山崎廣明 외 6명, 67쪽에 일본령으로 죽도 표기.
- 山川出版社, 현대의 정치·경제, 2002년, 山崎廣明 외 6명, 89쪽에 일본령으로 죽도 표기.
- 第一學習社, 고등학교 정치·경제, 평성 15년, 阪上順夫 외 14명, 73쪽에 일본령으로 죽도 표기.
- 第一學習社, 고등학교 정치·경제, 평성 14년, 阪上順夫 외 14명, 87쪽 본문 가운데 한국과는 죽도 문제가 미해결의 영토문제로 남아 있다고 기술.
- 桐原書店, 신정치경제, 평성 15년, 야중준언 외 5명, 71쪽 지도에 죽도 표기 후 괄호 안에 일본과 한국에서 각각 자국 영토로 주장하고 있다고 적음.

127) 일방적으로 다케시마는 일본 영토라고 적고 있는 일본의 다른 정치경제 교과서들과 유일하게 차별화되는 교과서이다.

명으로 다음과 같이 적고 있다.

> 죽도(한국과 계속 분쟁 중): ① 일본이 1905년에 도근현(島根縣)에 편입
> 시켰고, 이후부터 실효적 지배를 하게 되었다. ② 1946년의 연합국 군총
> 사령부각서에 의하면 일본의 행정구역으로부터 분리시키라고 했지만, 이것
> 은 점령하의 협정조치인 것이고, 죽도를 일본의 영역으로 제외시켰다는 것
> 은 아니다. 샌프란시스코 조약에서 일본은 조선에 대한 모든 영유권을 포
> 기했지만, 죽도는 일본이 포기한 지역에는 포함되지 않았다. 1952년에 한
> 국이 이승만 라인을 설정하고 그 경계범위 내에서의 일본 어선의 어로활
> 동을 금지시킨 수역에 죽도가 포함되었지만, 일본정부는 죽도가 일본 영토
> 임을 항의했다. 이후 양국 간의 분쟁지역으로 남게 되었다. 1965년의 일
> 한기본조약에도 죽도의 귀속 문제는 해결되지 않았고, 현안 문제로 남아
> 있다.

위의 내용은 1905년 시마네 현(島根縣) 고시, SCAPIN 제677호
와 대일강화조약, 그리고 이승만 라인 등에 관한 내용의 요점을 일
본 측의 해석 방식대로 요약하여 교과서에 기술해 놓은 것이다. 왜
일본 교과서에서 이와 같이 해석하고 있는지를 다음 내용을 상고
함으로써 밝혀 볼 필요가 있다.

1) 1905년 일본의 시마네 현(島根縣) 고시

러시아와 일본은 1904년 2월 10일 선전포고와 함께 전쟁에 돌입
했다. 일본은 대량의 군대를 한반도에 상륙시키고, 동해에서는 블
라디보스토크 함대가 남하하는 것을 감시하기 위한 망루 설치의 후
보지를 찾던 중에 독도를 마땅한 후보지로 정하고자 하고 있었다.
연해주와 한반도 각지에서 강치 잡이를 하던 일본의 어부 나카이

(中井養三郎)가 독도(리앙꾸르 섬)에서의 '어업 독점권'을 한국정부에 교섭하여 줄 것을 일본정부에 청원한 바 있다. 이때, 독도가 한국 영토이지만 무인도인 이것을 이 기회에 침탈하여 일본 영토로 편입시키려는 음모가 망루 설치를 준비하던 일본 해군성과 외무성 중심으로 시작된다. 이들 음모에 따라 니카이가 제출한 대하원(代下願)은 "독도를 일본 영토에 편입시키고 빌려 줄 것을 청원하는 대하원"으로 바뀌어 일본의 내무·외무, 농상무성에 다시 제출된다. 일본정부는 1905년 1월 28일 '독도(리앙꾸르 섬)를 일본 영토로 편입한다.'는 내각회의를 거쳐 시마네 현으로 하여금 관내 고시하도록 훈령하였다. 1905년 2월 22일 시마네 현은 독도를 '죽도(竹島)'로 명명하여 시마네 현 오끼(隱岐) 섬 소관으로 정한다고 고시하였다. 이것이 시마네 현 고시 제40호이며 지금으로부터 약 100년 전의 일이다.[128]

여기에서 첫 번째로 부당한 점은 시마네 현 고시를 국제법상 합당한 고시로 볼 수 있는가이다. 영토의 선점이나 편입은 국제법적인 정당성이 확보되어야 한다. 독도는 신라시대부터 한국이 선점한 땅으로서 울릉도와 함께 오랫동안 관리하여 왔음은 익히 알려진 사실이다. 중간에 400년간의 공도정책이 있었지만 이것도 곧 영토관리의 한 수단이며, 결코 영토의 포기의 기간이 아니었다.

두 번째로 영토선점이나 편입 사실이 대외적으로 공포되었는가이다. 당시의 경쟁적 주권자인 조선정부에 언제, 어떤 방식으로 통고하였는가이다. 1905년 1월 28일 각의를 거쳐 동년 2월 22일에

---

128) 형기주, 2005, 독도의 지정학, 대한지리학회·조선일보사 주최 독도문제 대책을 위한 토론회 자료집 21쪽.

시마네 현 지사의 이름으로 고시되는 일련의 과정은 은밀하게 이루어졌다. 이에 대해서 일본은 1928년의 팔마스 섬, 1931년의 클리퍼튼 섬의 판례를 들고 나와 "통고를 영토 취득의 절대적 요건으로 하는 국제법상의 원칙은 존재하지 않는다."고 강변을 한다. 그러나 이들 섬에 통고 여부를 고려할 필요가 없다는 판결을 내린 것은 동 섬에 많은 주민이 살고 있는 곳이기 때문에 일국의 은밀한 주권행사가 사실상 불가능하다는 사정을 고려하여 내린 것이지 독도와 같이 격리된 무인도의 편입에도 해당되는 판례는 아니다. 일본은 이것을 일개 작은 지방의 현(縣)을 통해 고시했고(1905년 2월 22일), 고시한 지 일 년이 지난 1906년 3월 29일에야 시마네 현에 속한 오끼도(隱岐島)의 관리 일행이 독도를 순찰하고 돌아가면서 울릉군수 심흥택(沈興澤)에게 통고한 것이 전부이다.[129] 선점 관리되고 있는 남의 영토를 이런 식으로 탈취하여 나중에 서둘러 현지 측량하고, 토지대장에 올리고, 강치어 포획의 면허를 시행하는 등 침략 행위를 스스로 인정하고 있다. 시마네 현 고시가 경쟁상대자인 조선정부에 1년 후에야 소극적으로 통고되었고, 일본정부의 관보에도 게재되지 않았으며 따라서 많은 일본사람들에게조차 거의 알려지지 않았다.

셋째, 일본의 독도 침탈은 어떠한 환경하의 한일 관계 속에서 자행되었는가이다. 1910년 일본의 한반도 강점은 한낱 형식적인 통과

---

129) 시마네현 고시 제40호가 1905년 2월 22일인데 1906년 3월 28일에야 일본의 오끼 섬 도사(島司) 아즈마(東文輔)와 사무관 간자이(신서유태랑) 등이 울릉도 군수를 찾아와, 독도가 일본의 영토이고 일행이 시찰차 왔다는 것, 총 거주 인구가 얼마나 되고, 경비는 얼마나 드는가를 조사하고 돌아갔다. 이 사실은 당시 강원도 관찰사를 통해서 의정부 참정대신 박제순, 내무대신 이지용에게 보고되었다.

절차에 불과할 뿐 19세기 말부터 한국은 사실상 일본의 지배하에 놓여 있었다. 러일전쟁이 일본 승리로 끝나자 한반도에는 강대한 일본의 군사력이 주둔하게 되었고, 1905년 11월 17일에 대한제국의 외부 통로를 완전히 폐쇄시킨 채 외교권을 빼앗고, 다음 해 2월 1일부터 통감부가 우리의 외교와 내정 일반을 감독 지배하면서 모든 결정을 좌우하는 실정이었다. 당시 우리는 국권이 송두리째 침탈당하는 판국이었기에 독도영유를 문제 삼을 힘도 없거니와 외교전을 전개할 통로도 없었다. 일본정부는 교활하게 대한민국의 외교권을 빼앗고, 통감부 통치를 완벽하게 마련한 다음, 독도영유에 대한 시마네 현 고시를 한국 측에, 그것도 울릉군수에게 통고한 것이다.

2) SCAPIN 제677호와 대일강화조약

연합국이 독도를 한국의 영토라고 판정한 근거 기원은 일찍이 카이로선언(1943년 11월 20일)으로까지 소급된다. 연합국은 카이로선언에서 한국의 독립을 약속했고 패전 후 일본 영토의 한계를 규정하고 있다. 이에 따르면 독도는 1894년 청일전쟁 이후 '일본이 탐욕과 폭력에 의하여 약취한 것'에 해당된다.[130] 카이로선언은 1945년 7월 26일 미, 영, 소의 포츠담선언을 일본이 수락함과 동시에 포츠담선언 제8항에 자동 흡수된다. 제8항의 내용은 "카이로선언의 모든 조항은 이행될 것이며, 일본국의 주권은 本州, 北海島, 九州, 四國과 우리들이 결정하는 여러 작은 섬들에 국한될 것이

---

130) 카이로선언문, 포츠담선언문, 일본의 항복문서 등의 원문은 "신용하, 한국과 일본의 독도영유 논쟁"(한양대학교 출판부, 2003)에 부분적으로 실려 있다. 형기주, 독도의 지정학, 독도문제 대책을 위한 토론회 자료집에서도 본 내용을 확인할 수 있다.

다.”는 내용이다. 독도는 포츠담선언 제8항에서 ‘우리들(3국)이 결정하는 여러 작은 섬들’에 포함되며, 이것이 1945년 9월 2일 일본이 조인한 항복문서이고 연합국 최고사령부는 즉시 포츠담선언의 제 규정을 집행하기 시작한다.

연합군 최고사령부는 위와 같은 원칙하에 1945년 9월부터 5개월간 연구, 검토 끝에 이른바 SCAPIN(연합군 최고사령부 지령) 제677호를 결정, 발표한다. 이것은 일본으로부터 분리하여 원소속으로 반환해야 할 영토를 규정한 것인데, 제677호 제3항에는 일본으로 귀속될 섬과 제외될 섬을 명기하고 있다. 울릉도와 독도가 제3항 A에 분류되어 일본에 귀속되지 않고 한국 영토로 결정, 발표되어 일본정부에도 통보되었는바 연합군 최고사령부의 지령이 하달된 것은 1946년 1월 29일이다. 그리고 1946년 6월 22일 SCAPIN 제1033호 제3항에는 독도 12해리 이내에 일본의 선박이나 승무원이 접근하지 못하도록 하는 규정을 삽입했고, 1952년 연합군 최고사령부가 해체될 때까지 전혀 수정되거나 폐지된 바 없이 샌프란시스코 강화조약으로 연결된다.

연합국은 제2차 세계대전의 강화조약 체결준비를 1949년부터 본격적으로 준비하였는데, 1950년에는 극비리에 ‘연합국의 구일본 영토 처리에 관한 합의서’를 초안하였다. 여기에서, 한반도와 그 주변의 도서를 완전 한국에 이양하기로 합의하고, 그 도서에는 제주도, 거문도, 울릉도, 독도가 포함된다고 하였다. 이 같은 강화조약 초안은 5차 초안이 만들어질 때까지 그 내용에 큰 변화가 없었다. 6차 초안이 만들어지면서 일본의 맹렬한 로비 때문에 우리에게 불리해지기 시작했는데, 미국의 일본정부 고문 시볼트(Scbald W. J.)가 독도를 일본으로 귀속시키고 미국의 기상관측 및 레이더기지로 사용하도록 권유하였기 때문이다. 한일 간의 독도 영유의 분쟁 발단이 이로부터 시작된 것이라고 볼 수 있다. 미국 국무부에 시볼트가 건의한 내용은 독도는 한국 근해의 섬으로 간주할 수 없다는 것, 일본의 영유권 주장이 오래되었고 타당하다는 것, 지금까지 시마네현 오끼 섬의 도사(島司)가 관리하고 있었던 섬이라는 것, 한국의 이름이 없고 한국 영토라고 주장한 바가 없다는 것, 장차 미국의 기상관측소와 레이더기지 등 전략적 이용가치가 크다는 것 등등이다.[131] 제6차 초안은 이상과 같은 주석이 첨가되어 독도를 일본 영유로 할 것을 골자로 하는 종전의 초안과는 판이한 것으로 변하였는데, 이때는 마침 6·25 발발로 한국정부는 정신이 없는 상황이었다.

제6차 초안이 여기에 이르자 초안 작성의 주역이었던 미국에 대한 항의가 뉴질랜드, 오스트레일리아, 영국으로부터 거세게 일어났고 결국 영국과 미국 합작품으로 대일강화조약 제2조 제1항이 1951년 6월 14일에 완성된다. 내용은 "일본은 한국의 독립을 인정하고 제주도, 거문도, 울릉도를 포함한 한국에 대한 모든 권리, 권원, 청구권을 포기한다."로 되어 있다. 여기에 일본 영토의 내용 설명은 생략되어 있다. 대일강화조약 제2조 제1항에서 독도가 명시되지 않았기 때문에 계속하여 독도 영유의 불씨로 남게 되었다. 카이로선언과 포츠담선언, SCAPIN 제677호에 이르는 일련의 각국 논의 결과에서는 독도가 한국 영토인 것을 아무도 부정함이 없었고, 대일

---

131) 신용하 교수의 같은 책에 대일강화조약 초안의 원문이 게재되어 있으며, 제3조에는 일본의 영토규정에 대마도와 죽도가 포함되어 있고, 초안 주석에는 독도가 한국의 영토라는 근거가 없음을 상세히 설명하는 영문 원문이 실려 있다. 이것이 대일강화조약 제6차 초안이다.

강화조약 초안 작성 과정을 상세히 살펴본다면 일본의 독도 영유 주장이 터무니없음을 쉽게 알 수 있다. 대일강화조약이 체결된 것이 1951년 9월이고 일본이 재독립한 것은 1952년 4월이므로 만약 독도가 일본의 영유라면, 국제연합이 대한민국의 독립국 승인을 일본의 영토 위에 승인한 아이러니와 다름이 없다.

4. 고등학교 역사교과서

고등학교의 일본사 또는 세계사 교과서에 사용된 지도라면 고대사 또는 중세사, 근세사 지도에 바다 이름과 울릉도, 독도 등이 표시될 수 있다(대축척지도일 경우). 그러한 개연성을 염두에 두고 역사교과서 세 권을 택해 자세히 검토하였다.[132] 그러나 세 권의 역사교과서에는 시대상황을 설명하기 위한 여러 주제의 지도들이 망라되고는 있지만, 울릉도나 독도를 표기한 지도는 보이지 않았다. 다만 동해에 대해 '일본해'로 표기한 지도들은 세 권 모두에서 여러 컷 발견된다.[133]

---

132) 다음의 세 권을 집중 검토하였다.
　　宮原武夫 외 15인, 평성 15년, 高校日本史A, 實敎出版.
　　靑木美智男 외 13인, 1999년, 明解日本史A(개정판), 三省堂.
　　宮原武夫 외 15인, 평성 15년 검정제, 高校日本史B, 實敎出版.

133) 여기에서 주목할 부분은, 일본사나 일본 세계사 교과서상에서의 고대사, 중세사 등 과거사를 다루는 교과서상의 지도에 '일본해'라는 지명이 한결같이 등장하고 있다는 점이다. 당시의 국명은 '일본'이 아니었음에도 이렇게 표기하고 있음은 여러 각도에서 생각해 볼 소지를 주고 있다.

5. 중학교 사회과 역사분야 교과서

소화시대의 중학교 사회과 역사분야 교과서에 나타난 한국지도
와 지명을 살폈으나 대부분의 교과서에서 동해 또는 독도가 표기
된 지도를 찾아보기 어렵다. 다만, 소화 53년과 54년의 중학교 사
회 역사분야 교과서에서 동해를 '일본해'로 표기한 지도를 살필 수
있는 정도이다.[134] 일본서적(日本書籍)에서 발행한 교과서에는 일
본 측에서 한반도 남부에 근거 없는 '임나일본부'설을 주장하는 것
을 뒷받침이라도 하듯 남부지방의 신라와 백제 사이에 '임나제국
(任那儲國)'을 표시한 지도가 등장하기도 한다.[135]

일본의 교과서에서 한반도를 '조선반도'로 표기하고, 북한을 '북
조선'으로, 남한을 '대한민국'으로 표기하는 것이 상례이다. 간혹
남북한을 합해서 '한국(韓國)'으로 표기하는 경우가 있으나 극히
이례적인 표기이다.[136]

집중적으로 검토한 교과서들에서 '독도(죽도)'가 나타나지 않는

---

134) 다음의 교과서에서 한반도 지도가 등장하고, 일본해로 표기된 내용을 확인할 수 있는 정도
이다.
竹内理三·鈴木成高 외 4명, 소화 54년, 중학교사회과 역사, 최신판, 帝國書院.
兒玉幸多·井上光貞 외 20명, 소화 53년, 중학사회 역사적 분야, 日本書籍株式會社.
北島正元·佐騰竺·野村正七 외 23명, 소화 53년, 신판중학사회 역사적 분야, 教育出
版株式會社.

135) 소위 '임나일본부'설이란 일본의 우익 사학계에서 주장하는바, 군사적 정복에 의한 지배기
구로서 과거 한국의 남해안에 임나일본부가 있었으며 이를 기정사실화하여 한일관계사 서
술에서 일본 측의 고토회복 차원에서 한반도 침략을 합리화하는 잘못된 인식의 예이다.
兒玉幸多·井上光貞 외 20명, 소화 53년, 중학사회 역사적 분야, 日本書籍株式會社,
p.39의 우측 상단의 지도.
北島正元·佐騰竺·野村正七 외 23명, 소화 53년, 신판중학사회 역사적 분야, 教育出
版株式會社, p.42의 좌측상단지도. p.45의 상단우측지도.

136) 北島正元·佐騰竺·野村正七 외 23명, 소화 53년, 신판중학사회 역사적 분야, 教育出
版株式會社, p.249의 우측상단지도.

것은 일본 측의 의도라기보다는 교과서 판형과 스케일상의 문제, 그리고 당시 교과서에서는 '쟁점화'되지 않은 사안이기 때문인 것으로 여겨진다.

위에서 일본의 고등학교 역사교과서와 중학교 역사분야 교과서의 '독도' 관련 사항을 살펴보았다. 일본 역사교과서에서의 독도 표기 상황은 이렇다 치고, 우리나라 중학교 국사교과서에 게재된 독도 관련 내용에 대해 일본 측에서 해석한 내용을 주목해 볼 만하다. 왜냐하면 이를 통해 그들의 의도를 보다 분명하게 파악할 수 있기 때문이다.[137]

> 독도는 울릉도에 부속하는 섬으로서 일찍이 우리나라(조선)의 영토였다. 조선 초기에 유민을 막기 위해 울릉도민들을 본토에 이주시켜, 일시 정부의 관리가 소홀할 때도 있었지만 우리 어민들이 어업을 하는 거점으로서 활용해 왔다.[138](교육인적자원부, 1996, 중학교 국사, p.240.)

이에 대한 일본 측의 해석이 매우 괴이하다. 우리나라의 중학교 국사교과서상에 나타난 위의 내용에서 "<u>섬사람들을 본토로 이주시켜서 일시 정부의 관리가 소홀한 적도 있었다.</u>"라는 내용을 괴이하게 해석하여 물고 늘어진다. 즉 관리가 소홀했던 적이 있는 섬을 독도로 해석하는 것이 아니라 어이없게도 울릉도에 관한 내용으로 보고 있다. 즉 조선시대 초기 1417년에 한국정부, 즉 당시 조선정부는 울릉도로의 도항을 금지하고 그 이후 울릉도에는 사람들을 살지 못하게 하는 '공도(空島)정책'을 취했던 것이 역사적 사실이

---

137) 일본정책연구센터, 2005, 이것이 이상한 중국·한국 역사교과서.
138) 본 내용은 2005년 최신판 중학교 국사교과서에도 내용이 그대로 실려 있다.

라는 것이다. 아울러 "우리(조선) 어민들이 어업을 하는 거점으로서 활용해 왔다."라는 서술도 틀렸다는 것이다. 일찍이 1882년과 1900년의 두 번에 걸쳐서 한국(조선) 측이 울릉도에 조사를 행하였지만 그때에 한국(조선)에서는 죽도를 확인하지 않았던 것이며, 19세기 말에조차 확인할 수 없었던 독도(죽도)를 놓고 "어민들이 어업을 하는 거점으로서 활용해 왔다."고 기술하는 것은 이치에 닿지 않는다고 일본 측은 해석하고 있다.[139]

> 특히 조선 숙종 때에는 동래에 살고 있던 안용복이 여기에 왕래하는 일본의 어민을 추방하고 일본에 건너가 우리나라(조선)의 영토인 것을 확인시킨 적도 있다. 그 후에도 일본의 어민들이 가끔 울릉도 부근에 불법으로 어업을 하고 있기 때문에 정부는 울릉도에 관청을 두고 주민의 이주를 장려하고 독도까지 관할했다. 그러나 일본은 러일전쟁 중에 일방적으로 독도를 그들의 영토로 편입해 버렸다.[140](교육인적자원부, 1996, 중학교 국사, p.240.)

위 문장에서 '여기'는 우리나라(조선)에서 '독도'를 의미하는 것이고, 따라서 안용복이 '독도'에 왕래하는 일본인을 쫓아내고 '독도'가 조선령이라는 것을 일본 측에 확인시켰던 것으로 서술한 것이다. 이에 대해 일본 측의 해석은 이러한 진술은 허구라는 것이다. 이렇게 말하는 이유로서 일본 측에서는 다음과 같이 설명하고 있다. 즉 17세기 말 일본과 조선 사이에 울릉도의 영유권이 문제가 되었던 적이 있다는 것이고, 조선의 공도정책 때문에 일본인이 울

---

139) 일본정책연구센터, 2005, 여기가 이상한 중국·한국 역사교과서, 7절 '사실에 근거하지 않은 독도 교육'
140) 인용문은 최근(2005)의 중학교 국사교과서에서도 내용이 같다.

릉도를 어업을 위해 사용하였으며 일본 측은 일본령으로서 인식하고 있었다는 것이다. 그러나 교섭의 결과 도쿠가와 막부는 일본인이 울릉도에의 도항을 금지하고 조선령으로 인정했으며, 이 울릉도 영유권 문제의 시기에도 독도 영유에 대해서는 아무 문제가 되지 않았다는 것이다. 즉 일본인의 독도(죽도) 도항은 금지되지 않았다는 것이다. 그리고 울릉도 영유 문제에 안용복이라는 인물이 관계한 것은 사실이며, 안용복이 두 번 일본에 건너왔는데 첫 번째(1613년, 원록 6년)는 울릉도의 침입자로서 일본인에게 체포되어 호송, 송환되었던 것이고, 두 번째(1696년, 원록 9년)에도 울릉도에 건너갔을 뿐 독도(죽도)에는 가지 않았다는 것이다. 두 번의 도항 후에 안용복은 울릉도로부터 일본인을 추방했다고 서술하고 있지만 일찍이 막부에 의한 울릉도 도항 금지령 후에 울릉도에 일본인이 있을 리가 없었다는 것이다. 이렇게 해석하는 일본 측은 안용복 증언 자체가 과장된 것이며, 그 증언에서도 안용복이 일본인을 쫓아냈다는 것은 울릉도로부터였지 독도(죽도)는 아니었다는 주장을 펴고 있다.141) 즉 일본 측의 억지 주장의 골자는 이렇다. 대한민국의 중학교 역사교과서에서 독도와 관련하여 '울릉도'라고 써야 할 부분을 '독도'로 바꿔 서술함으로써 사실을 호도하고 있다는 것이다.

---

141) 일본정책연구센터, 2005, 앞의 책 7절 '사실에 근거하지 않은 독도 교육'

6. 중학교 공민 교과서

고등학교의 정치경제 교과서에 국가 간의 분쟁 주제로 독도를 다루고 있는 것을 확인하였기 때문에 중학교의 공민 교과서에 비슷한 내용을 다룬 단원에 영토분쟁 문제를 다룰 수도 있다고 생각하여 중학교 공민 교과서 5종을 택해 살폈다.[142]

제국서원 발행의 교과서에서는 국가와 영토문제를 다룬 내용에서 주권, 국기, 국가, 영토, 국가 간의 존중 등을 주제로 서술하였다. 칼럼을 마련하여 '일본에도 있는 영토문제' 제하에 북해도의 북방영토 묘지 참배단 사진과 함께 명치시대부터 일본의 영토였던 북방 4도에 관한 내용을 싣고 중국과 일본 양국 간 문제가 되고 있음을 적고 있다. 독도에 관한 내용은 없다.

동경서적 간행의 「신사회 공민」 교과서 같은 절에는 지구시민으로 함께 중시하여야 할 주제들로서 환경, 인구와 식료, 평화를 위한 협력 등을 들고 자원과 에너지 문제, 지구환경 문제, 아시아의 삼림과 일본, 인구 및 식량문제를 집중 거론하였다. '제2절 국제사회와 세계평화'에서는 지역주의 발생, 지역분쟁과 민족문제, 주권 국가와 국제사회, 국제연합, 세계평화의 실현 등 여러 주제를 언급하고 있지만, 구체적으로 한일 간의 '독도' 영토분쟁에 대한 언급은 없다.

일본서적 간행의 「우리들의 중학사회(공민분야)」에서는 관련 단원이 '제4장 세계평화와 인류의 공생을 위해'이다. '제1절 세계평화의 실현'에서는 현대의 국제사회, 전쟁을 포기한 일본, 평화헌법과

---

142) 二宮書店, 帝國書院 등 지리교과서 시장의 시장점유율이 높은 이름 있는 주요 5개 출판
    사 교과서를 택하였다.

자위대, 일본과 아메리카 및 근린제국과의 관계, 국제사회와 주권의 존중, 세계평화와 국제연합, 군축 및 평화에 관한 주제들을 다룬다. 금후의 근린제국과의 관계를 논하는 내용에서 '종군위안부문제' 등이 과제로 남아 있다는 간단한 언급이 있을 뿐이다. 한편 '제2절 지구시대의 과제'에서는 지구 환경, 빈곤 퇴치, 자원과 에너지의 미래, 세계 가운데 일본 등의 주제를 다루고 있다. 독도와 관련된 영토분쟁에 대한 직접적 언급은 없다.

일본문교출판 간행의 「중학생의 사회과 공민; 현대사회」 교과서에서 관련 단원은 제7장이다. 제1절의 '일본과 국제사회'에서 새로운 국제질서, 국제연합, 군축, 국경을 초월하여 활동하는 각종 NGO, 일본 헌법과 평화주의, 비핵 원칙, 일본의 외교, 안전보장을 위한 자위대, 사회개발 차원의 각종 원조 등에 관한 내용을 담았고, 제2절의 '우리들과 지구사회'에서는 남북 및 남남문제, 격차 해소를 위한 과제, 국경을 초월해 확산되는 환경문제, 지속 가능한 개발, 자원 소비, 에너지 소비와 지구 온난화, 자원과 에너지 재활용, 지구사회의 일원으로서의 자세 등을 다룬다. 한일 간의 독도 영토문제에 대한 직접적 언급은 없다.

청수서원 간행의 「신중학교 공민; 일본의 사회와 세계」 교과서에서는 제3편에서 국제사회 관련 내용을 다룬다. 국제정치, 국제연합, 군축과 세계평화, 자원, 남북 격차 등의 주제를 다루었지만, 한일 간의 영토분쟁으로 '독도' 문제를 직접 다룬 내용은 없다.

검토한 중학교 사회(공민분야) 교과서 5종 모두 한일 간의 '독도'를 사례로 한 영토분쟁 내용을 직접 다룬 교과서는 없다.

7. 소학교 사회과 교과서

일본의 소학교 사회과 교과서에는 울릉도, 독도(죽도)에 대한 표기는 전혀 찾아볼 수 없다. 이는 당연한 결과이기도 하다. 판형이 작은 교과서이기도 하지만, 자세한 스케일의 지도를 소학교 사회과 교과서에서 다루지 않기 때문이며, 더더욱 민감한 쟁점사안을 취급할 리가 없기 때문이다. 다만 집중 검토된 교과서들 가운데 일부 교과서의 지도에서 '동해'를 '일본해'로 표기하고 있는 지도들이 등장하고 있다.[143]

Ⅳ. 결론: 일본 교과서의 죽도 표기에 대한 대응

일본 역사교과서의 한국과 관련한 역사왜곡의 심각성 못지않게 동해의 일본해 표기 문제와 오늘의 주제인 '독도'의 '죽도'로의 표기 문제는 매우 심각하다. 그들의 행동을 지켜보면 우리와의 역학관계를 보아 가며, 한 가지씩 들고 나와 국제사회에 물의를 빚고 그들에게 유리한 판도로 끌고 가는 양상을 보인다.

---

143) 소학교 사회과 교과서 가운데 동해를 '일본해'로 표기한 지도가 나타난 교과서들은 다음과 같다.
　　大野 連太郎 외 26명, 소화 60년, 소학생의 사회과, 토지와 인간 4下, 中敎出版, p.26, 31, 38.
　　大野 連太郎 외 26명, 소화 60년, 소학생의 사회과, 국토와 인간 5下, 中敎出版, p.87.
　　堀尾輝久 외 19명, 소화 60년, 소학사회 4下, 日本書籍株式會社, p.93.
　　堀尾輝久 외 19명, 소화 60년, 소학사회 5上, 日本書籍株式會社, p.69.
　　堀尾輝久 외 19명, 소화 60년, 소학사회 5下, 日本書籍株式會社, p.45, 49, 64-65 사이의 색지 지도.

역사왜곡 문제가 오랜 기간 동안 쟁점화되어 피곤하게 하고 있으며, 동해의 일본해 표기 문제가 그 다음 불거진 셈이고, 가장 나중 불거진 문제가 독도 영유권에 대한 문제이다. 일본 측에서는 쟁점화로 드러내기까지 주도면밀하게 국제사회에 모든 수단과 방법을 동원하여 그들에게 유리한 판도로 이길 수 있는 시점까지 물밑 작업을 철저히 해 놓는다. 승산이 있다고 판단되었을 때에, 그리고 적당한 때를 노리다가 충격적 카드로 한 문제씩 들이민다.

역사왜곡 문제와 동해에 대한 일본해 표기 문제는 장기화의 조짐을 보이는 가운데 최근의 독도에 대한 '죽도' 표기와 함께 영유권 분쟁으로 치닫는 양상은 또 다른 우선적이고도 훨씬 진지하게 다루어져야 할 사안으로 떠올랐다.

독도의 영유권 문제는 정, 관, 학계와 온 국민들이 경각심을 가져야 할 문제이다. 그야말로 그 장(場)이 현재이고 구체적이며, 동해의 일본해 표기와 나아가 역사왜곡의 쟁점에 대한 헤게모니와도 연결되는 문제이기 때문이다.

우리의 상식대로라면 일본은 일본의 교과서상에 독도를 '독도'로 표현하거나 아예 관심조차 기울여서는 안 된다. 왜냐하면 그것은 한국의 영토이기 때문이다. 그런데 일본 고등학교의 정치경제 교과서에서는 이를 부각시켜 쟁점화하고 있다. 그리고 지리부도 책들에서는 천편일률적으로 해상에서의 국경선의 확정과 죽도라는 표기를 하고 있다. 나아가 일본의 정책 연구소에서는 우리나라 중학교 국사교과서의 독도 관련 내용을 반박하는 자료를 제시하고 있다.

극히 소수의 일본 교과서(예: 동원서적)에서는 현재 한국과 일본 간에 독도 영유문제가 쟁점화되고 있음을 밝히면서 한국 측에서는 한국령이라고 한다는 주석을 달거나 괄호 안에 표기하기도 한다. 이렇게 하는 교과서는 그래도 꽤 양심적인 면이 있는 편이다. 대부분의 교과서에서는 그러한 언급조차 없이 그대로 일본 영토 내의 일본의 '죽도'로 되어 있다.

이러한 교과서상에서의 독도에 대한 '죽도' 표기에 대해 어떻게 대응하는 것이 바람직할 것인가? 다음의 절차와 주장이 필요하다.

첫째, 그들의 주장이 억지가 되었든, 약간은 설득력을 지녔든 간에 일본의 교과서와 지리부도상에 현재 양측에서 쟁점화되고 있는 지역이라는 사실을 게재하도록 압력을 가해야 한다. 일본의 양심 있는 학자들과 배우는 학생들로 하여금 생각하도록 해야 한다는 관점에서이다. 나아가 교사용 지도서에나 참고자료에서는 더욱더 자세하게 한국 측의 입장과 일본 측 입장을 소상히 밝혀 왜 이 부분이 쟁점화되며, 갈등을 빚는 이유를 알도록 해야 한다. 즉 교육의 장에서 공론화시킬 필요가 있다는 말이다. 이러한 절차를 무시한 채, 마치 독도가 일본의 다케시마인 것으로 기정사실화하여 기술하는 것은 소수일지언정 일본 내의 양심 있는 교사와 학자들의 언로를 막는 것이며, 미래의 양식 있는 시민으로 성장할 학생들의 비판적 사고의 성장을 막는 셈인 것이다.

둘째, 외교적으로 부단히 노력하여 독도가 한국 영토임을 국제사회에 확인시키는 홍보작업과 일본의 양심 있는 학자들의 목소리가 나오도록 유도해야 한다. 필요한 자료를 만들고 이를 배포하는 일은 한시도 틈을 두어서는 안 된다. 일본 측에서는 이러한 일에 대해 물질적 공세를 퍼붓고 외교적 전략을 줄기차게 펼치기 때문인데, 우리 정부에서 잘못 판단하여 소극적인 자세를 취하거나 보고만 있을 경우 국제사회에서는 일본 측의 주장에 귀를 기울일 수밖에 없게 된다.

셋째, 국내의 학자들은 독도가 우리의 영토임을 학문적으로 연구하여 연구물을 축적하고, 논리적으로 무장할 수 있도록 꾸준히 노력하고, 발표하여야 한다. 그리고 현장의 교사들은 우리 영토에 대한 정확한 사실을 올바르게 가르쳐야 하며, 따라서 학생들이 배우기에 적합한 학습 자료를 개발하고 배포하여 지속적으로 계도하는 일을 병행해야 한다.[144]

이러한 과정을 소홀히 하는 순간부터, 외부세계에서는 일본 측의 주장에 대해 대응논리가 없는 것처럼 비치거나 우리 측 논리가 없거나 약한 것처럼 비칠 수 있는 것이다. 반복되면서 물량공세를 취하는 일본 측의 억지 목소리는 기정사실화된 공인된 목소리인 것처럼 국제사회에 들릴 수 있게 되고 서서히 우리 측의 주장과 입장은 약화될 수밖에 없다. 만일 묵시적인 태도로 일관된다면 국내의 우리 국민과 학생들조차 의아하게 여기는 이상한 결과를 초래하게 될지도 모른다.

넷째, 정부 측에서도 취해야 할 태도가 분명히 있다. 즉 잘못된 신한일 어업협정에 대한 보완 협상을 재개해야 한다. 나아가 독도를 기점으로 한 배타적 경제수역을 선포하고, 우리 국민이 우리 영토에 자유롭게 드나들 수 있도록 입도 허가제를 폐지해야 하며, 어업전진기지로 개발하는 것은 당연하다.

전쟁을 치르며 국토를 수호해 내는 일만큼이나, 외교적 역량을

---

144) 한국교육과정평가원에서는 '독도 학습 자료'를 책자와 CD로 개발, 배포하여 현장의 교사들이 활용토록 한 바 있는데, 이러한 일련의 일들은 매우 중요하며, 꾸준히 지속되어야 한다.

쌓아 슬기롭게 대처하는 일과 학문적 노력을 기울이는 일, 나아가
그 결과를 국민들과 학생들에게 홍보하고 계몽시키는 일들 역시
중요하다.

참고문헌

愼鏞廈, 신용하 저작집 38 獨島領有權에 대한 日本主張批判, 2002, 서울대학교출판부.

大西俊輝, 권오엽 옮김, 獨島, 2004, 제이엔씨.

이진명, 독도, 지리상의 재발견, 1998, 삼인.

한일관계사연구회, 독도와 대마도, 1996, 지성의 샘.

한국정신문화연구원, 1961, 獨島硏究(보고논총 96-1), 大韓公論社, 1965, 獨島.

신용하, 독도의 민족영토사 연구, 1997.

신용하, 독도(獨島), 보배로운 한국영토: 일본의 독도영유권 주장에 대한 총비판, 1997, 지식산업사.

타와라 요시후미(俵 義文), 위험한 교과서, 일본교과서바로잡기운동본부 옮김, 2001.

역사교과서연구회(한국)·역사교육연구회(일본), 역사교과서 속의 한국과 일본, 2001, 혜안.

(사)동해연구회, 제7회 '동해' 지명과 바다 명칭에 대한 국제학술세미나 자료집, 2001.

한국정신문화연구원, "일본의 교육기본법 개악"을 둘러싼 활동소개자료집: 일본의 역사교과서문제와 교육의 우경화를 중심으로, 2004.

형기주, "독도의 지정학", 대한지리학회와 조선일보사 주최 독도문제 대책을 위한 토론회 자료집, 2005.

지리부도류

二宮書店, 평성 15년, 基本地圖帳.

二宮書店, 평성 13년, 基本高等地圖.

二宮書店, 평성 14년, 基本高等地圖.

二宮書店, 평성 15년, 高等地圖帳.

二宮書店, 평성 15년, 高等地圖帳, 最新版.

二宮書店, 평성 16년, 現代地圖帳.

二宮書店, 평성 13년, 詳解現代地圖.
二宮書店, 평성 16년, 必携콤팩트地圖帳.
帝國書院, 평성 13년, 地歷高等地圖; 現代世界와 그 歷史的 背景, 最
　　新版.
帝國書院, 평성 13년, 新編標準高等地圖, 最新版.
帝國書院, 평성 16년, 標準高等地圖; 지도로 읽는 현대사회, 新訂版.
帝國書院, 평성 13년, 新詳高等地圖, 初訂版.
帝國書院, 평성 15년, 新詳高等地圖, 最新版.
東京書籍, 평성 13년, 新高等地圖.
東京書籍, 평성 15년, 新高等地圖.

고등학교 지리교과서
中村和郎 외 7인, 평성 16인, 즐겁게 공부하는 世界地理B(最新版), 帝
　　國書院.
高橋彰 외 7인, 평성 16년, 高等學校 新地理A(最新版), 帝國書院.
矢田俊文 외 9인, 평성 6년, 환경과 인간: 지리A, 東京書籍.
山本正三 외 18인, 평성 13년, 기본지리A, 평성 13년, 二宮書店.
竹內啓一 외 9인, 평성 15년, 지리A, 敎育出版株式會社.
石井素介·奧田義雄 외 8인, 평성 14년, 地理A(改訂版), 敎育出版.
矢田俊文 외 10인, 평성 14년, 지리A, 東京書籍.
石井素介·奧田義雄 외 8인, 평성 6년, 地理A, 敎育出版.
山本茂 외 14인, 평성 15년, 고교현대지리A: 현대세계의 동향과 제지역
　　의 과제, 淸水書院.
矢田俊文 외 10인, 평성 15년, 지리A, 東京書籍.
矢田俊文 외 8인, 평성 14년, 환경과 인간, 東京書籍.
山本茂 외 13인, 평성 6년, 현대지리B: 지구적 시야로 본 오늘의 세계,
　　淸水書浣.
矢田俊文 외 10인, 평성 6년, 지리B, 東京書籍.
矢田俊文 외 8인, 평성 14년, 지리B, 東京書籍.
山本茂 외 13인, 평성 13년, 현대지리B: 지구적 시야로 본 오늘의 세계
　　(개정판), 淸水書院.

山本茂 외 8인, 평성 14년, 신지리A(개정판), 淸水書院.
市川 正巳 외 8인, 소화 62년, 고등학교 지리(개정판), 淸水書院.
山本正三 외 13인, 평성 14년, 고교생의 신지리A, 평성 14년, 二宮書店.
山本正三 외 13인, 평성 15년, 고교생의 신지리A, 평성 15년, 二宮書店.
山本正三 외 13인, 평성 13년, 고교생의 신지리A, 평성 13년, 二宮書店.
山本正三 외 13인, 평성 13년, 고교생의 지리A, 二宮書店.

고등학교 정치・경제 지리교과서
永井憲一 외 6명, 정치・경제(개정판), 2002, 三省堂.
中川淳司 외 6명, 정치・경제, 2004, 三省堂.
山崎廣明 외 6명, 현대의 정치・경제, 2002, 山川出版社.
山崎廣明 외 6명, 현대의 정치・경제, 2003, 山川出版社.
阪上順夫 외 14명, 고등학교 정치・경제, 평성 15년, 第一學習社.
阪上順夫 외 14명, 고등학교 정치・경제, 평성 14년, 第一學習社.
野中俊彦 외 5명, 신정치경제, 평성 15년, 桐原書店.

고등학교 일본사 교과서
靑木美智男 외 13명, 明解 日本史A(개정판), 2003, 三省堂.
靑木美智男 외 12명, 일본사A, 평성 15년, 三省堂.
宮元茂夫 외 10명, 實敎出版, 고교일본사B, 평성 6년, 實敎出版.
家永三郎 외 5명, 신일본사B, 2001, 三省堂.
門脇楨二 외 5명, 고교일본사(三訂版), 소화 62년, 三省堂.
宮原武夫 외 15인, 高校日本史A, 평성 15년, 實敎出版.
靑木美智男 외 13인, 明解 日本史A(개정판), 1999, 三省堂.
宮原武夫 외 15인, 高校日本史B, 평성 15년 검정제, 實敎出版.

중학교사회 역사 분야 교과서
竹內理三・鈴木成高 외 4명, 중학교사회과 역사, 최신판, 소화 54년,
　　帝國書院.
兒玉幸多・井上光貞 외 20명, 중학사회 역사적 분야, 소화 53년, 日本
　　書籍株式會社.

北島正元・佐騰竺・野村正七 외 23명, 신판중학사회 역사적 분야, 소
　　화 53년, 敎育出版株式會社.

중학교사회 공민 분야 교과서

佐藤幸治 외 8인, 중학사회: 공민적 분야, 평성 15년, 大阪書籍.
阿部齊 외 41인, 중학사회 공민, 평성 15년, 敎育出版.
谷本美彦 외 6인, 사회과 중학생의 공민, 평성 15년, 帝國書院.
田邊裕 외 37인, 새로운 사회 공민, 평성 15년, 東京書籍.
堀尾輝久 외 15인, 우리들의 중학사회: 공민적 분야, 평성 15년, 日本
　　書籍.
伊東 光晴 외 11인, 중학생의 사회과・공민: 현대사회, 평성 15년, 日
　　本文敎出版.
中村硏一 외 12인, 신중학교 공민: 일본의 사회와 세계, 평성 15년, 淸
　　水書院.

소학교 사회과 교과서

大野 連太郎 외 26명, 소학생의 사회과, 국토와 인간 5下, 소화 60년,
　　中敎出版.
大野 連太郎 외 26명, 소학생의 사회과, 토지와 인간 4下, 소화 60년,
　　中敎出版.
堀尾輝久 외 19명, 소학사회 5上, 소화 60년, 日本書籍株式會社.
堀尾輝久 외 19명, 소학사회 5下, 소화 60년, 日本書籍株式會社.
堀尾輝久 외 19명, 소학사회 4下, 소화 60년, 日本書籍株式會社.

한반도 주변 주요국 교과서의 한국 관련 지명 왜곡과 오류 실태[145]

— 일본, 중국, 러시아, 미국 지리교과서를 중심으로 —

요약: 본 연구는 우리나라와 관련된 내용을 담고 있는 외국의 교과서, 교과서 집필 시 참고가 되는 각종 기초 자료와 백과사전 등의 체계적 분석을 통해 그 내용의 실과 허, 그리고 보완점을 밝혀냄으로써 우리나라의 국가적 이미지의 홍보와 좋은 문화적 이미지를 전달하려는 데 기여하고자 하였다. 이러한 맥락에서 본 글은 우리나라 주변 네 강국들의 지리교과서에 보이는 지명 오류를 중심으로 그 표기 실태가 어떠한지를 살피고자 하였다.

분석 결과 1960년대 이후의 현대 한국 사회에 대한 기술에서는 대부분의 교과서에서 긍정적 기조를 발견할 수 있었다. 하지만 교과서에 기재된 자료의 경우는 동해의 일본해 표기 문제 이외에도 한국을 알려 주는 자료가 대표성이 떨어지거나 오래전 통계자료의

---

145) 본 글은 필자와 한관종 박사(외대 강사)의 공동연구 결과이며, 그의 허락과 양해하에 본 장의 내용으로 했다.

인용으로 최근의 경향을 제대로 설명하지 못하는 경우나, 출처가 분명치 않은 자료나 잘못된 수치를 인용하는 경우도 나타났다.

이러한 오류들을 시정하기 위해서는 단기적으로 한국의 현재 상황을 바르게 알릴 수 있는 통계자료, 사진, 지도 등의 제작, 배포가 이루어져야 한다. 아울러 교과과정 작업에 직접 참여하거나 교과서를 집필하는 저자, 그리고 검인정 과정에 관여하는 전문가 그룹을 선별 초청하여 한국에 대한 이들의 이해를 향상시켜 놓는 작업이 중요하다고 본다.

결론적으로 교과서 문제에 대한 가장 근본적인 해결책은 비록 많은 시간과 비용이 투입된다고 하더라도 한국에 대한 깊은 이해를 가진 한국 학자 또는 한국 전문가를 양성하는 일이라 할 것이다.

주요어: 사회과(지리) 외국교과서, 교과서 지명 오류 및 왜곡 실태, 교과서 오류의 개선

Ⅰ. 서론

2003년도에 한국학중앙연구원(당시는 한국정신문화연구원)에서 일본, 중국, 말레이시아, 베트남, 인도네시아, 태국 등 아시아 주요 국의 유명 대학 학생들을 대상으로 설문조사를 하여 분석한 '외국인의 한국관 조사연구'가 행해진 바 있다(은기수 외, 2003). 질문에는 한국, 한국인, 한국 사회, 한국 문화, 한국 역사, 지리, 언어 등

매우 포괄적인 영역에 걸쳐 인지도 및 이미지를 조사하고 분석한 것이었다. 결론은 한국에 대한 이미지가 문제 영역과 국가에 따라 매우 다양하다는 것이었다. 한국에 대해 잘 알고 있다거나 또는 잘 모른다고 말할 수 없을 정도로 이미지 및 인지도는 매우 중층적인 결과를 보였다. 아시아 6개국의 소위 명문대학의 재학생들을 대상으로 이루어진 결과를 보면, 다른 영역보다도 연예인 혹은 대중문화에 대한 관심 및 지식이 비교적 높은 것으로 나타났다.[146) 기업의 브랜드로는 삼성, 현대, LG가 널리 알려져 있고 그 가운데서도 삼성에 대한 인지도가 가장 높았다.

한국의 지리적 위치, 국가, 언어, 문자 등에 관해서는 비록 인지도가 높은 경향이 있었지만, 동해의 명칭 등에 있어서는 아시아 6개국 모든 학생들이 동해보다는 일본해로 인식하고 있었다. 이는 공식적인 차원에서나 학문적인 차원에서 일본해가 아니라 동해라고 주장한다 해도 앞으로 아시아 각 사회를 이끌어 갈 대학생들에게조차도 동해를 '동해'라고 올바르게 인식시키기 위해서는 부단한 노력이 필요함을 확인할 수 있는 연구 결과였다.

이러한 연구 결과에서도 나타나는 것처럼, 일본의 교과서 왜곡의 파장과 그 심각성은 이미 잘 알려진 사실이며, 동해의 '일본해' 표기, 독도의 '다케시마' 표기는 우리를 당혹스럽고 화나게 만들고 있다. 1982년 일본 역사교과서 왜곡 사건에 대해 한국뿐만 아니라 동남아시아 등 여러 나라로 문제가 확대되어 각국 교과서 분석이 체계적으로 이루어져야 할 필요성이 크게 대두되었다.[147) 2001년

---

146) 이러한 관심은 특히 중국의 대학생 사이에 널리 인지되고 있었다.
147) 이러한 시대적 필요성은 80년대 초부터 2002년까지는 한국교육개발원에서, 2003년 봄부

일본 후소샤 출판사의 중학교 역사교과서 왜곡 파동이 물의를 빚은 이후 기존의 대응책에 대한 반성과 함께 보다 과학적이고 학문적인 접근을 통해 문제를 해결해야 한다는 논의들이 제기되고 있다.

오늘날 세계화의 지구촌 시대에 우리는 살고 있다. 국가 브랜드와 이미지는 곧 국가 경쟁력으로 나타나므로 정치, 경제는 민생에 대한 기본 정책으로 강조되는 바탕 위에 각 국가마다 스포츠와 예술 등을 통해 국가 홍보와 좋은 문화적 이미지를 전달하기 위해 경쟁적으로 부심하고 있다. 국가적 이미지 홍보의 중요성과 경쟁력이 강화되고 있는 이때에 교육적 측면에서 우리나라와 관련된 내용을 담고 있는 외국의 교과서, 교과서 집필 시 참고가 되는 각종 기초 자료와 백과사전을 체계적으로 수집, 분석하여 그 내용의 실과 허, 그리고 보완점을 밝혀내는 일은 대단히 중요하다고 본다.[148] 본 글은 이러한 맥락에서 아시아 주변 네 강국들의 사회교과서 중 지리 교과서에 보이는 지명 오류를 중심으로 그 표기 실태가 어떠한지를 살피고자 한 것이다.

연구 방법은 첫째, 본 연구는 한반도를 둘러싼 주변 네 강대국의 지리교과서를 연구 대상으로 하는 문헌 연구이다.[149] 둘째, 구체적으로 일본, 중국, 러시아, 미국의 지리교과서를 분석 대상으로 하여 동해와 독도 표기 등을 포함한 지명 오류와 왜곡 실태를 점검한다. 셋째, 이를 위한 전초 작업으로 한국 관련 내용을 발췌하여 분석한 최근의 정책 보고서와 관련 교과서들을 분석한다. 넷째, 독도 표기

터는 한국학중앙연구원 한국문화교류센터에서 교과서 분석 및 오류시정 사업으로 구현되고 있다.

148) 이와 관련된 내용은 바로 이어지는 다음 절에서 좀 더 상세히 다루기로 한다.

149) 지리교과서를 위주로 하되, 미국의 경우는 세계사 교과서도 필요에 의해 포함시켰다.

에 대한 내용에서는 그 서술 태도(독도 또는 다케시마로 표기)를 적시한다. 다섯째, 그 밖의 한국 관련 지리적 요소의 내용들에 대해서도 언급한다. 여섯째, 필요에 따라서는 각국 교과서의 서술 경향을 설명하기 위해 기타 한국 관련 중요한 주제들에 대해서도 언급한다. 끝으로 이상의 내용들을 종합 정리하여 경향을 서술함으로써 결론에 대신한다.

Ⅱ. 국제이해교육에 있어서 교과서 분석의 의의

과학기술의 발달은 지구를 하나의 촌락으로 비유할 수 있을 만큼 국가 간의 거리를 단축시켰으며 이로써 지구상의 모든 국가가 서로 이해하고 평화추구를 위해 노력해야 할 필요성이 더욱 증대되었다. 이에 따라 유네스코에서는 국제이해, 국제협력 및 평화를 위한 교육에 세계 각국이 힘써 줄 것을 권고하는 결의안을 채택하기에 이르렀으며 대부분의 나라가 학교교육 속에 국제이해교육을 포함하고 있다.

국제이해교육을 실시하는 데 있어서 가장 중요한 기본 요건 중의 하나는 사실을 바탕으로 한 상대 국가, 상대 국민에 대한 올바른 인식이라고 말할 수 있다. 그러나 현재 이러한 기본 요건은 국제사회에 제대로 성숙되어 있지 않다. 특히 우리나라의 경우 우리에 관한 정확한 사실을 국제사회에 알릴 필요성이 절박한 실정이다. 1960년대 이후 급속한 국가발전을 이룩했음에도 불구하고 아직까지 한국을 잘 모르는 외국인이 많으며 일제강점기와 남북 분단,

그리고 한국전쟁 등으로 말미암아 한국에 대해 부정적인 편견을 가지고 있는 경우도 많기 때문이다.

그런데 국제이해교육에서 가장 중요한 매체가 되는 교과는 가장 많이 외국을 다루고 있는 사회과 분야라고 말할 수 있다. 그런데 일반적으로 외국 및 외국인들에 대한 태도 형성은 6세에서 14세 사이에 이루어지는 것으로 알려져 있다. 이 시기는 아동들이 초등학교와 중등학교에 재학할 시기이므로 아동들은 이때 거의 대부분 학교 교과 학습 시간을 통해 특히, 사회과 분야의 수업을 통해 외국에 대해 배우게 된다. 따라서 사회과 교과서가 학생들의 외국에 대한 태도나 인식에 결정적 영향을 끼칠 것임을 쉽게 추론할 수 있다. 어린 시절과 사춘기 시절의 학교교육은 그들의 가치관과 세계관 형성에 스펀지가 물을 빨아들이듯 스며들게 마련이며, 그만큼 결정적인 영향력을 미치게 되는 것이다. 예컨대 교육과정이나 그것을 구체화한 교과서에서 무엇을 가르치느냐에 따라 그들의 인식과 세계관이 바뀔 수 있다. 외국에 대한 태도나 가치관은 그들이 직접 부딪히는 경험의 기회가 적기 때문에 더욱 교과서 중심의 학교교육에 의존하게 된다. 따라서 편견과 부정확한 정보에 의거하여 기술된 교과서로 외국을 공부했다면 학생들도 그 편견을 그대로 답습할 수밖에 없으며 이때 형성된 외국에 대한 인상은 학생들이 성인으로 성장한 후에도 고정관념으로 작용할 가능성이 높다.

한국에 대한 외국인들의 태도도 이와 같은 맥락에서 이해할 수 있다. 외국의 초, 중등 사회과 교과서에 수록된 한국 관련 내용은 외국 학생들의 한국 이미지 형성에 결정적인 영향을 미치게 되며 이때 만들어진 한국 이미지는 평생을 통해 영향을 미치게 된다. 따라서 외국 교과서에서 한국을 바르게 소개할 수 있도록 외국의 교과서를 수집하여 분석하고 잘못 기술된 부분을 수정할 수 있게 정확한 자료를 제공함은 바른 한국 이미지 정립 및 국제이해교육의 증진에 기여하는 매우 의의 있는 일이라 할 수 있다.

이와 같은 맥락에서 과거의 한국교육개발원 교과서국제비교연구실과 오늘의 한국학중앙연구원 한국문화교류센터에서는 그동안 외국의 사회과 교과서에 나타난 한국 관련 내용을 중점적으로 분석해 오고 있다. 이는 곧 한국바로알리기 사업의 핵심 과제이기도 하다. 즉 한국을 바로 알리기에 앞서 외국에서는 과연 우리나라를 어떻게, 어느 정도 이해하고 있는지를 정확하게 파악하는 것이 선결 과제이기 때문이다.

위의 두 기관에서는 과거와 현재의 활동을 통해 역사, 지리, 정치, 문화사 등 사회과 분야에 정통한 최고의 연구진을 동원하여 심도 있는 연구 활동을 전개하였고, 나아가 그 연구 결과를 보고서로 발행하여 외국 교과서에 나타난 한국의 실상과 문제점, 그리고 바람직한 시정 방안을 제시하고 있다.

연구 결과들에 따르면 외국의 사회과 교과서에서는 우리나라와 관련된 내용 중 많은 오류들이 밝혀지고 있다.[150] 이러한 오류들은 국가의 명칭에서부터 한국의 역사와 전통에 이르기까지 다양하게 나타났다. 개중에는 교과서 집필자의 무지로 인한 단순한 오류도 있었지만, 국제사회의 이해관계에 따라 의도적으로 역사와 전통을 왜곡한 사례도 적지 않았다.

---

150) 필자(손용택)는 1990년 1월부터 2003년 3월까지 약 13년 이상 외국교과서를 분석하여 한국 관련 내용들의 오류를 조사하고 이를 시정하는 정책 연구에 종사하며 약 30여 권의 보고서를 작성하였다.

Ⅲ. 한반도 주변 주요국의 교과서 오류 실태

1. 일본

일본의 고등학교 지리교과서에서는 모두 동해를 일본해로 표기하고 있다. 그러나 우리나라의 독도를 죽도 또는 다케시마로 표기해 놓은 교과서는 찾아볼 수 없다. 이는 독도가 한국의 영토인 것으로 당연히 생각하기 때문이 아니라, 교육과정(학습요령)에서 다루는 주제가 아니거나 워낙 작은 섬이므로 스케일상 교과서의 지도에 나타낼 수 없는 경우로 해석된다.

한편, 일본의 각 지리부도에는 모든 책들에 걸쳐서 울릉도와 독도 사이에 한일 국경선이 통과하는 것으로 표기되어 있으며, 동해를 일본해로, 독도는 의당히 일본령 죽도(竹島)로 표기하였다. 한반도 전체를 지칭할 때는 일률적으로 조선반도로, 북한에 대해서는 '조선민주주의 인민공화국', 우리나라에 대해서는 '대한민국' 등으로 표기하고 있다.[151]

그리고 일본의 정치경제 교과서에서 국제문제를 다루는 내용에 지도와 함께 독도를 일본령 다케시마로 분명히 다룬 교과서들도 확인한 바 있다.[152]

---

151) 연구자가 일차로 조사한 15권의 지리부도뿐만 아니라, 새로 확인한 모든 일본 내에서 출판된 지도책류에는 모두 이러한 표기를 하고 있다.

152) 동원서점(桐原書店, 평성 15년, 野中俊彦 외, 71쪽)의 신정치경제 교과서에서 국제분쟁과 민족 문제를 다루는 내용 가운데 죽도를 지도상에 표시한 후, 일본과 한국 정부에서 공히 영유권을 주장하는 지역으로 괄호 속에 적고 있다. 삼성당(三省堂, 정치·경제, 개정판, 2002년, 93쪽, 永井憲一 외 6명)에서 간행한 정치경제 교과서에는 한국과 일본 사이의

고등학교의 일본사 또는 세계사 교과서에 사용된 지도라면 고대
사 또는 중세사, 근세사 지도에 바다 이름과 울릉도, 독도 등이 표
시될 수 있다. 조사한 바 있는 세 권의 역사교과서에는 시대 상황
을 설명하기 위한 여러 주제의 지도들이 망라되고는 있지만, 울릉
도나 독도를 표기한 지도는 보이지 않았다. 다만 동해에 대해 '일
본해'로 표기한 지도들은 세 권 모두에서 여러 컷 발견된다.[153]

소화시대의 중학교 사회과 역사분야 교과서에 나타난 한국지도
와 지명을 살폈으나 대부분의 교과서에서 동해 또는 독도가 표기
된 지도를 찾아보기 어렵고, 다만 소화 53년과 54년의 중학교 사회
역사분야 교과서에서 동해를 '일본해'로 표기한 지도를 살필 수 있
는 정도였다(손용택, 2005: 367). 일본서적(日本書籍)에서 발행한
교과서에는 일본 측에서 한반도 남부에 근거 없는 '임나일본부'설
을 주장하는 것을 뒷받침이라도 하려는 듯 남부지방의 신라와 백
제 사이에 '임나제국(任那諸國)'을 표시한 지도가 등장한 경우는
있다.[154]

일본의 교과서에서 한반도를 '조선반도'로 표기하고, 북한을 '북
조선'으로, 남한을 '대한민국'으로 표기하는 것이 상례이다. 간혹
남북한을 합해서 '한국(韓國)'으로 표기하는 경우가 있으나 극히
이례적인 표기이다.[155]

바다에 죽도와 대마도를 표기한 지도를 게재한 후, 그림에 대한 설명을 적고 있다(손용택,
2005: 365).

153) 宮原武夫 외 15인, 평정 15년, 高校日本史A, 實敎出版, 靑木美智男 외 13인, 1999년,
明解 日本史A(개정판), 三省堂, 宮原武夫 외 15인, 평성 15년 검정제, 高校日本史B, 實
敎出版(손용택, 2005: 367).

154) 兒玉幸多·井上光貞 외 20명, 소화 53년, 중학사회 역사적 분야, 日本書籍株式會社,
p.39의 우측 상단의 지도, 北島正元·佐騰竺·野村正七 외 23명, 소화 53년, 신판중학
사회 역사적 분야, 敎育出版株式會社, p.42의 좌측 상단 지도, p.45의 상단 우측 지도.

일본의 소학교 사회과 교과서에는 울릉도, 독도(죽도)에 대한 표기는 전혀 찾아볼 수 없다. 이는 당연한 결과이기도 하다. 판형이 작은 교과서이기도 하지만, 자세한 스케일의 지도를 소학교 사회과 교과서에서 다루지 않기 때문이며, 더더욱 민감한 쟁점 사안을 취급할 리가 없기 때문이다. 다만 집중 검토된 교과서들 가운데 일부 교과서의 지도에서 '동해'를 '일본해'로 표기하고 있는 지도들이 등장하고 있다.[156]

요컨대 집중적으로 검토한 교과서들에서 '독도(죽도)'가 나타나지 않는 것은, 교과서 판형과 지도의 스케일상의 문제, 그리고 당시 교과서에서는 '쟁점화'되지 않은 사안이기 때문인 것으로 여겨진다.

2. 중국

중국의 지리교과서에서 한국에 관한 내용이 취급되는 단원은 세계지지 중에 동아시아 편 또는 중국지지 중에 동북지방 편이다. 이 밖에는 지도상의 지명이나 용어에서 이따금 한국관계의 사실이 기술될 정도이다. 각 대륙별 지지의 서술에서 사례국을 일본으로 정하는 경우가 많기 때문에 한국에 대한 기술은 극히 드물다. 그것도 시대에 따라 분량에 차이가 있고 내용의 진위, 오류의 정도에 차이

---

155) 北島正元·佐騰쓴·野村正七 외 23명, 소화 53년, 신판중학사회 역사적 분야, 教育出版株式會社, p.249의 우측 상단 지도(손용택, 2005: 367쪽 재인용).

156) 손용택, 2005: 369. 大野 連太郎 외 26명, 소화 60년, 소학생의 사회과, 토지와 인간 4下, 中敎出版, p.26, 31, 38. 大野 連太郎 외 26명, 소화 60년, 소학생의 사회과, 국토와 인간 5下, 中敎出版, p.87. 堀尾輝久 외 19명, 소화 60년, 소학사회 4下, 日本書籍株式會社, p.93. 堀尾輝久 외 19명, 소화 60년, 소학사회 5上, 日本書籍株式會社, p.69. 堀尾輝久 외 19명, 소화 60년, 소학사회 5下, 日本書籍株式會社, p.45, 49, 64-65 사이의 색지 지도.

가 크다.

1987년판 세계지리(상) 중학교용에는 한국관계 내용이 무려 3쪽에 걸쳐 있고, 기재 내용도 남북에 대한 편견이 클 뿐 아니라 6·25 전쟁을 미 제국주의 침략 전쟁으로 규정하는 등 냉전시대의 어두운 국제관계를 그대로 반영하고 있다. 분석 대상 교과서(중학교용) 목록과 실려 있는 내용을 개략하면 다음과 같다.

교과서 명/연도/학교급/서술 수준과 분량
① 세계지리(상), 1987, 중, 3쪽(본문), 편견과 왜곡, 지명과 용어 오기 등
② 지리 1, 1989, 중, 4행(본문), 3행(참고자료), 지명과 용어
③ 지리 4, 1991, 중, 중국의 소수민족 서술, 지명과 용어
④ 지리 1, 1992, 중, 4행(본문), 5행(참고자료), 지명과 용어
⑤ 지리 3, 1993, 중, 중국의 소수민족 서술, 지명과 용어 약간
⑥ 지리 선택, 1993, 고, 일본지지에 약간. 지명과 용어 등
⑦ 지리 1, 1995, 중 지리 1(1992)과 유사, 내용 약간 수정
⑧ 지리 3, 2001, 중, 중국 소수민족 서술, 지명 약간
⑨ 지리 4, 2001, 중, 중국 동북지방 지리에서 지명과 용어 약간
⑩ 지리(3년 문과), 1997, 고, 상해판, 본문 7행, 지명, 약간
⑪ 지리 7년(상, 하), 2001, 중, 서울지하철 지도, GNP 비교, 기타 약간
⑫ 지리 8년(상), 2001, 중, 지명과 풍속 등 약간

①번과 ②번 등 1980년대의 교과서는 초급중학교과서 중심으로 한국 관련 내용서술이 많고, 남북의 편견, 왜곡이 많다. 그리고 ③∼⑦번, ⑩번 등 1990년대의 교과서는 한국 관련 내용서술이 아주 축소되었고, 한국의 경제발전에 대한 서술에 아주 인색하다. 한편 ⑧, ⑨, ⑪, ⑫번 등 2000년대의 교과서는 한국 관련 내용이 거의 없다.

④번의 경우 군데군데에 조선반도, 일본해, 도문강, 조선족 등 지

명이나 용어가 지도와 본문에 쓰이고 있다. 1992년에 한국과 중국이 정식 수교를 맺었고, 한국의 경제는 이미 1980년대에 중화학 공업 국가로 부각되었는데도 불구하고 그에 대한 관련 내용이 매우 인색한 편이다.

⑩번의 화동사범대에서 출판한 상해판 교과서에만 오직 한국에 관한 서술이 있으며, 내용으로는 어느 정도 한국의 경제발전 수준을 서술하고 있을 뿐이다. 2000년대에 출판된 교과서에는 중학교나 고등학교 교과서에 체제상으로는 한국 관련 내용이 없다. 중학교에 해당되는 7년용의 ⑪번 교과서 상(上)에 지도 그리기에서 서울의 지하철 노선도가 있고, ⑫번의 교과서에 중국이 다민족 통일 국가임을 강조하면서 조선족의 인구수, 풍속, 거주지 등이 약간 소개된 것이 전부이다.

여기에서 호칭이나 지명 오류문제에 대해 논의해 볼 필요가 있다. 나라와 민족의 호칭이나 지명이 잘못 표기된 사례는 조선, 조선반도, 조선해협, 조선민족, 일본해, 도문강 등이다. '조선(朝鮮)'이라는 호칭은 서기 1393년 이성계의 역성혁명에 의해서 건설된 조선왕조를 이르는 것이다. 조선왕조는 1897년 고종의 '광무개혁'에 따라 '대한제국'으로 바뀌었고 일본의 침략으로 한때 망국의 치욕을 겪다가 1948년 '대한민국'으로 탄생한 것이니 '조선반도'는 '대한반도'이거나 '한반도'로 불러야 한다. 따라서 조선민족은 대한민족 또는 한민족이고 조선해협은 대한해협으로 불러야 마땅하다.

'일본해'라고 표기(교과서 내의 지도)한 부분은 일본이 대륙 침략에 광분할 때, 저들이 멋대로 호칭한 지명이다. 본래 우리는 '동해' 또는 '한국해'라고 명명했던 호칭이다. 중국이 지금의 '동중국해'를

'동해'라고 표기하듯이 우리도 이를 '동해'라고 불러 왔다. 이것을 '일본해'라고 표기하는 것은 일제의 강점기에 일본이 일방적으로 국제기구에 등록하면서 쓰인 지명이다. 국권을 회복한 한국은 잃어버린 이름을 되찾을 권리가 있다. 외국의 탐험대들이 옛날에 표시한 고지도에도 'Corean Sea'라고 쓴 사례가 많다. 예를 들면, Dunn Samuel의 1794년 제작 'The Japan Empire' 고지도, 1700년 G. Danet이 제작한 고지도 hasie Dressee(떠오르는 아시아)에도 'Mer de Cofee(한국해)'라고 표기되어 있다. 이러한 사례는 아직 얼마든지 찾아낼 수 있는데, 특히 일본 사람들 자신이 제작한 고지도에도 동해를 '조선해'로, 태평양 쪽의 일본 열도 근해를 '일본해'로 표기한 1810년 제작의 신정만국전도(新訂萬國全圖)가 있다(손용택·형기주, 2004: 52).

앞에서 지적한 도문강은 한자로 圖們江 또는 土們江으로도 적는다. 이렇게 적는 것은 조선과 청국 사이에 백두산정계비를 세우면서 조청(朝淸) 간의 국경을 "……視西爲鴨綠, 東爲土門, 故於分水嶺上, 勤店爲記……"(康熙 51年 5月 15日)라고 적은 데에서 비롯된다.[157) 여기에서의 토문강이란 송화강의 한 지류로서 백두산정계비에서 보면 동북쪽으로 흐르다가 북쪽으로 흘러 송화강 본류에 합류하는데 흐름의 방향이 토문강의 바로 서쪽에 있는 삼도백하(三道白河), 사도백하(四道白河)와 같다. 그러므로 토문강을 양국의 동쪽 경계로 삼는다면 지금의 동간도(東間島) 지방은 당연히 조선의 영유가 되는 것이다.

1910년대까지만 해도 투먼(土門)은 중국 연길 현에 속한 작은 자

---

157) 莜田治策, 白頭山定界碑, 樂浪書院, 1938, p.5(손용택·형기주, 2004: 52쪽 각주 재인용).

연부락이었다. 1913년 연길 현이 처음 현(縣)으로 지정되었을 때 지인향(志仁鄉), 오갑(五甲), 의란구(依蘭溝) 관할에 속해 있었다. 향, 갑, 구 등은 모두가 당시의 행정구역 명칭이다. 이때 투먼은 애호전자(艾蒿甸子) 또는 회막동(灰幕洞)으로 불렸다. 회막동은 한국 사람들과 한족들이 땅을 개간하면서 이주해 오기 시작, 1925년에는 20여 호에 불과했던 부락이 1931년에는 100여 호 규모로 커졌다. 연길 현 당국은 1933년 6월 1일 '회막동'을 '투먼'으로 개명하고 1934년에는 간도 성 연길 현 도문 시로 승격시켰다. 만주국이 이곳을 '투먼'으로 정한 것은 두만강이 '청일 간도협약'에 나오는 투먼(土門)과 같은 이름인 것을 강조하기 위한 수작으로 볼 수 있다.

1909년 '청일 간도협약' 자체가 일제의 만주 철도 부설을 비롯한 각종 이권을 얻기 위한 월권행위에 불과하다. 여기에서 두만강을 투먼강(土門江)으로 인정함으로써 1712년 조청(朝淸) 간 백두산정계비의 내용까지도 왜곡하는 엄청난 결과를 낳게 되었다. 우리의 역사에서 두만강을 '투먼강'으로 호칭한 사례가 없고 발음이 비슷하다고 하여 두만강이 '투먼강'이 될 수 없는 일이다.

1980년대 이후 2000년대에 이르기까지 중국 교과서에서 한국 관련 내용이 축소된 이유를 몇 가지 생각하여 볼 수 있다.[158] 하나는 중국의 지리교과서 내용 편제의 변화에서 찾을 수 있고, 다른 하나는 남북한과의 외교적 문제에서 찾을 수 있을 것이다. 중국의 고등학교 지리교과서는 1980년대 이후 점차적으로 '계통지리' 내용에 무게가 실려서 국가 하나하나를 거론할 수가 없게 되었다. 단지 경

---

158) 중국의 중·고등학교 연구 분석 대상 교과서를 통해 볼 때, 1980년대의 한국 관련 내용은 약 3쪽 분량이었고, 1990년대에는 약 5행 분량, 2000년대의 교과서에는 단편적인 내용 외에 거의 언급이 없다.

제개발이나 산업 활동을 설명하는 단원에서는 아시아의 '신흥 공업국' 중 하나라 거명되는 수준이다.

중학교 지리교과서에서는 여전히 '지역지리' 서술방식으로 편성되어 있지만 1980년대 이후 지역지리의 서술방식은 점차 간소화되는 경향을 보이기 때문에 역시 한국에 관련한 내용들은 제외되거나 축소될 수밖에 없다. 독도와 관련한 내용을 찾아보기 힘든 이유는 대략 이러하고 더욱이 이슈로서 특별히 거론되지 않는 한 스케일상으로 언급되기조차 어려운 이유가 여기에 있다.

중국의 이웃 나라를 예로 들 경우에는 '동아시아'를 취급하면서 중국과의 사이가 좋지도 않은 일본을 의례히 사례국으로 선택하고 있다. 역사적, 지리적으로 가까운 한반도를 제외하고 일본이 선택된 것은, 첫째로 선진 일본을 배운다는 의미가 있겠고, 둘째로는 한반도처럼 남북 간의 미묘한 외교적 마찰을 피할 수 있기 때문일 것이다.

중국의 입장에서 보면, 북한은 혈맹의 관계이다. 이러한 혈맹지우인 북한은 현실적으로는 경제적으로 후진국이고 국제적으로는 테러리스트의 오명을 지니고 있다. 이에 반해 과거의 적이었던 한국은 세계에서도 표본적인 경제개발 국가이면서 1992년 수교 이후 중요한 무역 상대국일 뿐만 아니라 기술협력에 있어서도 중요한 파트너이다. 과거의 적국은 현재의 중요한 협력 국가가 되어 있는 것이다. 교과서를 객관적으로 서술한다면 남북 간의 이러한 격차가 사실대로 기술되어야 한다. 그러자면 공연한 일을 가지고 북한을 폄하하는 모습이 되므로 한반도를 사례국에서 제외하고 차라리 이웃의 일본을 들어 설명하는 것이 상책일 것으로 판단할 수도 있을 것이다. 이러한 이유들이 1980년대 이후 중국의 중, 고등학교 지리교과서에서 한국과 관련한 내용들이 축소되거나 제외되는 이유인 것 같다.

한편, 2004년에 중국의 북경 소재 인민교육출판사에서 발행된 아래의 네 권의 교과서를 분석하였다. 현재 중국은 역사교학대강에 의해 편찬된 교과서와 역사과정표준에 의해 편찬된 교과서가 혼용되고 있다. 고등학교 역사교과서의 경우도 2004년부터 역사과정 표준에 의해 편찬된 실험교과서가 사용되기 시작하였다. 2004년 가을학기(1학기)부터 일부 지역에서 실험적으로 사용되고 있는 고등학교 실험 역사교과서는 현재 쓰이고 있는 것으로서 북경의 인민교육출판사에서 출판한 역사교학대강 교과서와 여러 가지 면에서 차이를 보이고 있다. 교과목이 현행본보다 다양해졌고 교과서의 체제도 크게 변화하였다(양영균 외 4인, 2005: 17). 현재 중국에서는 고등학교의 새로운 실험교과서가 인민교육출판사, 인민출판사, 악록서사, 대상출판사 등에서 4세트로 출판되고 있다. 중국 인민교육출판사 고등학교 역사교과서는 총 5권이 심의를 통과했는데, 이 가운데 다음 네 권의 교과서에서 한국과 관련한 내용이 수록되어 있다.

① 과정교재연구소, 2004, 역사 1(필수), 고등학교용
② 과정교재연구소, 2004, 역사 2(필수), 고등학교용
③ 과정교재연구소, 2004, 역사 3(필수), 고등학교용
④ 과정교재연구소, 2004, 역사 4(필수), 고등학교용

2004년 초심(初審)을 통과한 인민교육출판사의 고등학교 역사교과서의 가장 큰 특징은 이전 교과서들과는 달리 중국사와 세계사를 통합하고 정치사, 경제사, 사상문화, 과학기술사 등 분류사의 방식을 취하고 있는 점이다(양영균 외, 2005: 190). 그리고 이들 새

실험본 교과서들은 필수과목으로 '역사' 1, 2, 3과 6종의 선택과목을 두고 있어 과거에 비하여 선택의 폭이 넓어졌다는 점이다. 이들 새 실험본 교과서들에서 한국과 관련한 내용들은 분산되면서 크게 감소하였다. 특히 독도 관련 내용은 그들의 시각에서는 매우 작은 주제에 속하므로 찾아볼 수 없다.[159] 이와 같은 한국과 관련한 내용들의 축소는 중국의 실험본 중학교 역사교과서와 마찬가지로 편찬체제의 변화에 따른 분량 축소에 따라 불가피하게 나타난 결과로 보인다.

한편, 동해 및 독도 표기에 대해서는 과거의 교과서와 2004년 및 2005년도에 북경의 인민교육출판사에서 개발하여 실험본으로 간행한 고급중학교(고등학교)급 각종 지리교과서 및 지도류에 모두 동해를 일본해로 적고 있고, 독도에 대해서는 별도의 언급이 없다.[160]

바람직하기로는 한국과 중국, 일본의 역사학자들이 공동으로 편찬한 '미래를 여는 역사'에서 볼 수 있듯이 세 나라의 시각이 다른 지리 문제와 지명 등에 대한 공동의 연구가 보다 활발해질 필요가 있다.[161] 가능한 현실로 다가올 때, 한국의 시각이 반영된 역사나 지리 서적이 매우 적은 현실에서 공동 편찬된 이와 같은 교과서는 중국의 역사, 지리교과서 집필자들에게도 영향을 줄 수 있을 것으로 기대된다.

---

159) 교과서상에 나타낸 지도에도 축척 관계상 독도를 나타내기는 쉽지 않다.

160) 논문의 참고문헌 중 중국교과서 및 지도류 목록 참조.

161) '미래를 여는 역사(東亞三國的近現代史)'는 중국의 사회과학문헌출판사에서 출판된 이래 2005년 9월 현재까지 약 12만 부가 판매되었다. 이처럼 한국과 중국, 일본이 공동 개발한 지리교과서가 미래 사회의 동양 3국 학생들이 공부하는 교과서로 채택될 수준에 이른다면 지명과 관련한 오류와 왜곡은 자연스럽게 해결될 것이다.

3. 러시아와 미국

1) 러시아

러시아 교육부는 2002년부터 교육부의 허가나 추천을 받은 교과서를 학교에서 교과서로 사용할 수 있도록 하는 조치를 취하였다. 교육부는 2003년 9월 신학기가 시작되면서 교육부 인정을 받은 교과서 목록을 각 학교에 배포하였다.[162] 배포 목록에 따르면 교육부 인정을 받은 5학년에서 11학년까지의 역사교과서가 80권에 달하여 가장 많다. 교과서 출판사로는 계몽, 드로파, 러시아어, 므네모지나, 블라도스, 쩨게오 등이다. 저자에 따라서는 한 출판사만을 상대하기도 하지만 일부 저자들은 여러 출판사에서 교과서를 중복 출판한 경우도 적지 않다. 배포 교과서 목록 가운데 지리는 21권이며 제목은 각 학년급에 걸쳐 다양하다.[163] 특징은 초등학교에서도 지리내용을 강조해서 가르친다는 것이고, 중등에서 자연과 인구, 경제를 중시하고 이들 내용을 바탕으로 지리 교재의 내용 구성이 이루어지고 있음을 알 수 있다.

---

162) 2003년 1월 17일 제104호 러시아교육부령으로 발표된 '2003/2004학년도 일반교육기관을 위한 교과서 목록' 중에서 중등학교(5~11학년)를 위한 사회과 과목의 목록을 제시하였다. 역사 80권, 사회 17권, 지리 21권, 경제 9권(사회경제 심화과정 3권 포함), 법 5권 등이다.

163) 2000년부터 2003년에 걸쳐 사용토록 발행된 권장 교과서들의 예를 들면, 초급지리 6학년, 대륙 및 해양지리 7학년, 러시아 지리 – 자연 8학년, 러시아 지리 – 인구와 경제 9학년, 자연지리 초급 6학년, 대륙과 해양 7학년, 지리 – 러시아 인구와 경제 9학년, 지리 – 우리의 집: 지구, 대륙, 해양, 민족과 국가 7학년, 러시아 지리 – 자연, 인구, 경제 8학년, 러시아 지리 – 경제와 지역 9학년, 러시아 지리 – 자연과 인구 8학년, 러시아 지리 – 경제와 지리적 지역 9학년, 세계의 경제 및 사회지리 10학년, 일반 지리 10학년, 인간 활동 지리 10~11학년, 글로벌 지리 11학년용 등이다(오만석 외 2인, 2004, 러시아 및 중앙아시아 교과서의 한국 관련 내용 분석, 한국정신문화연구원 2004년도 교육인적자원부 수탁사업 결과보고서 부록 168쪽 발췌 정리).

초등학교에서는 지리 관련 내용을 통합과목인 '자연'에서 가르치지만 중등에서는 지리과목을 통해 이루어진다. 1998년 중등학교 과정안(교육과정)에서는 5~9학년까지 주당 총 8시간이었으나 2003년 과정안에서는 6시간으로 줄었다. 본격적인 지리수업은 6학년부터 시작하고 7학년부터는 대륙지리, 해양지리, 사회 및 경제지리, 세계지리 등으로 세분화하여 내용이 구성되며, 따라서 중등용 지리교과서에 한국 관련 내용들이 조금씩 등장하게 된다.

분석 대상 교과서는 다음과 같다.

① 초급지리(6년), 2002, 드로파, 허가교과서
② 대륙 및 해양지리(7년), 2002, 드로파 추천교과서
③ 러시아 연안지리: 우리와 우리 이웃(8~9년), 1999, 계몽, 허가교재
④ 세계의 경제 및 사회지리(10년), 2003, 계몽, 추천교과서
⑤ 글로벌 지리(11년), 2001, 드로파, 추천교과서
⑥ 20세기 세계지도(9~11년), 2000, 드로파
⑦ 세계사 학교지도서(5~11년), 1999, 계몽(정리순: 교과서/연도/출판사/추천 또는 허가)

①번의 '초급지리' 교과서에는 한국과 관련해서 다룬 내용은 없다. ②번의 '대륙 및 해양지리' 교과서에도 한국과 관련해서는 별도 항목이 없고, 중국 편에서 동아시아 국가에 포함되는 국가로 한국이라는 단어를 언급했고,[164] '아시아 국가들과 지역'이라는 타이틀의 지도에서 남한과 북한을 명기한 정도를 발견할 수 있다. 한편, 중국, 일본, 몽고, 인도, 인도네시아, 서남아시아 등은 많지 않으나 3

---

164) 베. 아. 꼬린스까야 외 2인, 2002, 대륙 및 해양지리(7학년), 드로파, p.286.

쪽 내외 정도의 서술량을 보인다.[165] ③번의 '러시아 연안지리' 교
과서에서는 중국, 몽고, 한국, 일본을 다루고 있으며 한국에 대해서
는 '동쪽 연안의 국가들' 타이틀하에 '한반도: 북한, 남한'의 제목
으로 다루었다.[166]

한편, ④번의 '세계의 경제 및 사회지리'에서는 아시아 국가들을
다루고 있으나 한국을 별도 항목의 국가로는 다루지 않았다. 아시
아 국가들의 일반적 특성을 언급하는 내용 가운데 북한과 남한으
로 분리된 분단국의 현실을 간략히 서술했고, 아시아 신흥 공업 국
가로 부상한 남한의 경제력을 실례로 간략히 설명한 정도이다. 중
국, 일본, 인도에 대해서는 각각 약 6~7쪽 분량으로, 오스트레일
리아는 2쪽의 서술량을 할애하였다(오만석 외, 2004: 35).

⑤번의 '글로벌 지리'는 러시아 교과서들 가운데 비교적 한국 관
련 주제들을 다룬 교과서로 평가된다. '제3세계' 타이틀하에서 개
발 국가로서 남한, 대만, 싱가포르, 홍콩을 '네 마리의 용'으로 그
특성을 설명하였고, 불교의 전파 과정과 그 특징을 설명하면서 대
승불교를 받아들인 국가로서 중국, 한국, 일본, 네팔 등을 얘기하고
있다. 신흥 공업 국가들의 경제발전 과정과 일반적 특징을 설명하
는 가운데 한국명을 거론하였다. 아시아태평양협력기구를 설명하면
서 회원국으로서 한국이 포함되어 있음을 밝히고 있다.

⑥번의 '20세기 세계지도'에서는 한국 관련 지도가 등장하고 동
해를 모두 '일본해'로 표기하였으며 독도는 스케일상 나타나지 않
고 있다.[167] ⑦번의 '세계사 학교 지도서'에도 한국 관련 지도가

---

165) 중국(3쪽), 일본(3쪽), 몽고(3쪽), 인도(3쪽), 인도네시아(3쪽), 서남아시아(6쪽).
166) 본 교과서 전체 302쪽 가운데 중국(15쪽), 한국(8쪽), 일본(7쪽), 몽고(8쪽).

책의 여러 곳에 등장하고 있다.[168] 그러나 이들 가운데 동해를 '일본해'로 분명히 명기한 것은 두 군데에서 확인된다.[169]

이상의 내용들을 요약해 보면, 7학년 지리 과목부터 한국 관련 내용들이 조금씩 등장하고 있음을 알 수 있고, 아시아 국가의 지리적 특성에서 중국, 일본, 인도, 몽고, 인도네시아 등의 나라는 소주제로 분류하여 서술하는 한편 한국은 그렇지 못했다. 영토나 국력으로 본 세계의 강국, 그리고 러시아 접경 국가 중에서 규모가 큰 나라를 중심으로 선별하여 지리적 특성을 기술하고 있다. 예외적으로 "러시아 연안지리 – 우리와 이웃" 교재에서 한국을 소주제로 다루고 있지만 이 책은 교과서가 아닌 '교재'인 점에서 중요성이 덜하다.

대부분의 교과서에서 한국 관련 내용은 별도의 언급 대신 아시아 국가들의 일반적 특성을 설명하는 가운데 부차적인 설명으로 한국에 관해 단편적으로 언급할 뿐이다. 부분적인 한국 관련 내용의 특징으로는 한국의 급속한 경제발전과 공업화를 긍정적으로 기술하고 있다. 지리교과서와 지리부도의 지도에서 동해는 모두 '일본해'로 표기되어 있다. 독도는 스케일 관계상 나타나지 않는다.

2) 미국

미국의 사회과 교과서 중 한국과 관련하여 다룬 교과서는 세계사, 미국사, 세계지리교과서에서 대부분 찾아볼 수 있다. 분석에 사용된 교과서는 미국 교과서 협의회(The American Textbook Council)

---

167) 한국 관련 지도가 나타난 면은 4쪽, 7쪽, 16쪽, 20쪽, 21쪽 등이다.
168) 본 지도서의 77, 85, 87, 93, 99, 104, 109, 110, 111, 119, 123쪽.
169) 85쪽과 111쪽.

에서 2002년에 조사한 내용을 근거로 했다. 대체로 교과서 가운데 한국과 관련한 내용을 찾으려면 동아시아라는 주제를 다룰 때 외에는 거의 찾아보기 힘들다. 그것도 주로 일본을 중심으로 다루고 있으며, 그 가운데 일본과 관련되는 한국의 내용을 간략히 다룬 것이 대부분이다. 설령, 한국과 관련한 내용이 독립적으로 기술되어 있다고 하더라도 매우 피상적으로 다루고 있을 뿐이다.

가장 높은 빈도를 보이는 오류 내용은 역시 동해를 일본해(Sea of Japan)로만 기술하는 경우가 대부분이다. 예외적으로 '세계지리: 지구적 시각의 구축'에서만 유일하게 동해와 일본해를 병기하고 있다. 그리고 한국의 지명을 표기하는 방식이 라이샤워 시스템이거나 과거 사용하던 방식으로 기술되어 있다.

① World History; People & Nations, Holt, Rinehart and Winston 출판사, 2000년, 고등학교 9~12학년용

② World History; The Human Experience, Mounier A. Farah & Anderea Berens Karls; Glenco/McGraw – Hill, 고등학교 9~12학년용

③ America; Pathways to the Present; Andrew Cayton 외 3인, Pearson/Prentice Hall사, 2003년, 고등학교 11학년용

④ A History of United States; Daniel J. Boorstin & Brooks Mather Kelly, Prentice – Hall 출판사, 2002년 고등학교 11학년용

⑤ World Geography Today; Robert J. Sagar & David M. Helgren; Holt, Rinehart and Winston사, 2003년, 중학교 8학년용

⑥ World Geography; Building a Global Perspective; Thomas J.

Baerwald & Celeste Fraser; Pearson/Prentice - Hall, 2003년, 고
등학교 9~12학년용

①번 책 465쪽에 나오는 '도쿠가와 막부하의 일본(1600~1868)'
제목의 지도에 동해를 일본해로 표기하고 있다.[170] ②~④번 교과
서에서는 한국전쟁 내용을 게재하고 있다. ⑤번 교과서의 지도에서
동해를 일본해로 표기하고 있다.[171]

이들 교과서에서 주로 다루는 한국과 관련한 주제들은 한국전쟁,
DMZ, 한국의 산업화와 발전, 분단된 한국, 민족과 언어, 교육 등의
내용들이라 할 수 있다. 독도와 관련해서는 그들에게 중요한 이슈
가 아닐 뿐만 아니라 축척상 지도에 특별히 나타나지 않고 있다.

Ⅳ. 결론을 대신하여

대체로 외국교과서에 나타난 한국과 관련한 내용들을 보면, 1960
년대 이후의 현대 한국 사회에 대한 기술에서는 대부분의 교과서
에서 긍정적 기조를 발견할 수 있다. 최빈국 수준에서 짧은 기간에
수직적으로 상승한 한국의 경제발전에 대한 좋은 평가가 반영된
것이다. 또한 많은 국가들이 경제발전을 이룩하려는 열망을 가지고
있기 때문에 한국은 그들에게 모델이 되는 것이다. 하지만 한국의
경제가 급속히 발전하는 과정에서 빚어진 여러 가지 문제점들―

170) 본 책의 70, 465, 790쪽 등에 동해를 일본해로 표기하고 있다.

171) 637, 641, 645쪽.

예를 들면, 미국에 대한 지나친 의존, 소수 재벌에게 경제력 집중, 심화되는 경제적 불평등, 권위주의 시대의 열악한 인권 상황 등—에 대한 지적이 여러 나라의 교과서에서 발견되고 있는바, 이를 통해 우리 자신을 돌아보고 그러한 문제점의 보완에 힘써야 할 것이다. 그러나 사회의 양극화 해소, 사회적 약자 보호, 인권 신장 등을 위해 우리가 이미 노력하고 있다는 점도 알려서 다른 나라 교과서에 실릴 수 있도록 노력해야 할 것이다.

그 밖에 여러 가지 자료의 문제를 지적할 만하다. 동해의 일본해 표기 문제 이외에도 한국을 알려 주는 사진이나 그림의 대표성이 떨어지거나 시대가 맞지 않는 등의 문제가 있다. 또한 인구, 경제 등 여러 분야의 통계자료가 오래되어서 최근의 경향을 제대로 설명하지 못하는 문제가 있을 뿐만 아니라 출처가 분명치 않은 자료나 잘못된 수치를 인용하는 경우도 있을 수 있으므로 이에 대한 시정 노력이 꾸준히 뒷받침되어야 한다.

이러한 오류들을 시정하기 위해서는 다각적인 노력이 경주되어야 한다. 우선 단기적으로 한국의 현재 상황을 바르게 알릴 수 있는 통계자료, 사진, 지도 등을 만들어서 배포하여야 한다. 한국의 역사나 문화에 대한 올바른 서술을 위해서는 그 분야의 다양한 연구 성과를 여러 언어로 번역하거나 여러 언어로 발표하는 것이 매우 중요하다. 대부분의 오류는 한국에 대해 '악의적으로' 서술하려는 데서 비롯되는 것이 아니라 한국에 대한 정보가 부족해서 '본의 아니게' 발생한 경우가 대부분이기 때문이다. 외국에서 집필자들이 교과서를 집필할 때 한국에 관한 정확하고도 적재적소의 필요한 내용을 담은 자료들이 구득될 수 있을 만큼 충분하다면 바로잡는 길이 훨씬 수월하게 탄력을 받게 될 것이다. 동시에 교과과정 작업에 직접 참여하거나 교과서를 집필하는 저자, 그리고 검인정 과정에 관여하는 전문가 그룹을 선별 초청하여 한국에 대한 이들의 이해를 향상시켜 놓는 작업이 상당히 효과를 거둘 수 있다. 부족하긴 하지만, 한국의 역사나 문화에 대한 정보를 제공하는 자료가 이미 존재하고 있기 때문에 교과서의 집필이나 검인정 과정에서 활용될 수 있도록 해야 한다. 문제는 그들이 얼마나 '열심히' 그러한 자료를 찾으려고 노력하느냐 하는 것인데, 이들의 자발적인 의지로 기존의 자료를 찾아서 이용하려는 노력을 이끌어 내기 위해서는 초청 연구가 효율적이다.

동해의 일본해 표기 문제라든가 독도의 다케시마 표기 문제를 포함하여 여러 가지 교과서 문제에 대한 가장 확실하고 근본적인 해결책은 비록 많은 시간과 비용이 투입된다고 하더라도 한국에 대한 깊은 이해를 가진 한국 학자 또는 한국 전문가를 양성하는 일이다. 각 나라에 이러한 사람들이 많이 포진하게 되면 이들이 자연히 자국 교과서에 한국 관련 내용을 정확하고 비판적으로 넣을 뿐만 아니라, 미래의 한국에 대한 견해까지도 서술이 가능해질 것이다. 또한 그들은 평생에 걸쳐 한국을 알리는 그 나라, 그 지역의 첨병 역할을 담당하게 될 것이다. 이들을 키우기까지는 시간과 비용 면에서 만만찮은 일이요, 금방 뜸 들일 수 없는 일이지만, 이러한 방향과 추진에는 우리 정부와 전문가와 학자들이 심사숙고하며 꾸준히 장려해야 할 일이라고 본다.

참고문헌

‘교과서에 진실과 자유를’ 연락회 엮음, 김석근 역. 철저비판 일본 우익
　　　의 역사관과 이데올로기. 2001, 서울: 바다출판사.

대한공론사. 독도. 1965.

(사)동해연구회. 제7회 ‘동해’ 지명과 바다명칭에 대한 국제학술세미나
　　　자료집. 2001.

손용택 외 3인. 중국 역사·지리교과서의 한국 관련 내용 변화분석.
　　　1994. 한국교육개발원 연구보고 RR 94－2－1.

손용택·형기주. 중국 지리교과서의 변천과 한국관련 내용: 1987년 이
　　　후 중고교 지리교과서를 중심으로. 2004. 한국정신문화연구원
　　　2004년도 교육인적자원부 수탁사업 결과보고서.

손용택. 일본 교과서에 나타난 ‘독도(다케시마)’ 표기 실태와 대응. 한국
　　　지리환경교육학회지, 제13권 3호. 2005.

신용하. 독도의 민족 영토사 연구. 1997. 지식산업사.

신용하. 독도(獨島), 보배로운 한국영토: 일본의 독도영유권 주장에 대
　　　한 총비판. 1997. 지식산업사.

신용하. 독도 영유권에 대한 일본주장비판. 신용하 저작집 38. 2002.
　　　서울대학교출판부.

양영균 외 4인. 10개국 교과서의 한국관련 내용 분석. 2005. 한국학중
　　　앙연구원 한국문화교류센터 2005년도 교육인적자원부 위탁사업
　　　결과보고서.

역사교과서연구회(한국)·역사교육연구회(일본). 역사교과서 속의 한국
　　　과 일본. 2001. 혜안.

오만석 외 2인. 러시아 및 중앙아시아 교과서의 한국관련 내용 분석.
　　　2004. 한국정신 문화연구원 2004년도 교육인적자원부 수탁사업
　　　결과보고서.

은기수 외 1인. 외국인의 한국관 조사 연구: 일본·중국·말레이시
　　　아·베트남·인도네시아·태국. 2003. 한국정신문화연구원 2003
　　　년도 교육인적자원부 위탁 연구과제 결과보고서.

이진명. 독도, 지리상의 재발견. 1998. 삼인.

정영순 외 4인. 일본 외 지역(세계 각국) 교과서의 한국 관련 내용 조사 분석 및 시정 자료 개발. 2003. 한국정신문화연구원 2003년도 교육인적자원부 위탁 연구과제 결과보고서.

한국교육개발원. 세계화 시대의 한국 바로 알리기: 일본 역사교과서의 왜곡과 그 대응 - 회고와 전망. 2002. 한국교육개발원.

한국정신문화연구원. 독도연구. 보고논총 96 - 1. 1996.

한국정신문화연구원. "일본의 교육기본법 개악"을 둘러싼 활동 소개 자료집: 일본의 역사교과서문제와 교육의 우경화를 중심으로. 2004.

한일관계사연구회. 독도와 대마도. 1996. 지성의 샘.

형기주. 독도의 지정학. 2005. 대한지리학회와 조선일보사 주최 독도문제 대책을 위한 토론회 자료집.

타와라 요시후미(俵 義文). 일본교과서바로잡기운동본부 옮김. 위험한 교과서. 2001. 역사넷.

大西俊輝, 권오엽 옮김. 독도. 2004. 제이엔씨.

<부록: 분석 대상 교과서 및 지리부도류>
(일본의 지리교과서와 지리부도류)
二宮書店, 평성 15년, 基本地圖帳.
二宮書店, 평성 13년, 基本高等地圖.
二宮書店, 평성 14년, 基本高等地圖.
二宮書店, 평성 15년, 高等地圖帳.
二宮書店, 평성 15년, 高等地圖帳, 最新版.
二宮書店, 평성 16년, 現代地圖帳.
二宮書店, 평성 13년, 詳解現代地圖.
二宮書店, 평성 16년, 必携콤팩트地圖帳.
帝國書院, 평성 13년, 地歷高等地圖; 現代世界와 그 歷史的 背景, 最新版.
帝國書院, 평성 13년, 新編標準高等地圖, 最新版.
帝國書院, 평성 16년, 標準高等地圖; 지도로 읽는 현대사회, 新訂版.

帝國書院, 평성 13년, 新詳高等地圖, 初訂版.

帝國書院, 평성 15년, 新詳高等地圖, 最新版.

東京書籍, 평성 13년, 新高等地圖.

東京書籍, 평성 15년, 新高等地圖.

中村和郎 외 7인, 평성 16년, 즐겁게 공부하는 世界地理B(最新版), 帝
        國書院.

高橋 彰 외 7인, 평성 16년, 高等學校 新 地理A(最新版), 帝國書院.

矢田俊文 외 9인, 평성 6년, 환경과 인간: 지리A, 東京書籍.

山本正三 외 18인, 평성 13년, 기본지리A, 二宮書店.

竹內啓一 외 9인, 평성 15년, 지리 A, 敎育出版株式會社.

石井素介·奧田義雄 외 8인, 평성 14년, 地理A(改訂版), 敎育出版.

矢田俊文 외 10인, 평성 14년, 지리A, 東京書籍.

石井素介·奧田義雄 외 8인, 평성 6년, 地理A, 敎育出版.

山本 茂 외 14인, 평성 15년, 고교현대지리A: 현대세계의 동향과 제지
        역의 과제, 淸水書院.

矢田俊文 외 10인, 평성 15년, 지리A, 東京書籍.

矢田俊文 외 8인, 평성 14년, 환경과 인간, 東京書籍.

山本 茂 외 13인, 평성 6년, 현대지리B: 지구적 시야로 본 오늘의 세
        계, 淸水書院.

矢田俊文 외 10인, 평성 6년, 지리B, 東京書籍.

矢田俊文 외 8인, 평성 14년, 지리B, 東京書籍.

山本 茂 외 13인, 평성 13년, 현대지리B: 지구적 시야로 본 오늘의 세
        계(개정판), 淸水書院.

山本 茂 외 8인, 평성 14년, 신지리A(개정판), 淸水書院.

市川 正巳 외 8인, 소화 62년, 고등학교 지리(개정판), 淸水書院.

山本正三 외 13인, 평성 14년, 고교생의 신지리A, 二宮書店.

山本正三 외 13인, 평성 15년, 고교생의 신지리A, 二宮書店.

山本正三 외 13인, 평성 13년, 고교생의 신지리A, 二宮書店.

山本正三 외 13인, 평성 13년, 고교생의 지리A, 二宮書店.

家永三郎 외 5명, 2001년, 신일본사B, 三省堂.

門脇楨二 외 5명, 소화 62년, 고교일본사(三訂版), 三省堂.

永井憲一 외 6명, 2002년, 정치・경제(개정판), 三省堂.

中川淳司 외 6명, 2004년, 정치・경제, 三省堂.

山崎廣明 외 6명, 2002년, 현대의 정치・경제, 山川出版社.

山崎廣明 외 6명, 2003년, 현대의 정치・경제, 山川出版社.

阪上順夫 외 14명, 평성 15년, 고등학교 정치・경제, 第一學習社.

阪上順夫 외 14명, 평성 14년, 고등학교 정치・경제, 第一學習社.

野中俊彦 외 5명, 평성 15년, 신정치경제, 桐原書店.

靑木美智男 외 13명, 2003년, 明解日本史A(개정판), 三省堂.

靑木美智男 외 12명, 평성 15년, 일본사A, 三省堂.

宮元茂夫 외 10명, 평성 6년, 고교일본사B, 實敎出版.

宮原武夫 외 15인, 평성 15년, 高校日本史A, 實敎出版.

靑木美智男 외 13인, 1999년, 明解 日本史A(개정판), 三省堂.

宮原武夫 외 15인, 평성 15년 검정제, 高校日本史B, 實敎出版.

竹內理三・鈴木成高 외 4명, 소화 54년, 중학교사회과 역사, 최신판,
　　　帝國書院.

兒玉幸多・井上光貞 외 20명, 소화 53년, 중학사회 역사적 분야, 日本
　　　書籍株式會社.

北島正元・佐騰 竺・野村正七 외 23명, 소화 53년, 신판중학사회 역
　　　사적 분야, 敎育出版株式會社.

佐藤幸治 외 8인, 평성 15년, 중학사회: 공민적 분야, 大阪書籍.

阿部 齊 외 41인, 평성 15년, 중학사회 공민, 敎育出版.

谷本美彦 외 6인, 평성 15년, 사회과 중학생의 공민, 帝國書院.

田邊 裕 외 37인, 평성 15년, 새로운 사회 공민, 東京書籍.

堀尾輝久 외 15인, 평성 15년, 우리들의 중학사회: 공민적 분야, 日本
　　　書籍.

伊東光晴 외 11인, 평성 15년, 중학생의 사회과・공민: 현대사회, 日本
　　　文敎出版.

中村硏一 외 12인, 평성 15년, 신중학교 공민: 일본의 사회와 세계, 淸
　　　水書院.

大野 連太郎 외 26명, 소화 60년, 소학생의 사회과, 국토와 인간 5下,
　　　中敎出版.

大野 連太郎 외 26명, 소화 60년, 소학생의 사회과, 토지와 인간 4下,
    中敎出版.
堀尾輝久 외 19명, 소화 60년, 소학사회 5上, 日本書籍株式會社.
堀尾輝久 외 19명, 소화 60년, 소학사회 5下, 日本書籍株式會社.
堀尾輝久 외 19명, 소화 60년, 소학사회 4下, 日本書籍株式會社.

(중국 교과서)
세계지리(상), 1987, 중, 3쪽(본문), 편견과 왜곡, 지명과 용어 오기 등.
지리 1, 1989, 중, 4행(본문), 3행(참고자료), 지명과 용어.
지리 4, 1991, 중, 중국의 소수민족 서술, 지명과 용어.
지리 1, 1992, 중, 4행(본문), 5행(참고자료), 지명과 용어.
지리 3, 1993, 중, 중국의 소수민족 서술, 지명과 용어 약간.
지리 선택, 1993, 고, 일본지지에 약간. 지명과 용어 등.
지리 1, 1995, 중 지리 1(1992)과 유사, 내용 약간 수정.
지리 3, 2001, 중, 중국 소수민족 서술, 지명 약간.
지리 4, 2001, 중, 중국 동북지방 지리에서 지명과 용어 약간.
지리(3년 문과), 1997, 고, 상해판, 본문 7행, 지명, 약간.
지리 7년(상, 하), 2001, 중, 서울지하철 지도, GNP 비교, 기타 약간.
지리 8년(상), 2001, 중, 지명과 풍속 등 약간.
역사 1(필수), 과정교재연구소, 2004, 고등학교용.
역사 2(필수), 과정교재연구소, 2004, 고등학교용.
역사 3(필수), 과정교재연구소, 2004, 고등학교용.
역사 4, 과정교재연구소, 2004, 고등학교용.
지리 7년급(상책). 과정교재연구소 역사과정교재연구개발중심 편저,
    2005, 의무교육과정표준실험교과서, 북경 인민교육출판사.
지리 7년급(하책). 과정교재연구소 역사과정교재연구개발중심 편저, 2005,
    의무교육과정표준실험교과서, 북경 인민교육출판사.
지리 7년급(상책), 과정교재연구소 역사과정교재연구개발중심 편저, 2004,
    敎師敎學用書, 북경 인민교육출판사.
지리 7년급(하책), 과정교재연구소 역사과정교재연구개발중심 편저, 2004,
    敎師敎學用書, 북경 인민교육출판사.

지리 8년급(하책), 과정교재연구소 역사과정교재연구개발중심 편저, 2005,
　　　의무교육과정표준실험교과서, 북경 인민교육출판사.
지리 8년급(상책), 과정교재연구소 역사과정교재연구개발중심 편저, 2005,
　　　教師教學用書, 북경 인민교육출판사.
지리 8년급(하책). 과정교재연구소 역사과정교재연구개발중심 편저, 2004,
　　　敎師敎學用書, 북경 인민교육출판사.
지리 1 必修. 인민교육출판사 과정교재연구소 역사과정교재연구개발중
　　　심 편저, 2005, 普通高中課程標準實驗敎科書, 북경 인민교육출
　　　판사.
지리 2 必修. 인민교육출판사 과정교재연구소 역사과정교재연구개발중
　　　심 편저, 2005, 普通高中課程標準實驗敎科書, 북경 인민교육출
　　　판사.
지리 3 必修. 인민교육출판사 과정교재연구소 역사과정교재연구개발중
　　　심 편저, 2005, 普通高中課程標準實驗敎科書, 북경 인민교육출
　　　판사.
지리 1 必修. 인민교육출판사 과정교재연구소 역사과정교재연구개발중
　　　심 편저, 2005, 敎師敎學用書, 북경 인민교육출판사.
지리 2 必修. 인민교육출판사 과정교재연구소 역사과정교재연구개발중
　　　심 편저, 2005, 敎師敎學用書, 북경 인민교육출판사.
지리 3 必修, 인민교육출판사 과정교재연구소 역사과정교재연구개발중
　　　심 편저, 2005, 敎師敎學用書, 북경 인민교육출판사.
지리 1 宇宙與地球, 인민교육출판사 과정교재연구소 역사과정교재연구
　　　개발중심 편저, 2005, 普通高中課程標準實驗敎科書, 북경 인민
　　　교육출판사.
지리 選修 2, 海洋地理, 인민교육출판사 과정교재연구소 역사과정교재
　　　연구개발중심 편저, 2005, 普通高中課程標準實驗敎科書, 북경
　　　인민교육출판사.
지리 選修 3, 旅遊地理, 인민교육출판사 과정교재연구소 역사과정교재
　　　연구개발중심 편저, 2005, 普通高中課程標準實驗敎科書, 북경
　　　인민교육출판사.
지리 選修 4, 城鄕規劃, 인민교육출판사 과정교재연구소 역사과정교재

연구개발중심 편저, 2005, 普通高中課程標準實驗敎科書, 북경
　　인민교육출판사.
지리 選修 5, 自然災害與防治, 인민교육출판사 과정교재연구소 역사과
　　정교재연구개발중심 편저, 2005, 普通高中課程標準實驗敎科書,
　　북경 인민교육출판사.
지리 選修 6, 환경보호, 인민교육출판사 과정교재연구소 역사과정교재
　　연구개발중심 편저, 2005, 普通高中課程標準實驗敎科書, 북경
　　인민교육출판사.
지리 選修 7, 地理信息技術應用, 인민교육출판사 과정교재연구소 역사
　　과정교재연구개발중심 편저, 2005, 普通高中課程標準實驗敎科
　　書, 北京 人民敎育出版社.
高中地理圖冊. 2000, 人民敎育出版社地理社會室・中國地圖出版社 編著.
高中地理圖冊. 2003, 中國地圖出版社編制出版.
(選修) 地理圖冊(第二冊). 2003, 人民敎育出版社地理社會室・中國地
　　圖出版社 編著, 全日制普通高級中學校科書.
高級中學 中國近代現代史(下冊) 地圖冊. 2002, 人民敎育出版社・中
　　國地圖出版社.
지리 必修 상책, 전일제보통고급중학교과서. 2005, 인민교육출판사지리
　　사회실 편저.
지리 必修 하책, 전일제보통고급중학교과서. 2004, 인민교육출판사지리
　　사회실 편저.
지리 必修 상책, 敎師敎學用書. 2005, 인민교육출판사지리사회실 편저.
지리 必修 하책, 敎師敎學用書. 2005, 인민교육출판사지리사회실 편저.
지리, 選修 제1책, 2005, 전일제보통고급중학교과서. 인민교육출판사역
　　사실 편저.
지리, 選修 제2책, 2006, 전일제보통고급중학교과서. 인민교육출판사역
　　사실 편저.

(미국 교과서)
World History; People & Nations, Holt, Rinehart and Winston 출판사,
　　2000, 고등학교 9∼12학년용.

World History; The Human Experience, Mounier A. Farah & Anderea Berens Karis; Glenco/McGraw – Hill, 고등학교 9〜12학년용.

America; Pathways to the Present. Andrew Cayton 외 3인, Pearson/Prentice Hall사, 2003, 고등학교 11학년용.

A History of United States. Daniel J. Boorstin & Brooks Mather Kelly; Prentice – Hall 출판사, 2002, 고등학교 11학년용.

World Geography Today. Robert J. Sagar & David M. Helgren; Holt, Rinehart and Winston사, 2003, 중학교 8학년용.

World Geography; Building a Global Perspective. Thomas J. Baerwald & Celeste Fraser; Pearson/Prentice – Hall, 2003, 고등학교 9〜12학년용.

(러시아 교과서)(순서: 서명, 연도, 출판사, 저자)
ГЕОГРАФИЯ(지리), 2000, ПРОСВЕЩЕНИЕ, В.П.Максаковский .
ГЕОГРАФИЯ(지리), 2000, ДРОФА, В.А.Коринская 등.

08 외국 지리교과서 교수-학습 내용의 조직

— 미국, 영국, 프랑스, 한국, 일본, 태국 교과서를 중심으로 —

요약: 본 연구의 목적은 중등 지리교과서의 교수내용조직을 외국의 주요 나라들은 어떻게 구성하여 가르치고 있는가를 보고, 우리가 얻을 수 있는 시사점이 무엇인가를 살피는 데 두었다.

미국의 사회과 교과서는 내용과 영역의 통합을 성공적으로 보여준 내용 조직을 갖추고 있다. 영국과 프랑스는 주제의 다양성과 접근방법의 시각 차이, 지리현상을 분류하는 척도, 농업과 환경관리 사이의 문제 강조 등 아시아 주요국의 교수내용조직과 차이를 보인다.

우리나라의 지리교과서 내용조직은 5차 교육과정까지는 일본과 유사한 점이 많았고, 6차 이후 변화를 시도하여 7차에 이르러 독자적이고 창의적인 교수내용조직으로 접어들었다고 볼 수 있다. 한편 일본 지리교과서의 내용조직은 매우 계통적인 접근을 하고 있다. 일본의 중학교 지리 영역의 서술은 형식상으로는 통합이지만, 분철을 통한 분과형의 내용 서술 체계이다.

태국의 지리교과서 농업단원 내용조직은 퍽 상세하다. 특히 주요 곡물에 대한 시장 수요, 가축 사육과 질병예방 등 국가 차원의 농업 정책적 방향제시의 내용을 담고 있다.

향후 우리의 교과서 교수내용조직은 지역화를 강조하고, 이를 바탕으로 세계무대에서도 경쟁력을 지닐 수 있도록 세계화 전략의 흐름을 담는 방향이어야 할 것이다.

주요어: 외국 지리교과서, 농업단원 교수내용조직, 통합형 내용조직, 농업 정책, 지역화와 세계화 전략

Ⅰ. 들어가는 글

새로운 세기에 접어들어 제7차 교육과정 개편과 함께 우리의 교과서 정책에도 많은 변화가 일고 있다. 우리로서는 교과서 개발 자유화로의 첫걸음을 딛게 된 셈인데 이와 때를 맞추어서 이미 오래 전부터 교과서 출판을 자유화하고 있는 선진 주요국들과 아시아의 몇몇 국가들의 지리교과서 교수내용 조직을 교수요목 또는 상세 제목 등을 중심으로 살펴보는 것은 우리의 교과서가 바른길로 가고 있는지 또는 필수적인 내용을 제대로 담고 있는 것인지 비교 통찰할 수 있는 기회가 될 것이다. 연구 방법과 연구 내용은 다음과 같다.

첫째, 본 연구는 기본적으로 외국의 지리교과서를 대상으로 한

문헌 연구이다.

둘째, 미국, 영국, 프랑스 등 서양의 주요국과 한국, 일본, 태국 등 아시아의 주요국 중등 지리교과서의 농업단원 내용의 교수요목과 내용을 번역하여 살폈다.

셋째, 이들 외국교과서의 교수요목과 그 특징적 내용을 통해 우리나라의 그것과 비교할 수 있으며 이들로부터 중등 지리교과서 교수 - 학습내용의 바람직한 방향의 시사점을 얻을 수 있다.

넷째, 부수적 효과로서 이들 외국 지리교과서의 교수 - 학습내용을 통해 그들의 국가 정책의 방향과 농업단원 내용을 통한 환경관을 엿볼 수 있다.

비록 농업 분야가 대부분의 나라들에서 사양화 추세인 것만은 사실이다. 그러나 여전히 많은 나라들에서는 농업을 중심으로 한 1차산업에 초점을 둔 지역 개발에 많은 관심을 쏟고 있고, 식량 수급의 원활한 해결에 많은 에너지를 쏟고 있다. 본 연구에서 살핀 외국 지리교과사의 교수요목들은 곧 이들의 교수 학습내용과 일치하는 것이고 이는 곧 교과서 집필과 서술에 근간이 되는 것이기 때문에 교과서 집필 시 관련 교수요목의 설정에도 참고가 될 의미 있는 작업이라 여겨진다.

제한점으로서 본 글에서 대상으로 다룬 교과서들은 비교적 시장 점유율이 높은 교과서를 고르려 했지만 그 기준을 충분히 충족지 못했다. 또한 국가별로 필자의 주관적 기준에 의하여 고른 한두 권씩의 교과서를 다룰 수밖에 없었던 점을 밝혀 둔다. 또한 지리교과서의 전 단원을 보지 못하고 농업단원 내용을 중심으로 보았다. 그리고 미국의 경우는 농업 관련 내용의 추출이 어려워 우리나라를 서술한 단원을 중심으로 보았다.

Ⅱ. 주요국별 지리교과서 농업 관련 내용의 조직과 그 특징

1. 미국

미국의 교육과정은 주(州) 수준에서 운영, 관리되기 때문에 연방 정부 수준에서의 표준화된 교육과정이 존재하지 않고, 원칙적으로 학교 현장에서 무엇을 어떻게 가르칠 것인가를 결정하는 궁극적인 책임이 학교와 교사에게 있다. 학교와 교사는 주의 규율, 정책, 평가 등을 고려하는 한도 내에서 자율성을 발휘하도록 되어 있다.[172]

다른 나라들보다 미국의 중등 사회과 교과서는 통합 사회과 구성의 정신을 구체적으로 실현하는 것으로 볼 수 있다. 프렌티스 홀 출판사의 [World Cultures; A Global Mosaic]의 예를 보면 그것을 알 수 있다.[173] 교과서의 제목 자체도 '사회과'라는 명칭을 구체적으로 드러내지 않고 '세계의 문화: 전 세계의 모자이크'이다. 굳이

---

172) 한국교육과정평가원, (2001), '지리교육과정의 국제비교(박선미)', 지리교육의 내용 선정과 조직의 원리와 방향(한국교육과정평가원 연구자료 ORM 2001 – 5), 1쪽.

173) 대단원명을 보면, 1장을 '도입'으로 한 후 2장에 아프리카(아프리카의 지리와 초기 역사, 아프리카 유산, 변하고 있는 아프리카, 오늘날의 아프리카), 3장에 남부 아시아(인도, 파키스탄, 방글라데시), 4장에 남동 아시아(오스트레일리아, 오세아니아), 5장에 동부 아시아(중국, 한국, 일본), 6장에 라틴아메리카와 캐나다, 7장에 중동, 8장에 유럽과 구소련 등 전 세계를 8개 지역으로 나누어 전개하고 있다.

내용의 조직을 전통적인 과목(교과) 구분의 시각에서 보려 한다면 대단원명에서, 아프리카, 아시아, 아메리카, 중동, 유럽과 구소련의 순으로 지리적 지역 전개를 보이고 있다. 중단원명의 경우는 대개 위에서 언급한 각 지역에 대해서는 '지리와 초기 역사', 'xxx 지역의 유산', '과도기의 xxx 지역', '오늘날의 xxx 지역' 등의 얼개를 기본 조직으로 하고 있으며 각 대단원에 따라 약간씩 변화를 주고 있다. 제목만으로 보더라도 중단원명의 서술은 완전한 '통합 사회'의 내용으로 잘 버무려져 있다. 다만 중단원명에서 해당 지역의 각국을 일일이 드러내 다룬 것이 한국, 일본, 중국에 대해 서술한 제5장의 대단원에서이다(<표 1> 참조).174) <표 1>에서 보듯이 소단원명을 보면 그 지역을 설명하기 위해 조직한 제목들이 매우 선택이 잘 된 인상을 준다. 두 개의 중단원을 할애하고 모두 열 개의 소단원명으로 쪼개어 설명한 중국에 대해, 다양한 주제로 중국의 진면목을 끌어내고 있다. 일본의 경우에 대해서도 그렇다고 볼 수 있다. 한국에 대해서는 서술량을 상대적으로 적게 할애한 탓인지 소단원명의 제목이 다양하지 못하다. 여기서는 프렌티스 홀 출판사 간행의 한 권의 책을 대상으로 논하였으므로 미국 사회과 교과서의 전체 경향을 개략해서 설명하는 데는 한계가 있다. 미국 교육개혁을 이끌고 있는 뉴욕 주와 캘리포니아 주의 사회과 교육과정을 분석한 결과에서 보면, 통합 사회로 운영되는 미국의 경우도 실제적인 내용 구성은 초등학교 수준에서는 지리, 역사, 일반사회의 내용 통합을 시도하지만 중등학교 대부분은 역사와 지리 중심으로 교육하

---

174) 중단원명에서 중국과 일본에 대해 각각 2개씩의 중단원을, 한국은 1개 중단원을 두어 동부 아시아 각국에 대한 그들이 바라보는 비중을 반영하고 있다. 실제 할애한 쪽수를 보더라도 크라운판 크기로 중국이 52쪽, 일본이 39쪽인 데 반해 한국은 13쪽에 불과하다.

도록 되어 있고, 일반사회는 11학년이나 12학년에 집중적으로 학습
하도록 구성됨으로써 각 교과의 정체성이 구현되는 방향으로 전환
되고 있는 추세이다.[175]

〈표 1〉 미국 사회교과서의 내용조직

대단원명	중단원명	소단원명
제5장 동부아시아: 중국, 일본 한국	1. 중국의 지리와 유산	1) 지리적 환경
		2) 인내의 전통
		3) 삶의 패턴
		4) 강력한 제국
		5) 혁명의 뿌리
	2. 오늘날의 중국	1) 중국인민공화국
		2) 경제개발
		3) 삶의 패턴 변화
		4) 중국과 세계
		5) 문학과 예술
	3. 한국	1) 지리적 환경
		2) 변화의 역동
		3) 두 개의 한국
	4. 일본의 지리와 유산	1) 동떨어진 세계
		2) 초기 역사
		3) 일본의 전통
		4) 경제대국이 되다
	5. 오늘날의 일본	1) 정부와 사회
		2) 경제 성장
		3) 일본과 세계
		4) 문학과 예술

World Cultures; A Global Mosaic, Prentice Hall(1999)

---

175) 한국교육과정평가원(2001), 상게서, 2쪽.

2. 영국과 프랑스

1) 영국

분석 대상으로 삼은 David Waugh의 「Geography An Integrated Approach」(1995) 교과서는 고등학교용으로 영국에서 가장 시장 점유율이 높다.[176] 또한 중학교용의 지리교과서는 네 권으로 구성되어 있으며 각각 농업지리, 공업지리, 도시지리, 자연지리의 영역을 다루고 있다.[177]

전자인 고등학교용 지리교과서의 농업 관련 단원명은 '농업과 식량 공급' 제하에 11개의 중단원명으로 세분된다.[178] 요약하면 농업에 미치는 환경, 문화, 경제요인 그리고 농업 입지 설명을 위한 튀넨 모델, 농업 체계와 유형, 국가 정책, 농업과 환경, 식량 공급 등이 주요 골자이다. 후자의 중학교용 농업 지리교과서는 주제당 평균 2쪽씩 할당된 34개의 작은 절로 구성되어 있다.[179] 그 주제는

---

176) 현재 영국에서의 시장 점유율이 70% 이상을 점하고 있으며 대입을 앞둔 인문계열의 많은 학교의 학생들이 본 교과서를 보고 있다. 593쪽에 달하는 본 교과서는 담고 있는 내용이 깊고 풍부하다. 22개의 chapter로 구성되어 있는데, 전반부 12장까지가 자연지리이고 나머지 부분이 인문지리내용으로 되어 있다.

177) 각 볼륨은 A4 크기의 약 95쪽에서 100쪽 내외이다.

178) 농업에 영향을 미치는 환경적 요인/농업에 영향을 미치는 문화(인문)적 요인/농업에 영향을 미치는 경제적 요인/농촌 토지 이용에 대한 튀넨의 모델/농업 체계(farming system)/세계의 농업유형/농업유형(Farming types)과 경제개발/국가 농업정책/농업과 환경/식량 공급/사례농업: a. 서부 노르망디 지방의 농업, b. Gewent 지방의 농업.

179) 삼림생태계/삼림과 기후/토양: 지구의 자원/사람과 삼림/농업: 관리된 생태계/혼합농업: Holbeins farm/농기업(agrobusiness): 토지자본/Edale 농장/농업과 환경/토양의 손실: 토양 침식/정부와 농업/부와 가난: 유럽의 농업/농업문제: 남부 이탈리아/사람: 세계적 관점/인구위기 아니면 자원위기?/개도국에서의 인구 성장/기아의 세계/기아의 협조: 원조 정책/중국: 사람·식량·농업/중국: 들에서의 노동/열대 생태계/우림(rainforest)의 관리/인도네시아의 우림/열대초원에서의 도전/케냐의 전통농업/케냐의 농업의 발전/불타는 사막/사막에서의 소득: 캘리포니아/사막에서의 손실: 사막화/극지방/타이가 삼림지대/해양의 관

중학생의 눈높이에 맞춘 농업지리 분야의 모든 내용을 망라하고 있다. 삼림, 토양, 기후를 생태계의 주요 요소로 환경과 밀접히 연관 지어 많은 부분을 할애하여 서술하는 것이 큰 특징이다. 그리고 국가 정책적 나아가 세계 경영의 시각에서 농업문제를 접근하는 점, 지역 사례로는 중국, 인도네시아, 케냐, 캘리포니아 지역 등을 들어 계통적 주제를 적용해 서술하고 있다.

고등학교는 물론이고 중학교 수준에서도 계통 지리적 접근을 시도하고 있다는 점과 이들 중등용 지리내용은 국토지리와 세계지리 구분 없이 함께 다루고 있는 것은 우리와의 차이점이다.

2000년 8월부터 적용되기 시작한 새 교육과정에서 영국의 지리교육은 그 입지를 확고히 하였다. 즉 공적인 쟁점과 사회적·환경적 문제에 대해 보다 많은 관심을 기울여야 한다는 진보적 입장을 취하였다.[180] 대체로 지리적 탐구, 지리적 기능, 장소에 대한 지식과 이해, 유형과 과정에 대한 지식과 이해, 환경변화와 지속 가능한 발전에 대한 이해에 초점을 모으도록 핵심내용화하고 있다.

리/야생의 보호와 황야/자연의 보전: 두 개의 국립공원
180) 한국교육과정평가원(2001), 전게서, 5쪽.

〈표 2〉 영국 지리교과서의 내용조직

대단원명	중단원명	소단원명
제16장 농업과 식량공급	농업에 미치는 환경요인	기온, 강수와 물수지, 바람, 고도, 경사, 향, 토양, 지구온난화
	농업에 영향을 미치는 문화(인문)요인	토지임대, 소유권의 분할과 관습, 농장규모
	농업에 영향을 주는 경제요인	교통, 자본, 기술, 정부
	농촌토지이용에 대한 튀넨모델	튀넨이론의 상세내용, 튀넨의 토지이용모델, 현실세계에 튀넨 모델 적용은 왜 어려운가?
	농업체계	농업경제의 유형
	세계의 농업유형	수렵 및 채집, 유목, 이동식 경작(조방적 생계농업), 집약적 생계농업, 플랜테이션, 기업적·상업적 목축, 기업적 곡물농 업, 혼합농업, 지중해식 농업, 관개농업
	농업유형과 경제개발	–
	공공 농업정책의 최근변화	–
	농업과 환경	환경을 위협하는 농업, 환경개선을 위한 농업시도
	식량공급	식품과 건강, 식량공급추세, 사하라 주변의 식량부족, 기근, 개도국 식량공급 개선을 위해 무엇을 할 수 있을까?
	농촌의 토지이용	개도국의 삼림, 광산개발과 채석장, 위락과 관광

Geography An Integrated Approach by David Waugh(1999)

2) 프랑스

프랑스의 교육과정은 개발에서부터 시행에 이르기까지 중앙집권적으로 이루어진다. 프랑스 교육과정의 특징은 우리의 교육과정과 다르게, 통합 사회과라는 방식이 아니다. 초등학교와 중학교 과정에서 역사-지리를 하나의 독립교과로 분리하고 있다. 그러나 시민교과가 역사-지리와 같은 영역에 포함되어 있다. 시민교과란 우리나라 교육과정상의 일반사회와 윤리교과를 통합한 성격의 교과이다. 고등학교에서는 역사-지리교과가 시민교과와 완전히 결별하고 독자적으로 분리된 독립교과이다. 프랑스에서의 지리교육은 지역지리 중심으로 구성하고, 자국의 지리를 중시하며, 세계지리도 자국

과의 관계 속에서 다룬다.[181]

프랑스의 지리교과서는 Stephan Arias 외 4인이 함께 집필한 블랭 출판사의 「지리: 지구를 점령하고 이용하기」(2001) 교과서를 대상으로 살폈다. 파리에는 6대 교과서 출판사 협회(Savoir Livre)가 있으며, 이들 6개 출판사가 프랑스 교과서 출판의 95%를 장악하고 있다. 6대 출판사에는 블랭(Berlin), 보르다스(Bordas), 아셰뜨(Hachette), 아띠에(Hatier), 만냐르(Magnard), 나떵(Nathan) 등이 속한다.[182]

블랭 출판사 발행의 본 교과서에 담고 있는 농업 관련 주제들 역시 다양하다.[183] 예를 보면 두 개의 장에 걸쳐 '사람들에게 식량을 공급하기 위해 어떤 형태로 농업 활동이 이루어지느냐'와 '농업 시스템과 환경'이라는 단원명 속에 다양한 주제를 담고 있다.

제4장에서 다섯 개의 절로 쪼개어 농산물의 생산 소비, 세계의 농업 조건들, 세계의 농업유형, 선진국의 농업, 개발도상국의 농업

---

181) 한국교육과정평가원(2001), 전게서, 5쪽.

182) 이찬희 외 3인(2001), 프랑스 교과서 시정 조사활동 보고서(한국교육개발원 연구자료 RM 2001 - 55), 13쪽.

183) 본 교과서는 A4 크기의 319쪽으로 구성되어 있으며, 전체 7개의 소주제 중 제2주제 '사람들에게 식량을 공급하기(NOURRIR LES HOMMES)' 제목하에 제4장과 제5장으로 구성되어 있다.
제4장: 제1절 농산물의 생산과 소비 - 음식문화의 다양성/영양 섭취에 있어서의 불균등성/기초 농산물 생산/제2절 세계의 농업조건들 - 불균등한 자연적 제약 조건들/토지소유의 불균등성/노동 가치와 자본 가치의 불균등성/제3절 세계의 농업 유형들(지도)/제4절 선진국에서의 농업 - 심층적인 변화: 농부의 종말(농업의 기업화)/양 우선의 농업/질 우선의 농업/저생산성의 농업/제5절 개발도상국에서의 농업 - 조방적 농업/집약적 농업/상업적 농업의 두 형태
제5장: 제1절 농업 · 식품 시스템 - 세계적 기업들에 의해 지배되는 부문/농업 · 식품 시스템이 사람들에게 식량을 공급한다/농산물 거래: 불균등한 세계화/제2절 농산물과 식품의 거래/제3절 생산성 추구의 대가 - 무엇을 위험한 것으로 보는가는 생활수준에 따라 달라진다/농업 활동에서 기인하는 환경 위협/농업 · 식품 산업은 수습하지 못할 일을 벌여 놓는 애송이 마법사인가?/제4절 지구의 한계 - 인구증가와 경작된 토지의 면적/매우 다른 위험들에의 노출/물리적 한계는 오래지 않아 도달된다?

을 다루고, 제5장은 농업과 식품 시스템, 농산물 식품과 거래, 생산성 추구의 대가, 지구의 한계 등 네 개의 절로 구성된다.

특징 있는 주제(또는 교수요목)의 설정은 '불균등'의 기준(원리)을 잣대로 해서 세계 전체를 대상으로 한 영양 섭취의 불균등, 자연적 조건의 불균등, 토지 소유의 불균등, 노동과 자본 가치의 불균등을 서술하는 시각이 새롭다. 즉 지리학의 본질 가운데 하나로 볼 수 있는 지역 차의 규명을 '불균등'의 척도로 유도하는 것이 매우 흥미롭고, 학생들이 이해하기 쉬울 것 같다. 또 하나의 지혜로운 제목의 설정은 농업의 생산성을 '양'과 '질'로 나누어 그 성격의 차별화를 시도했다는 점이다. '삶의 질적인 추구'가 국내 지리학 연구의 한 경향으로 자리 잡으려 하는 이때, 매우 적절한 선택적 개념으로 여겨진다.

그 밖에 프랑스의 지리교과서에서도 농업과 관련하여 간과하지 않고 있는 주제는 환경관리 측면을 매우 중시하고 있는 점을 알 수 있다. 영국이나 프랑스처럼 선진화되고 안정된 국가들일수록 환경에 대한 관심이 큰 것임을 알 수 있다.

3. 한국과 일본

1) 한국

종래 우리나라의 사회과 교과서에서의 지리내용 서술은 초등학교에서는 '통합 사회'의 방식으로, 중학교에서는 '중학사회 1'과 '중학사회 3'에서 단원별로 지리 영역 내용을, 고등학교의 경우 6차까지는 '한국지리'를 공통사회(하)로서 필수로, '세계지리'를 선택과목으로 가르쳐 왔다. 2003년부터 현장에서 배우게 될 고등학교 1학년의 '사회' 교과내용의 절반가량인 1단원에서 5단원까지가 지리 영역이고, 한국지리와 세계지리, 경제지리 등은 선택 교과로서 가르쳐지게 된다. 서술방식은 초등학교와 중학교에서는 지지(地誌)적 방식을, 고등학교급에서는 계통적 방식을 취하면서 내용의 난이도 역시 심화시킨 방식을 취하고 있다.

<표 3>과 <표 4>는 4차와 6차 교과서의 국토지리 농업단원의 내용조직을 보여주는 표이다. 소단원명과 소소단원명에서 보듯이, 농업의 발달, 입지 조건, 특색, 지역 구분, 주요 작물의 생산과 분포, 축산업, 임업 등 4차 교육과정 개정 이후 6차에 이르기까지 대동소이한 전통적인 내용 조직의 틀이 그대로 유지되었음을 알 수 있다.

〈표 3〉「국토지리」 농업단원 내용의 조직(1982)

대단원명	중단원명	소단원명	소소단원명 이하	
Ⅱ. 자원과 산업	2. 농·수산업	⑵ 농업	1. 농·축산업의 발달	
			2. 농업의 자연적 조건	지형적 조건, 기후적 조건
			3. 우리나라 농업의 특색	집약적 자급농업, 영농의 다각화, 농업의 기계화와 관개
			4. 주요 농산물의 생산과 분포	쌀의 생산과 분포, 전작과 전작물, 채소와 과실, 특용작물
			5. 목축업과 낙농업	목축업, 낙농업의 발전
			6. 농업 지역	논농사 지역, 논·밭농사 지역, 밭농사 지역, 산지농업 지역

주) 서울대학교 사회과학대학 1종 도서(국토지리) 연구개발위원회(1982), 「인문계고등학교 국토지리」, 대한교과서 주식회사

<표 4> 한국지리 교과서의 농업단원 내용 조직

대단원명	중단원명	소단원명	소소단원명
Ⅳ. 경제활동의 지역 구조	2. 농·임·수산업	(1) 농업의 발달	고려시대, 조선시대, 일제강점기
		(2) 농업의 입지 조건	자연적 조건, 사회적 조건, 농업입지 이론
		(3) 농업의 특색	영농규모의 영세성, 상업적 농업으로 변화, 영농의 기계화, 낮아지는 경지이용률
		(4) 농업 지역 구분	경작 형태와 농업 지역, 논밭 비율과 농업 지역
		(5) 주요 농작물의 생산과 분포	쌀, 맥류, 기타 식량 작물, 채소와 과실, 특용 작물
		(6) 축산업	축산업의 발달, 낙농업
		(7) 임업	임야 면적과 임상, 임산물 수급

이은숙·강영구·손용택(2001), 한국지리(공통사회 - 하), 대한교과서

한편 세계지리 교과서는 전 세계의 지역을 서태평양 연안 국가, 동남 및 남부아시아, 서남아시아의 아프리카, 유럽, 아메리카 및 양극 지방 등으로 나누어 모두 다루고 있으며, 이는 7차에 계승되어 '우리와 가까운 국가들', '산업화된 선진국가들', '산업화를 서두르는 여러 국가들', '러시아 및 그 주변 국가들', '사회주의 붕괴 이후 변화를 시도하는 동부유럽 국가들' 등으로 제목은 바꾸되 큰 묶음 단위로서 역시 전 세계의 모든 지역을 망라하고 있다. 그 장점과 단점을 떠나서 이와 같이 '국토지리'와 '세계지리'로 나누는 특징과, '세계지리'에서 지구촌 모든 지역을 망라하는 것은 우리나라 지리교육에서 취하는 특징적인 방식이라 할 수 있다.

한편 세계지리 6차 교과서에서 계통적 방법으로 '식량자원' 소단원 제목하에 쌀, 밀, 기타 식량작물, 원예작물, 기호 식품, 축산과 수산물의 생산과 이동을 다루고 있으며, 지역 지리 단원에서 중국에 대해서는 농업 지역과 농업 개발, 일본의 경우는 농업의 발달,

오스트레일리아에 대한 농업 관련 내용은 기업화된 농목업으로서 목축업과 기업적 곡물농업 등을 서술하고 있다.

〈표 5〉 세계지리 교과서의 농업 관련 내용 조직

대단원명	중단원명	소단원명	소소단원명 이하	
II. 세계의 인문환경	2. 자원의 분포와 이동	(1) 식량지원	쌀의 생산과 이동, 밀의 생산과 이동, 기타 식량작물, 원예작물, 기호 식품, 축산물의 생산과 이동, 수산물의 생산과 이동	
III. 서태평양 연안 국가	2. 중국	(5) 농업 지역과 농업개발	농업의 특색, 농업 지역	
	3. 일본	(2) 근대화 과정과 산업의 발달	농업의 발달	
	3. 오스트레일리아	(4) 기업화된 농목업	산업구조, 발달한 목축업, 기업적 농업	
IV. 동남 및 남부아시아	2. 동남아시아 국가 연합	(2) 벼농사와 플랜테이션	자급적 벼농사, 플랜테이션	
	3. 인도반도	(3) 인구와 농업 및 식량문제	인구, 농업, 식량문제	
V. 서남아시아와 아프리카	2. 서남아시아와 북부 아프리카	(3) 유목과 농업의 근대화	유목, 농업의 변화	
	3. 중남부 아프리카	(4) 이동식 농업과 플랜테이션	이동식 농업, 플랜테이션	
VI. 유럽	2. 서부 유럽	(2) 혼합농업과 낙농업의 발달	혼합농업, 낙농업	
	3. 남부 유럽	(2) 수목농업이 발달한 지중해식 농업	발달한 수목농업, 관개농업, 이목	
	4. 동부 유럽	(3) 경제활동	농업	
	5. 러시아 및 그 인접 국가	(3) 경제활동	농업	
VII. 아메리카 및 양극 지방	2. 앵글로 아메리카	(1) 기업적 농목업	1. 농목업의 특색	
			2. 농업 지역	기업적 밀재배, 옥수수지대, 낙농업지대와 원예농업지대, 목화지대, 기업적 목축지대
	3. 라틴 아메리카	(2) 캄푸스와 팜파스의 농업	캄푸스의 농업, 팜파스의 농업	

(이은숙·강영구·손용택(2001), 세계지리, 대한교과서)

동남 및 남부아시아와 서남아시아 및 아프리카, 그리고 유럽, 아메리카 지역에 대한 농목업 내용조직은 그 지역의 특징을 잘 드러내는 제목을 추출하여 지역성을 반영한 농목업의 특징을 서술하고 있다. 그러나 설명 중에 포함되어 있다고는 하지만, 이들 각각의 지역에서 왜 그와 같은 특징적인 농업활동과 생산활동이 이루어지는지 심층적으로 탐구하고 생각하도록 만드는 학습 수요자 입장에서의 주도적 학습이 이루어지도록 한 내용체계와는 거리가 있다. 이러한 단점은 4차에서 6차에 이르기까지 세계지리 집필과정에서 극복하지 못한 요소들이라 할 수 있다. 7차 교육과정에 기초한 교과서가 2003년부터 현장에서 사용될 것이며, 새로운 교과서에서는 이러한 단점들이 많이 보완될 것으로 믿는다.

2) 일본

일본의 사회과 교육은 국제사회에서 주체적으로 살아가는 일본인으로서 요구되는 자질과 능력의 육성 및 내용의 중점화와 주체적인 학습을 중시하는 방향으로 제시되고 있다. 초등학교 사회과는 통합 사회과로 운영되고, 중학교 사회과는 '중학 사회'라는 타이틀을 사용하되, 역사, 지리, 공민 분야 각각 별도의 책으로서 사실상 분과적 틀을 가지고 있다.

일본의 고등학교에서는 명칭 자체에서 사회과가 폐지되고, '지리역사과'와 '공민과'로 분과되어 있다. 지리 역사과는 세계사 A, 세계사 B와 일본사 A, 일본사 B 그리고 지리 A, 지리 B로 구성되어 있고, 공민과는 현대사회, 윤리, 정치·경제로 구성되어 있다.

일본의 교육과정인 '학습지도요령'에서 지리 A와 지리 B의 목표를 보면, 지리 A가 현대세계의 지리적 제 과정을 지역성을 바탕으로 고찰하고, 현대세계의 지리적 인식을 함양하는 것을 목표로 하는 데 대하여, 지리 B는 현대세계의 지리적 제 사상을 계통지리적 시각으로 고찰하고 현대세계의 지리적 인식을 함양하는 것을 목표로 하고 있다. 한국에서 '국토지리'와 '세계지리'로 나누는 것과는 대조적이다.

일본의 二宮書店 간행 상설지리 B(2001) 교과서의 농업 관련 내용의 조직은 매우 간단한 편이다. 소소단원명으로서 '농목업의 입지 조건'에서 입지 조건에 대한 내용 서술과 '세계의 여러 가지 농목업' 제하에 자급적 농목업, 상업적 농업, 기업적 농목업, 사회주의 국가의 농목업 등 네 가지로 농업 구분을 시도하여 서술하였다. 이러한 서술방식은 바로 계통지리적 서술이기도 하지만, 상대적으로 지리교과서에서 차지하는 농업 관련 내용에 대한 비중이 크지 않은 것 같다. 농목업의 입지 조건을 강조하고, 세계의 농목업 구분을 나누는 방식은 우리에게도 낯익은 고전적 방식이라 할 수 있다.

<표 6> 일본 二宮書店 발행 지리교과서의 농업단원 내용조직

대단원명	중단원명	소단원명	소소단원명 이하		
제2편 인간과 환경	제1장 산업의 입지와 지역의 변용	제2절 농목업으로부터 본 세계	1. 농목업의 입지 조건	입지 조건	
			2. 세계의 여러 가지 농목업	4개의 농업구분	자급적 농목업
					상업적 농업
					기업적 농목업
					사회주의 국가의 농목업

(山本正三·正井奏夫 외 13인(2001), 상설지리 B 최신판. 二宮書店, 2001)

<표 7> 일본 제국서원 발행 지리교과서의 내용조직(1)

대단원명	중단원명	소단원명	소소단원 이하
제1부 현대세계 와 지역	제1장 지도의 기능과 활용	1. 지도를 이용합시다.	향토에 있는 지도, 지도의 종류와 역할
		2. 주제도 독도법	주제도의 여러 가지 표현, 통계지도를 만들어 봐요
		3. 지형도 독도법	지형도를 통해 알 수 있는 것
		4. 지구의와 세계지도	지구의를 이용해요, 시차의 발생, 지구의로부터 세계지도로
	제2장 향토지역과 세계	1. 향토지역의 조사	조사주제를 결정, 조사의 방법
		2. 群馬縣太田市의 조사	태전시의 산업과 그 변화, 외국인 노동자의 고용, 지역사회의 변화
	제3장 지도로 보는 현대세계	1. 세계를 연결하는 교통	항공교통의 발달, 교통망의 발달
		2. 세계를 하나로 연결하는 통신	세계에 확대된 통신망, 통신발달에 의한 세계의 변화
		3. 확대되는 세계무역	세계와 연결된 우리들의 생활, 세계의 무역
		4. 국가의 형성과 국가문제	국가의 형성과 그 영역, 다양한 국경과 국경 문제
		5. 국가 간의 결속	세계 국가들의 결속, 국제연합과 그 역할

<표 8> 일본 제국서원 발행 지리교과서 내용조직(2)

대단원명	중단원명	소단원명		소소단원 이하
제3부 현대세계의 과제와 국제협력	제1장 문제를 발생시키는 지구	1. 지구상의 많은 문제		지구환경 문제의 출현, 지구과제와 남북문제
		2. 세계의 인구문제	① 인구폭발과 인구이동	세계인구의 폭발적 증가, 인구이동과 그 요인
			② 지역에 따라 폭발하는 인구문제	발전도상국과 선진국의 인구문제, 발전도상국의 인구문제(인도), 선진국의 인구문제(스웨덴)
		3. 세계의 식료 문제		식량수급의 지역적 편중, 식량 문제를 위한 여러 기구
		4. 경제격차와 자원순환의 문제		경제격차의 확대와 영향을 미치는 공업, 자원의 편중과 고갈 위기
	제2장 각 지에서 발생하는 지구의 문제	1. 삼림 파괴	① 아마존의 열대림 파괴	아마존의 개발, 개발에 따른 문제와 브라질 정부의 대응
			② 세계 각지에서 진행되는 삼림 파괴	아한대림지역의 삼림파괴, 왜 삼림은 파괴되는 걸까, 삼림보전을 위한 세계의 기구들

				역사유적 건조물의 피해, 삼림 피해, 스칸디나비아반도의 삼림과 호수의 피해
제3부 현대서계의 과제와 국제협력	제2장 각지에서 발생하는 지구의 문제	2. 대기 오염	① 유럽의 산성비	역사유적 건조물의 피해, 삼림 피해, 스칸디나비아반도의 삼림과 호수의 피해
			② 국경을 초월한 환경오염	산성비의 원인과 피해의 확대, 대기오염방지를 위한 세계적인 기구
		3. 도시문제	① 발전도상국의 도시문제	방콕의 도시문제, 개발도상국의 도시문제와 그 대책
			② 선진국의 도시문제	런던의 도시 내부문제, 선진국의 도시문제와 그 대책
	제3장 문제해결을 위한 국제협력과 일본 역할	1. 사막화 방지 기구		사헬지대의 사막화, 사막화 방지를 위한 기구
		2. 온난화 방지 기구		지구온난화 방지를 목표로
		3. 세계의 장래와 일본의 역할		국제사회에서의 일본의 역할

4. 태국

태국의 고등학교 2학년 사회교과서의 제7과는 태국의 경제활동에 관한 전반 분야를 다루는 단원이다. 첫 번째 중단원명이 농업을 다루고 있으며 소단원, 소소단원 그리고 그 이하 더욱 상세하게 작은 제목들을 열거하여 자세한 농업과 관련한 제 분야를 다루고 있는 것이 특징이다. 특히 농업 분야의 문제점과 해결방안에 대해 매우 많은 관심을 가지고 다룬다는 점이다.

농업 분야의 생산물을 다루되, 채소와 가금(가축), 어업 생산물, 삼림업 생산물을 함께 다루어 한국의 교과서에서처럼 농·임·수산업을 함께 묶어 취급하고 있는 것을 알 수 있다. 농업 분야의 문제 내용에서 특히 채소의 경작과 축산부문에 이들은 매우 많은 관심을 가지고 있음을 알 수 있다. 동시에 이와 관련한 소소단원 내용 조직에 있어서 토지 소유권, 토양과 식물, 농업 자금, 생산 방법,

시장성의 문제 등 다양한 주제들로 조직하고 있다. 시장성의 문제에 대해서는 더욱 자세히 여러 주제들을 내세워 매우 심층적으로 취급함을 알 수 있다. 즉 농산물의 최저가, 농산물 가격 조정, 수출 농산물의 양, 이익 분배, 농민 등록, 생산 분포, 농산품의 질, 가금의 질병, 그리고 지속 가능한 개발 차원에서의 보존과 유지 측면을 강조하고 있다.

농업 분야에 대해 태국에서는 중요한 경제활동의 한 분야로 여전히 많은 비중을 두고 있음을 알 수 있고, 전반적인 내용의 조직으로 볼 때, 농산물의 수요는 시장지향의 상업적 농업화와 그를 위한 생산 향상의 제 문제 및 수익성에 경쟁적으로 노력하고 있음을 알 수 있다.

<표 9> 태국 교과서 농업단원 내용조직

대단원명	중단원명	소단원명	소단원명 이하		
제7과 태국의 경제활동	1. 농업	1-1. 농업 분야 생산물	1-1-1. 채소 생산물		
			1-1-2. 가금(가축) 생산물		
			1-1-3. 어업 생산물		
			1-1-4. 삼림업 생산물		
		1-2. 농업부분의 문제점과 그 해결방안	1-2-1. 채소경작과 축산의 문제	1) 토지소유권 문제 발생	
				2) 토양과 부적합 식물 경작의 문제	
				3) 농업 유지를 위한 자금 문제	
				4) 생산방법의 문제	
				5) 시장성의 문제	가) 농산물 최저가 보장
					나) 농산물 가격 조정
					다) 수출 농산물의 양 제한
					라) 농민과 공장 간의 이익분배 체계
					마) 농민 등록
					바) 생산 분포
					사) 농산품의 질적 문제와 가금의 질병 문제
					아) 보존과 유지

(파이툰 퐁사봇 외(1990). 고등학교 2학년 사회. 타이왓타나파닛출판사. pp.57-60.)를 참조. 필자 구성

Ⅲ. 결론

교과서 출판이란 나라의 장래가 걸려 있는 젊은 세대들의 교육에 곧바로 연결되는 매우 중요한 일이기 때문에 무조건 시장경제 원리만을 따를 수도 없거니와 그렇다고 지나치게 통제하여 나라 전체의 교육의 질을 낮추거나 닫힌 교육으로 이끌어 가서도 안 된다.

그동안 우리 교과서 정책과 제도는 지나치게 폐쇄적이고 국가의 통제를 받고 있는 것으로 외부 세계에 비쳐 왔다. 그러나 7차 교육 과정을 적용하면서부터 교과서 체제의 구성과 내용 조직에 일대 변혁을 맞고 있다. 그 정도가 너무 파격적이어서 현장에서는 따라오기가 힘들다는 평이 나올 정도이다.

미국, 영국, 프랑스와 아시아의 일본, 태국 등의 교과서 내용 조직은 우리와 비슷한 점도 있지만, 분명 다른 독자성들을 보이고 있다. 통합과 분과의 장단점을 떠나서 미국의 사회과 교과서는 내용과 영역의 통합 면에서 가장 성공한 사회과 통합 교과서라 할 수 있다. 그러나 단점들을 보완하기 위한 노력이 얼마나 지속될지, 통합화의 내용이 과연 좋은 것인지에 대한 검증은 없다. 오히려 오늘날 미국의 고등학교급에서 학년별로 역사, 지리, 일반사회가 나뉘어 집중적으로 학습함으로써 아이덴티티가 구현되도록 하려는 경향마저 나타나고 있음을 간과하여서는 안 될 것이다.

영국과 프랑스는 교과서 출판을 일찍이 시장화하여 교육 소비자인 학생과 교사들에게 최대의 선택을 제공하고 있는 나라들이라 할 수 있다. 영국과 프랑스의 지리교과서 농업단원 교수-요목(또는 주요 제목)들을 중심으로 살펴본 결과 우리의 것과 분명한 차이를 보였다.

주제의 다양성과 접근 방법의 시각 차이, 지리현상을 바라보고 분류하는 척도의 새로움, 보다 강조되고 있는 농업과 환경관리 사이의 문제 등이 그것이다.

일본의 지리교과서 내용 조직은 이웃한 국가답게 교과서 체제, 서술방식 등에서 닮은 점이 많다. 내용 조직에서 좀 더 계통적이지만 내용의 선택과 표현의 유연성 면에서 우리의 교과서는 일본의 그것과 차별화를 시도하고 있다. 통합 또는 분과 정도로 볼 때는 우리보다 여전히 분과의 성격이 강하다.

아시아권 국가 중 식민지 경험이 없는 태국의 지리교과서 농업 관련 내용 조직은 퍽 상세하고 깊이가 있다. 향후 우리의 교과서에 대한 체제, 서술방식, 내용 조직 등에 있어서 서구 선진국들만을 벤치마킹하는 시각에서 벗어나 아시아 지역의 여러 나라 지리교과서를 탐구하여 장단점을 취사선택하여 수용하는 노력도 병행되어야 할 것이다. 고유하고 주체적인 지역화가 진정한 강점을 지닌 세계화 전략이라는 점은 교과서 정책과 내용, 체제에도 적용할 수 있는 것이며, 우리의 독특한 특징이 결여된, 나아가 아시아 지역 교과서 관련 장점들을 도외시한 멀고 앞선 선진국들만을 모델화하던 추세를 다변화시킬 필요가 있다.

이 밖에도 짧은 본 연구를 통해 얻을 수 있었던 점이 있다면, 외국의 지리교과서에 나타난 농업 관련 내용을 구성하는 요목 내지 제목, 내용들을 통해 농업 내용을 가르치고자 하는 관점을 알 수 있었다.

본 주제를 확대시켜 전 세계의 주요 나라들의 지리교과서 내용 조직을 분석하여 살펴보는 것을 과제로 남긴다.

참고문헌

교육부, 사회과 교육과정(별책 7), 1997, 대한교과서.

서울대학교 사회과학대학 1종도서(인문지리)연구개발위원회, 인문계 고등학교 인문지리, 1984, 대한교과서 주식회사.

서울대학교 사회과학대학 1종도서(국토지리)연구개발위원회, 인문계 고등학교 국토지리, 1982, 대한교과서 주식회사.

이찬 외 4인, 고등학교 지리 I, 1986, 교학사.

이은숙·강영구·손용택, 공통사회(하) 한국지리, 2001, 대한교과서.

이은숙·강영구·손용택, 세계지리, 2001, 대한교과서.

이찬희 외 3인, 프랑스 교과서 시정 조사 활동 보고서, 2001, 한국교육개발원 연구자료(RM 2001 - 550).

일본교과서 연구센터, 세계주요국 교과서제도 조사연구보고서, 2000.

山本正三·正井泰夫 외 13인, 상설지리 B(최신판), 2001, 二宮書店.

Iftikhar Ahmad 외 3인, World Cultures A Global Mosaic, 1999, Prentice Hall.

David Waugh, Geography An Integrated Approach, 1995, Nelson.

Rosalind Foskett & Nicholas Foskett, People in the Rural Landscape(Geography for GCSE), 1987, Macdonald Educational.

Stephan Arias 외 4인, 지리: 지구를 점령하고 이용하기, 2001, Berlin.

Ernst Pope 외 2인, Fundamente Kursthemen: Der asiatisch - pazifisch Raum, 1996, Ernst Klett.

09

중남미 지역 지리교과서의 내용 구성 특징

— 멕시코, 아르헨티나, 파라과이를 중심으로 —

요약: 중남미의 세 나라(멕시코, 아르헨티나, 파라과이)의 지리(영역)교과서의 내용 구성 체제와 이들 교과서에 반영된 지역 정책 방향 등의 특색을 살핀 연구이다.

멕시코는 초등학교 6학년용으로 독립된 지리교과서를 사용한다. 이는 지리교육의 내용이 정책적으로 강조되고 있는 것으로 판단된다. 장(章)의 구성별로 자연지리(제1장), 경제지리(제2장), 인구지리(제3장), 국제 관계(제4장) 등을 다루었다. 우리나라 중등 지리교과서 내용의 구성 체계와 매우 닮은 바가 있다. 철저하게 계통적 서술방식을 따르고 있으므로, 어떤 지역의 지역 정책을 강조하기 위한 서술 내용은 찾기 힘들다.

아르헨티나의 고등학교 2학년용 세계지리, 국토지리(의 성격) 교과서를 분석했다. 지역 정책의 방향과 내용을 잘 담아낸 것은 국토지리교과서이다. 안으로 내실을 기하고 밖으로 뻗어 나가기 위해 아르헨티나 사회는 경제 재건을 이룩하여야 하며, 이를 달성하기 위한 구조조정, 국토불균형 시정을 위한 강력한 정책적 방향을 제시하고 있다.

파라과이 교과서는 고등학교 2학년용의 통합사회(지리 영역＋역사 영역＋사회학 영역) 교과서 성격을 띤다. 파라과이의 지역 정책이 뚜렷이 드러났다고는 볼 수 없고, 단지 아메리카 전체를 커다란 지역 단위로 설정한 정책적 서술을 하고 있다.

중남미 세 나라의 지리(영역)교과서 내용 구성의 공통된 경향은 ① '전 세계를 향해 세계화에 동참하여 크게 발전하여야 한다.'는 메시지를 담고 있고, ② 이들 나라에서는 국가 발전과 지역 발전을 위해 지리교과가 나름대로 강조되고, 비교적 그 위상이 높은 것을 알 수 있다.

주요어: 멕시코와 아르헨티나 및 파라과이 지리교과서, 세계화를 향한 지리교과 내용, 지리교과 내용의 비중 강조

Ⅰ. 서론

1. 연구 동기

우리나라의 교과서 시장은 크게 다변화되었다. 과거에 일본의 교과서 체제를 모델로 하였고, 미국의 교과서들을 참고하였으며, 유럽의 교과서 체제를 타산지석으로 삼기도 하였다. 그러나 오늘날 7차 교육과정 시행 이후 우리나라의 교과서의 구성, 내용의 변화, 시장의 다변화 등 교과서 방면의 혁신은 가히 혁명적이라 할 수 있을 만큼 변화했다.

금세기에 세계 각 국가와 지역에서는 세계화를 지향하고, 그러한 방향에서 내실을 다지기 위한 지방화 전략이 강조되고 있으며, 이는 각 지역의 고유한 지역 정책의 표방으로 나타나게 되었다. 오늘날의 우리들의 삶이 문화와 환경을 강조하며, 친환경적이고 친문화적인 삶의 질과 직결된 방향으로 추구되고 있는 만큼, 각 나라의 교과서 내용들도 이러한 방향에 맞춘 주제설정과 비중이 주어지고 있다. 단지 지역적 환경과 배경이 각기 다르고 빈부의 지역 차가 있으며, 나라마다 지역마다 강조하는 바의 정도 차이가 인정될 수 있을 뿐이다.

본 연구에서는 거리상으로 또는 여러 가지 여건상으로 우리와 친숙하지 못했던 중남미의 멕시코, 아르헨티나, 파라과이의 지리교과서를 들여다보게 되었다. 우리와는 여러 모로 동떨어진 낯선 문화를 가지고 있고, 물리적 거리를 통해 더욱 멀게만 느껴졌던 이들 나라의 지리교과서를 살펴 공부하여 보는 것은 지리적인 호기심과 흥미를 불러일으킨다.

2. 연구 내용과 방법

살피고자 한 연구 내용은 첫째, 내용 구성의 체제를 보고자 하였다. 중남미 지역 세 나라의 지리교과서 내용체제가 우리와의 차이가 어떤 것인지를 보는 것은 지리 교육적 차원에서 호기심을 유발할 충분한 가치가 있고, 그들의 장점을 타산지석으로 배울 수도 있기 때문이다.

둘째, 이들 중남미의 교과서 내용에 반영된 지역 정책을 살피고자 하였다. 어느 나라의 지리교과서이든지 간에 지리교과서의 특징이며 가장 큰 장점은 해당 국가의 국가 정책과 지역 정책을 반영할 수 있는 가장 좋은 교과라는 점은 부인할 수 없다. 그 나라의 국토 지리교과서일수록 반영된 지역 정책의 내용과 방향을 진단하기에 편리할 것이다. 교과서를 통한 각국 내지 지역의 지역 정책을 알아보는 과정 역시 지리적 호기심과 간접적이지만 해당 국가나 지역의 문화를 알 수 있는 하나의 지표가 될 수 있기 때문이다.

연구방법은 다음과 같다. 첫째, 국내에 소개된 이러한 교과서 연구는 많지 않지만, 교육개발원에서 벌였던, 지금은 한국학중앙연구원(구 한국정신문화연구원)에서 수행하고 있는 세계 각국 교과서 정책과 한국 관련 내용 분석 연구 등 선행 연구들을 찾아 검토한다. 둘째, 멕시코, 아르헨티나, 파라과이 등 세 나라의 최근 지리교과서를 수집하여 연구대상 교과서를 정한다. 셋째, 교과서를 선정한 후 단원, 장(章), 절(節), 목(目) 그리고 가장 작은 소제목에 이르기까지 모든 제목들을 세세히 살핀다. 살펴 골라낸 내용 중 연구와 관련되는 내용들을 번역한다.

본 연구의 제한점으로는 언어의 해독에 따른 어려움이 있다. 스페인어에 능통하지 못한 연구자가 필요한 내용을 일일이 가려내고 찾아내어 연구의 기초 자료로 삼아 분석은 하였지만, 좀 더 풍부하고 관련된 자료를 찾고자 할 때, 부딪히는 어려움은 언어 장벽이므로 부분적으로는 미흡한 부분이 있음을 미리 밝혀 둔다.

Ⅱ. 멕시코 지리교과서의 내용 구성

멕시코의 학제는 초등교육 6년, 중등교육 6년 그리고 대학교로 이어진다. 사립학교를 제외하고는 중학교까지 무료교육을 실시하고, 초등교육은 무상교육이다. 대학은 국립자치대를 비롯하여 다수의 주립대가 있으며 대학진학률은 낮은 편이다.

멕시코의 6학년 지리교과서는 초등학교 교과서임에도 불구하고 지리내용만으로 된 별도의 교과서 체제이다.[184] 이를 통해 간접적이지만 초등학교에서 지리과목을 중요시하고 있음을 알 수 있다(표 1).
첫 단원에서 자연지리를, 제2장과 제3장에서 인문지리를 계통적

---

184) Juan Cristbal Alvarez Prieto 외 9인, 2000, GEOGRFIA SEXTOGRADO, Secre-tarade Educacion Pblica(총 177쪽).

방법으로 다루었다. 교과서 서두에 서문으로서 도입단계를 설정하고, 각 장이 시작될 때마다 학습목표를 제시하는 것, 그리고 장이 끝날 때마다 '단원을 마치며'라는 정리 코너를 마련한 것, 부록으로서 교과서 말미에 '자료실'을 넣어 각국 개관 및 지도, 그리고 참고문헌 등을 정리해 놓은 것 등은 우리나라 교과서의 내용 구성 체계와 유사한 바가 있다.[185]

제1장은 자연지리 영역의 내용을 계통적으로 서술한 단원이다. 지형, 강과 호수, 기후, 자연환경, 대표적인 4개(열대, 온대, 냉대, 건조)의 기후지역을 다루고, 끝으로 해양지역을 설명하였다. 기후를 네 개의 대표적인 지역으로 압축, 정리하여 설명한 부분 외에는 절의 제목으로 드러낸 주제들이 우리나라의 중등 지리교과서 수준에서 열거한 것과 커다란 차이가 없다.

제2장은 경제지리 영역의 내용을, 전 세계 지역을 대상으로 하여 계통적으로 서술한 단원이다. 천연자원, 기술과 에너지, 1차 산업과 2차 산업에 대해, 그리고 3차 산업인 상업과 서비스업에 대해 순서적으로 전개한 과정은 전통적으로 경제지리 영역에서 취급하는 주제를 망라했다고 보아도 과언이 아니다. 끝의 절에 국제적 경제관계와 환경문제를 취급하며 끝을 맺는 방식도 우리나라의 5, 6차 지리과목 교육과정과 닮은 점이 많다.

---

185) 우리나라의 5, 6, 7차 교육과정에 의한 지리교과서의 목차 순서도 대체로 이와 유사하다.

〈표 1〉 "GEOGRAFIA – SEXTOGRADO" 교과서의 내용 구성

단원	서문	제1장 지구의 자연환경	제2장 세계의 생산 활동	제3장 세계의 인구	제4장 세계 속의 멕시코	자료실
절 (節)	학습목표 1. 우리의 지구단원에 대해	학습목표 2. 우리의 자연 3. 지형 4. 강과 호수 5. 기후 6. 자연환경 7. 열대기후지역 8. 온대기후지역 9. 냉대기후지역 10. 건조기후지역 11. 해양지역단원 을 마치며	학습목표 12. 대륙과 국가들 13. 자연자원 14. 기술과 에너지 15. 경제활동 16. 1차 산업 17. 광물과 석유 18. 2차 산업 19. 상업과 서비스 20. 경제관계 21. 환경문제단원 을 마치며	학습목표 22. 인구 23. 인구증가와 인 구 분포 24. 인구밀도 25. 인구의 구성 26. 인구의 이동 27. 문화의 다양성 28. 언어와 종교 29. 멕시코의 인구 단원을 마치며	학습목표 30. 통신 31. 국제교역 32. 국제관계단 원을 마치며	각국 개관 및 지도 참고문헌 감사의 말씀

* 자료: Juan Cristbal Alvarez Prieto, Hugo A. Brown Dally, Estrella Burgos Ruiz, Francisco Carral Cusi, Luisa Reina Gonzalez Silva, Ana Mara Prieto Hemndez, Gilberto Rendn Ortiz, Juan Jos Slazar Embarcadero, Alejandra Thom Martnez, Eduardo Enrique Thom Martnez, 2000, *GEOGRFIA SEXTOGRADO*, Secretarade Educacin Pblica, 2 – 5.

제3장의 제목은 '세계의 인구'로 시작하였지만 '인구지리'에서 다루는 거의 모든 영역을 다룬 후에 '문화, 언어, 종교' 내용을 덧붙여 함께 취급하였다. 마무리 절에 '멕시코의 인구'를 설명하며 끝을 맺는 방식도 우리나라 기존 교과서의 주제 영역 및 교수 – 요목 전개 방식과 닮은 점이 많다.

제4장은 한마디로 말해 세계 속의 멕시코를 조망한 국제관계를 다룬 단원설정이다. '통신'에 관련된 절을 맨 앞에 둔 것은, 세계화와 국제관계의 이해 및 상호 협조를 위해서는 통신의 발달이 중요함을 강조하기 위한 구성이라 판단된다.

멕시코의 초등학교 6학년용으로 구성된 본 교과서는 철저하게 계통적 서술체계를 따랐다. 더욱이 초등학교 6학년을 대상으로 하였다는 것과 맞물려, 어떤 지역의 무엇을 강조하여 가르치기 위한 정책 내용이나 방향을 전혀 드러내지 않은 전개 방식이며, 내용 구성이다.

Ⅲ. 아르헨티나 지리교과서의 내용 구성

본 연구에서는 아르헨티나의 지리교과서 두 권을 분석 대상으로 하였다.[186] 분석 대상이 된 아르헨티나의 교과서 ① ESPACIOS Y SOCIEDADES DEL MUNDO; POLITICA, ECONOMIA Y AMBIENTE (Celia V. Bertone de Daguerre 외 1인, 2001, La Argentina en el mundo, Kapelusz)은 정확하게 순수한 지리교과서라기보다 지리와 정치, 경제 내용을 함께 다룬 통합 교과서이다. 교과서 ② GEOGRFIA DE LA ARGENTINA Y DEL MERCOSUR EN EL SIGLO Ⅹ (Susana Maria Sassone 외 1인, 2001)는 고등학교 2학년용의 순수 지리 영역만을 다룬 교과서이다.

〈표 2〉 "세계의 지리와 사회 – 세계 속의 아르헨티나: 정치, 경제, 사회" 교과서의 내용 구성

단원명	도입부	제1장 세계	제2장 사회와 지리적 공간에 관한 개관	제3장 현대사회와 불균형
절 (節)	서론. 우리의 세계: 복합적이며 다양하고 발 빠른 변화의 세계 지리: 변화의 이해를 위한 학문세계의 지정학 지도 자연: 인류의 보물	1. 세계의 새로운 정치조직 2. 세계화, 세계경제의 이해로 가는 길 3. 환경의 변화	4. 인류의 영토 확보 분쟁 5. 도시와 교외지역의 변화와 문제 6. 세계경제의 구조조정	7. 세계의 강대국들 8. 개발도상국, 발전을 위한 힘겨운 여정

* 자료: Celia V. Bertone de Daguerre, Susana Maria Sassone, 2001, *ESPACIOS Y SOCIEDADES DEL MUNDO: POLITICA, ECONOMIA Y AMBIENTE La Argentina en el mundo, kapelusz,* 5 – 10.

교과서 ①은 지리와 자연, 환경을 다루고 영토분쟁을 주제로 하는 내용이라든지 도시와 교외지역의 변화, 개발도상국의 발전 등의

---

186) ① Celia V, Bertone de Daguerre 외 1인, 2001, ESPACIOS Y SOCIEDADES DEL MUNDO; POLITICA, ECONOMIA Y AMBIENTE La Argentina en el mundo, Kapelusz. ② Susana Malia Sassone 외 1인, 2001, GEOGRFIA DE LA ARGENTINA Y DEL MERCOSUR EN EL SIGLO Ⅹ .

내용들은 지리적 요소가 강하지만, 세계의 정치조직, 세계경제의
이해와 구조조정, 세계의 강대국들을 다룬 내용들은 정치 및 경제
관련 과목에서 다루는 내용이라 할 수 있다.[187]

교과서 ②는 아르헨티나의 세계화에, 그리고 지방화 및 국토관리
에 지역 정책적 관심이 많이 두어지고 있음을 한눈에 알 수 있다.
아르헨티나 사회의 구조조정, 국토 불균형, 인구에 대한 관심 등
우리의 관심사와도 일치하는 부분이 많다. 지역 발전과 국토 관리
에 대한 제2장의 내용은 메트로폴리탄 핵심지역(부에노스아이레스
중심)과 경제적 생산성 측면에서 중요한 팜파스 지역, 자원이 풍부
하지만 사회적으로 소외되어 있는 동북지역, 자연환경이 아름다운
누에보쿠요 지역에 대한 정책적인 인위적 변화 계획과 파타고니아
지방의 변화 등을 각 절로 나누어 비교적 비중 있게 다루고 있다.

<표 3> "21세기 아르헨티나와 Mercosur 지리" 교과서의 내용 구성

단원명	도입부	제1장 아르헨티나 국경 변화, 21세기 신무대	제2장 지역 발전과 국토관리	제3장 Mercosur 의 형태[188]
절 (節)	세계화 시대의 아르헨티나 변화, 자연환경 지방화와 국토운영, 아메리카 속의 아르헨티나, 세계 속의 아르헨티나	1. 아르헨티나: "밖으로, 안으로" 2. 경제재건: 새로운 아르헨티나를 향해 3. 아르헨티나 사회: 구조조정, 사회비용, 국토불균형, 인구와 국토	4. 부에노스아이레스 메트로폴리탄 지역: 아르헨티나의 지리적 중심지 5. 팜파스 지역: 아르헨티나의 핵심 지역, 지형의 형성 6. 동북지역: 천혜의 자원과 사회적 소외, 자연환경과 인간의 행동 7. 동북지역: 경제위기와 사회분열, 자연환경과 인위적 변화 8. 누에보쿠요 지역: 산, 물, 농공업의 오아시스, 자연환경의 인위적 변화 9. 파타고니아: 주거 공간, 자연환경 및 인위적 변화	10. 남미공동시장, 세계를 향한 경제통합, 블록속의 세계, 경제 블록 mercosur

* 자료: Susana Maria Sassone, Celia V. Bertone de Daguerre, 2001, *GEOGRFIA DE LA ARGENTINA Y DEL MERCOSUR EN EL SIGLO XXI* 4-8.

187) Celia V. Bertone de Daguerre 외 1인, 2002, 세계의 지리와 사회 - 세계 속의 아르헨티나; 정치·경제·사회, Kapeluz 출판사, 고등학교 2학년용.

우리나라와는 거의 대척점에 해당하는 멀리 떨어진 남미의 나라에서도 우리나라에서 겪었던, 그리고 현재도 고민하고 있는 정책적 이슈들과 일맥상통하는 바가 많다. 이웃 지역의 국가들이 뭉쳐 경제 공동체를 형성하고 있는 남미지역공동체인 mercosur에 대해서 하나의 독립된 장으로 비중을 두어 서술한 것도 특징 중의 하나이다.

분석 대상의 아르헨티나 교과서 ①의 도입부에서 오늘날의 세계를 '복합적이며 다양하고 발 빠른 변화의 세계'로 성격을 요약하고 있다. 이러한 변화의 세계를 이해하기 위한 학문세계의 지정학적 지도를 '지리'에서 가르쳐야 할 내용으로 정의를 내려놓은 것은 대단히 세련된 서술이다. 그리고 자연환경을 인류의 보물로서 2000년대를 향한 인류의 커다란 도전의 대상으로 서술함으로써 개발의 대상으로서의 '자연환경'을 대단히 중요시한다.[189]

교과서 ①이 세계지리교과서의 성격이라면, 교과서 ②는 아르헨티나의 국토지리에 해당한다. 아르헨티나를 집중적으로 조명한 교과서 ②의 내용 구성을 통해 알 수 있는 지역 정책의 방향은 국토의 불균형 발전을 바로잡기 위해 구조조정 등을 시행하고 새로운 아르헨티나 건설의 경제재건의 도약을 목표로 하고 있다. 구체적으로는 메트로폴리탄 지역, 팜파스 핵심지역, 자원은 풍부하나 소외된 동북지역, 자연환경의 인위적 변화를 시도하는 누에보쿠요 지역 그리고 파타고니아 지방의 자연환경 및 인위적 변화 내용으로 나누어 지역 발전과 국토관리에 대한 지대한 관심을 기울이고 있다.

---

188) mercosur란 남미의 아르헨티나, 브라질, 파라과이, 우루과이 등으로 결성된 경제공동체(economic community)를 말한다.

189) Celia V. Bertone de Daguerre 외 1인, 2002, pp.17 - 27.

<표 4> "Estudios Sociales" 교과서의 내용 구성

단원명	내용
제1장 개발이라는 도전 앞에 선 아메리카인	지리적 특징, 단일 대륙 아메리카, 자연경관
제2장 라틴아메리카의 인적, 경제적 특징	정치적 구분, 인구, 삶의 질, 경제활동, 토지소유, 생산 활동, 통신
제3장 아메리카 지역	라틴 및 앵글로 아메리카, 서구문명의 편입
제1장 현대세계의 기초	인간·세계를 보는 새로운 자세, 르네상스, 종교개혁
제2장 유럽의 해상확장과 무역	유럽확장 추진요인, 포르투갈의 확장, 스페인과 '서부항로', 라플라타 강 탐험, 파라과이의 발견
제3장 절대주의, 중상주의, 바로크시대의 문화	전제주의에서 절대주의 왕정으로, 상업자본주의와 중상주의, 바로크시대의 사회와 문화
제4장 유럽의 아메리카 식민제도	미주대륙의 스페인제국, 포르투갈령 브라질, 영국령 북미, 프랑스령 식민지, 네덜란드령 식민지
제5장 16세기 파라과이: 거대한 원주민의 땅	1536~1541년의 탐험, 토지개발과 혼혈, 정복자들과 정복지 확장, 복음전파와 문화
제6장 17세기의 파라과이	1617년 지방분할, 원주민 탄압, 시의회 역할, 사회와 경제, 문화
제7장 "빛의 세기"	계몽주의, 정치와 사회·경제 사상, 백과사전과 그 중요성, 18세기의 정치·사회·경제 양상
제8장 파라과이와 신부르봉왕조	부르봉왕조, 민중혁명, 인구확대와 성장, 정치·행정 개혁, 문화
제9장 파라과이와 유럽의 혁명투쟁	영국의 아메리카 식민지 상실, 프랑스 대혁명과 나폴레옹제국, 라틴 아메리카 독립
제10장 19세기 라틴아메리카	국가구성을 위한 투쟁, 라틴아메리카 경제에서 영국의 비중, 인구이동과 사회·경제·문화 변동, 국가·국경·민족주의 정착, 윤리와 시민교육
제1장 파라과이의 가족	파라과이 가족구성, 가족의 전형적 분류 기준
제2장 노동세계 속의 공존세력	노동의 중요성, 노동활동, 노동 관련 기구, 헌법과 노동법상의 노동, 사회보장제도, 노동문제와 정부대책
제3장 파라과이 헌정체계	파라과이 헌정사, 1967년 헌법, 권리를 명시한 사법 조항들
제4장 국가, 경제발전, 사회복지	국가존립의 목적, 국민소득, 공공재산, 국가의 지출, 외채

* 자료: Irmina C. De Lezcano, 2001, *ESTUDIOS SOCIALES* 6 Curso, De acuerdo con el programa vigente del Ministerio de Educacion y Culto, Asuncion – Paraguay.

Ⅳ. 파라과이 지리교과서의 내용 구성

분석 대상은 파라과이 사회교과서 "Estudios Sociales 6"이다.[190] 고등학교 3학년용이며, 통합사회 교과서의 성격을 띤다. 한 교과서 내에 단원 구성은 크게 세 부분, 즉 지리, 역사, 사회학적 주제 설정의 순으로 나뉘어 있다. 특히 파라과이의 사회학적 설명 방식은 우리나라의 정치 및 경제에 관한 설명 전개 방식과 차이가 있다.

지리적 설명은 교과서의 전반부에 세 개 장에 걸쳐 하고 있다. 아메리카 전체에 대한 지리적 특징, 대륙 전반에 관한 자연경관 설명 등 자연 지리적 기초로서의 개략적 설명을 시도하였고, 인문지리 내용에 대한 설명은 계통지리의 서술방식으로 라틴아메리카 전체의 정치적 구분을 제일 먼저 다루어 개괄적 이해를 도왔고 이어서 인구, 삶의 질, 경제활동, 토지소유, 산업과 무역 등 생산 활동, 역내의 통신 등 경제 지리적 다양한 주요 주제를 모두 다루고 있다. 특히 라틴아메리카의 인구에 대한 내용이 대단히 소상한 편이다.[191] 지리에 대한 세 개의 장 가운데 세 번째 장을 세 개의 절로 나누어 처음에 북미와 남미를 통합적으로, 두 번째 절에서는 라틴아메리카를, 세 번째 절에서는 앵글로아메리카를 집중적으로 다루고 있다. 이렇게 지리적 서술의 장과 절을 서두에 두어 아메리카 지역 전체의 이해를 돕게 하였다.

---

190) IRMINA C. DE LEZCANO, 2001, ESTUDIOS SOCIALES 6 Curso, De acuerdo con el programa vigente del Ministerio de Educacion y Culto, Asuncion－Paraguay.

191) 인구성장, 역내의 인구이주, 인구구조, 삶의 질 지수 등에 대해 15쪽 분량에 걸쳐 자세히 다루고 있다.

　대상이 된 교과서는 고등학교 2학년용이며, 교과서 앞부분을 지리적 내용으로서 아메리카에 대한 총론적 도입부로 설정하였다. 따라서 파라과이 자체만을 설명하는 부분은 없고, 아메리카 전체에 대한 성격을 규명하고 있다. 이러한 패턴은 뒤이은 장과 절에서 전개되는 역사적 서술 전개와 사회학적 전개 내용에서도 같다. 파라과이를 포함한 아메리카 전체에 대한 중요한 계통적 주제별로 서술하여 나간다.

　서술의 구분단위로는 앵글로아메리카와 라틴아메리카 정도의 대구분이 있을 뿐이다. 따라서 분석 대상이 된 파라과이 교과서 내용을 통해 본 지역 정책은 아메리카 전체를 하나의 커다란 지역 단위로 설정한 정책적 서술의 특징을 담고 있다고 할 수 있다. 파라과이의 국토지리 내용은 전혀 찾아보기 힘들다. 아메리카를 제외한 세계의 여타 지역에 대한 내용도 전무하다. 유럽의 식민지를 경험하며 오늘날의 파라과이를 포함한 아메리카 사회가 형성되기까지의 내용들을 지리적, 역사적, 사회학적 설명의 방식으로 아메리카를 기술하였다.

　본 교과서는 통합사회과 교과서이므로 지리 영역만의 내용을 통해 정책적 경향을 논하기에는 내용 구성의 성격상 곤란함이 있다.

V. 종합 및 결론

중남미의 멕시코, 아르헨티나, 파라과이의 지리(영역)교과서의 내용 구성과 그 체제의 특징을 다음과 같이 요약할 수 있다.

멕시코의 6학년 지리교과서는 초등학교용 교과서임에도 지리(영역) 내용의 독립된 교과서로 개발하여 사용하고 있음은 우리와 다르다. 이는 지리교육의 내용이 정책적으로 강조되고 있는 것으로 판단된다. 장의 구성별로 자연지리(제1장), 경제지리(제2장), 인구지리(제3장), 국제관계(제4장) 등을 다루었다. 우리나라 중등의 지리교과서 내용의 구성 체계와 매우 닮은 바가 있다. 철저하게 계통적 서술방식을 따르고 있으므로, 어떤 지역의 지역 정책을 강조하기 위한 서술 내용은 찾기 힘들다.

아르헨티나의 고등학교 2학년용 두 권 가운데 교과서 ① ESPACIOS Y SOCIEDADES DEL MUNDO; POLITICA, ECONOMIA Y AMBIENTE La Argentina en el mundo(Celia V. Bertone de Daguerre 외 1인, 2001, Kapelusz)은 지리와 정치 및 경제 내용을 함께 다룬 통합사회의 성격을 띤 교과서이다. 교과서 ② GEOGRFIA DE LA ARGENTINA Y DEL MERCOSUR EN EL SIGLO X(Susana Malia Sassone 외 1인, 2001)는 세계화에 동참하려는 아르헨티나의 강한 정책적 열망이 잘 반영된 교과서로 판단된다. 10개의 절 가운데 6개에 걸쳐 지역 발전과 국토관리에 관한 내용이며, 전반부의 3개 절은 세계로 발돋움하기 위한 아르헨티나 사회의 노력(구조조정, 국토발전 불균형 시정 등)과 비전을 제시하고 있다. 마지막 10절은 남미 공동시장의 성격을 지닌 mercosur에 대한 설명과 세계를 향한 경제통합 내용으로 마감하고 있다. 교과서 ①은 세계지리의 성격을, 교과서 ②는 국토지리의 성격을 나타내고 있다. 따라서 지역 정책의 방향과 내용을 잘 담아낸 것은 교과서 ②이다. 안으로 내실을 기하고 밖으로 뻗어 나가기 위해 아르헨티나 사회는 경제재건을 이룩하여야 하며, 이를 달성하기 위한 구조조정, 국토불균형 시정(핵심지역과 소외지역, 인위적으로 혁신시켜야 할 지역 등)을 위한 강력한 정책적 방향과 제시가 드러나고 있다. 세계의 경제 블록에 대응하기 위해 남미공동시장을 중심으로 한 경제통합을 공고히 하여야 한다는 메시지도 분명히 드러난다.

분석 대상이 된 파라과이 교과서는 고등학교 3학년용의 통합사회(지리 영역＋역사 영역＋사회학 영역) 교과서 성격을 띤다. 사회학적 설명이라든지 용어는 철저히 '사회학'적 설명방식을 띠어 우리나라의 정치와 경제를 함께 다루는 '공민'과 서술성격과는 분명히 다르다. 파라과이 자체만을 설명하는 내용은 없고, 아메리카 전체에 대한 설명을 구사하고 있어 파라과이 국가에 대한 지역 정책이 뚜렷이 드러났다고는 볼 수 없고, 단지 아메리카 전체를 커다란 지역 단위로 설정한 정책적 서술이라 할 수 있다.

중남미 세 나라의 지리(영역)교과서를 분석하면서 형성된 공감대의 큰 흐름이라면, '전 세계를 향해 세계화에 동참하여 크게 발전하여야 한다.'는 메시지이다. 또 한 가지는 경제적으로 우리보다 크게 나은 수준이 아니라고 말할 수 있는 이들 나라에서 국가 발전과 지역 발전을 위해 지리교과가 나름대로 강조되거나 내용이 강도 높고 짜임새 있게 구성된 교육과정임을 알 수 있다. 즉 국가 전략적으로 발전을 주도하고 지역개발을 성취하기 위해서는 지리내용을 초·중등학교급에서 비중 있게 다루고 가르친다는 점이다.

아울러 우리나라의 지리교과서 개발과정 시 이들 중남미 지리교과서를 참조한다면 타산지석으로 삼을 만한 부분도 분명히 있다. 우리나라에서 5·6·7차 교육과정 시행을 거치면서 고민하고 다듬어진 교수요목들의 구성과 수준이 대척점으로서의 지구반대 방향의 중남미 국가들에서 이미 구현되고 있음을 실감하기 때문이다.

참고문헌

곽상만·류재택·백은순, 외국사회과 교과서에 나타난 한국관: 스페인, 멕시코, 칠레, 아르헨티나, 1984, 한국교육개발원 연구보고 RR 84 – 4.

류재택·백은순, 중남미 국가 교과서의 한국 관련 내용 분석: 멕시코·아르헨티나·우루과이·칠레, 1995, 한국교육개발원 수탁연구 CR 95 – 11.

박순경·김수동·노국향, 교육과정·교육평가 국제비교연구(Ⅲ): 국가 수준 교육과정 질 관리 방안을 중심으로, 2001, 한국교육과정평가원 기본연구.

손용택, "외국 지리교과서 교수 – 학습내용의 조직: 미국, 영국, 프랑스, 한국, 일본, 태국 교과서를 중심으로", 2002, 사회과교육, 41(3), 91 – 108.

손용택·김영준·이근님, 국가 간 상호 이해증진을 위한 교과서 개선방안 탐색과 교육교류: 한국과 중남미·프랑스·일본·중국·싱가포르·말레이시아, 1996, 한국교육개발원 연구자료 RM 96 – 7.

정영순·손용택·김복영·한운석·최재성, 일본 외 지역(세계 각국) 교과서의 한국 관련 내용 조사·분석 및 시정자료 개발, 2003, 한국정신 문화연구원 연구보고서 KU – CR – 03 – 02.

Juan Cristbal Alvarez Prieto, Hugo A. Brown Dalley, Estrella Burgos Ruiz, Francisco Carral Cusi, Luisa Reina Gonzalez Silva, Ana Mara Prieto Hernndez, Gilberto Rendn Ortiz, Juan Jos Slazar Embarcadero, Alejandra Thom Martnez, Eduardo Enrique Thom Martnez, 2000, *GEOGRFIA SEXTOGRADO*, Secretarade Educacion Pblica.

Celia V. Bertone de Daguerre, Susana Maria Sassone, 2001, *ESPACIOS Y SOCIEDADES DEL MUNDO; POLITICA, ECONOMIA Y AMBIENTE La Argentina en el mundo*, Kapelusz.

Susana Maria Sassone, Celia V. Bertone de Daguerre, 2001, *GEOGRFIA DE LA ARGENTINA Y DEL MERCOSUR EN EL SIGLO X* .

IRMINA C. DE LEZCANO, 2001, *ESTUDIOS SOCIALES 6 Curso,* De acuerdo con el programa vigente del Ministerio de Educacion y Culto, Asuncion – Paraguay.

손용택

▌약 력

▌주요 논저
『Let's learn about Korea』(공저, 한국교육개발원, 1997)
『The Land of Morning Calm』(공저, 한국교육개발원, 1997)
『조선의 학자, 땅을 말하다』(한국학술정보(주), 2009)
『웰빙문화시대의 행복론』(공저, 경인문화사, 2008)
『한국지명유래집』(중부편, 공저, 국립국토지리정보원, 2008)
『동아시아의 영토와 민족문제』(공저, 경인문화사, 2007)
『연행록연구총서 10: 복식·회화·건축·지리』(공저, 학고방, 2007)
외 다수

손 교수의 길라잡이,

교과서 연구

초판인쇄 | 2010년 2월 19일
초판발행 | 2010년 2월 19일

지은이 | 손용택
펴낸이 | 채종준
펴낸곳 | 한국학술정보㈜
주 소 | 경기도 파주시 교하읍 문발리 파주출판문화정보산업단지 513-5
전 화 | 031) 908-3181(대표)
팩 스 | 031) 908-3189
홈페이지 | http://www.kstudy.com
E-mail | 출판사업부 publish@kstudy.com
등 록 | 제일산-115호(2000. 6. 19)

ISBN   978-89-268-0808-5 93370 (Paper Book)
        978-89-268-0809-2 98370 (e-Book)

내일을여는지식 ■ 은 시대와 시대의 지식을 이어 갑니다.